Karl Kiem

Die Waage

Ein Bautyp des »Goldenen Jahrhunderts« in Holland

Karl Kiem

Die Waage

Ein Bautyp des »Goldenen Jahrhunderts« in Holland

Gebr. Mann Verlag · Berlin

Gedruckt mit Unterstützung der Deutschen Forschungsgemeinschaft
und der Firma Gottlieb Kern & Sohn, Balingen

Bibliografische Information der Deutschen Nationalbibliothek

Die Deutsche Nationalbibliothek verzeichnet diese Publikation
in der Deutschen Nationalbibliografie; detaillierte bibliografische Daten sind
im Internet über http://dnb.d-nb.de abrufbar.

Copyright © 2009 Gebr. Mann Verlag · Berlin
www.gebrmannverlag.de

Alle Rechte, insbesondere das Recht der Vervielfältigung und Verbreitung sowie der Übersetzung, vorbehalten.
Kein Teil des Werkes darf in irgendeiner Form durch Fotokopie, Mikrofilm, CD-ROM usw. ohne schriftliche Genehmigung des
Verlages reproduziert oder unter Verwendung elektronischer Systeme verarbeitet, vervielfältigt oder verbreitet werden.
Bezüglich Fotokopien verweisen wir nachdrücklich auf §§ 53, 54 UrhG.

Gedruckt auf säurefreiem Papier,
das die US-ANSI-NORM über Haltbarkeit erfüllt.

Umschlagabbildung: Waage von Gouda, Photo: Karl Kiem, 2009
Umschlagentwurf, Layout: M&S Hawemann · Berlin
Druck und Verarbeitung: DZA Druckerei zu Altenburg GmbH · Altenburg

Printed in Germany · ISBN 978-3-7861-2605-8

Inhalt

Vorwort 9
Einleitung 11

    Quellenlage 13
    Forschungsstand 15
    Grenzen 17

Multifunktionale Handelshallen mit der Bezeichnung Waage 19

    Deventer, 1528: Die typische Handelshalle mittelalterlicher Tradition 19
    Alkmaar, 1582: Das umgebaute Heilig-Geist-Hospital (um/nach 1341) 26
    Nijmegen, 1612: Die allmähliche bauliche Festlegung der Funktionen 39

    Umbauten von multifunktionalen Handelshallen 42
    Enkhuizen, 1559: Waage und Steuerbüro (frühes 17. Jahrhundert) 42
    Dokkum, 1593: Wiederaufbau als Waage und Wache (1754) 47

Monofunktionale Waaggebäude mit starr aufgehängten Balkenwaagen 53

    Kleinbauten 53
    Buren, 1612: Schuppen aus Holz 54
    Vlaardingen, um 1600: Schuppen aus Stein 54

    Der friesische Durchfahrtstyp 56
    Leeuwarden, 1598: Der Prototyp 56
    Workum, 1650: Die landstädtische Version 61
    Franeker, 1657: Die Minimalversion 66

    Der monumentale Turmtyp 69
    Haarlem, 1598: Der Prototyp 70
    Makkum, 1698: Die landstädtische Version 75

Monofunktionale Waaggebäude mit verschiebbaren Balkenwaagen 81

Frühformen 81
Antwerpen, 1547–1873: Gilbert van Schoonbeeke und die Erfindung
des modernen Waaggebäudes 81
Amsterdam 1565–1808: Waage und Wache 86

Kleinbauten 91
Schoonhoven, 1617: Der sekundäre Einbau
verschiebbarer Balkenwaagen (1758) 91
Edam, 1778: Ursprünglich mit verschiebbaren Balkenwaagen ausgestattet 94

Der funktionale Laubentyp 96
Hoorn, 1609: Der Prototyp 96
Monnickendam, 1669: Die Version mit dem Halsgiebel 104
Rotterdam, 1703–1827: Die Langversion 108

Synthese zwischen Funktionalität und Monumentalität 113
Leiden 1658: Der antikisierende Prototyp 114
Gouda, 1668: Die Vervollkommnung 121

Zur Ausstattung von Waaggebäuden 131

Wiegeeinrichtung 131

Laufkatzen 131
Große Balkenwaagen 141
Kleine Balkenwaagen 148
Waagschalen und ihre Aufhängung 149
Käsetragen 151
Gewichte 153
Gewichtsablagen 155
Glocken 156
Butterfässer 157
Rekordtafeln 158
Obergeschosse 158
Reliefs 160
Umgebung 164

Zur Funktion der öffentlichen Waage 167

    **Die öffentliche Waage als Einrichtung zur Bestimmung
und Erhebung des Marktzolls** 167

        Regelungen zur Zollerhebung.. 169
        Käsemärkte.. 172
        Betriebszeiten... 173
        Gebühren... 173
        Gehilfen 174
        Wiegemeister.. 174
        Pächter 177

Zur Entwicklung der öffentlichen Waage und ihrer baulichen Unterbringung 179

        Antike 179
        Mittelalter und Renaissance 180
        17. und 18. Jahrhundert.. 190
        Der Bautyp Waage in der Architekturtheorie 203
        Zusammenfassung der Entwicklung des Bautyps Waage
        in Holland und Friesland 205
        Der Bautyp Waage und das sogenannte Goldene Jahrhundert
        in Holland.. 211

Anhang

**Katalog der oben nicht näher untersuchten Waagen auf dem Gebiet
der nordniederländischen Republik (bis 1795)** 217

    Monofunktionale mehrgeschossige Waaggebäude 217
    Kleinbauten... 220
    Einrichtung von Waagen in anderen Bautypen 222

        Rathäuser 222
        Handelshallen... 228
        Stadttore 231
        Kirchen 232
        Wohnhäuser 232
        Sonstige.. 235

Farbtafeln 237
Literaturverzeichnis... 241
Abbildungsnachweis 253
Index der Orte, Personen und Sachbegriffe 255

Vorwort

Gegenstand der vorliegenden Untersuchung ist die Analyse des Bautyps Waage. Seine Entwicklung und Verbreitung wurde in der baugeschichtlichen Literatur bisher nicht beschrieben. Nunmehr kann er als klar definierbarer eigenständiger Bautyp bestimmt werden. Demnach gibt es den Bautyp Waage fast ausschließlich in Holland, wo er sich in der Zeit des sogenannten »Goldenen Jahrhunderts« entwickelt und sodann vor allem im 17. und 18. Jahrhundert verbreitet hat.

Da die Form der hier untersuchten Objekte jeweils in hohem Maße von der Funktion bestimmt ist, galt es, dieser ebenfalls einen hohen Stellenwert einzuräumen. Dies bedeutete vor allem, die Gebäude immanent mit den Methoden der Historischen Bauforschung und der Historischen Metrologie zu untersuchen. Deshalb wurde der Schwerpunkt der Bauaufnahmen auf die technischen Ausbauten der Gebäude mit ihren Laufkatzen und Balkenwaagen gelegt. Darüber hinaus galt es, die Objekte in ihrem weiteren Kontext zu betrachten, in dem unter anderem staatsrechtliche, ökonomische und mentalitätsgeschichtliche Aspekte zu erörtern waren. Erst durch die entsprechend angestrebte methodische Einheit konnte die Typologie des Waaggebäudes hinreichend erkannt werden.

Die vorliegende Arbeit entspricht bis auf das weggelassene erste Kapitel, das eine ausführliche und grundsätzliche Diskussion zur Methodik im Fach Baugeschichte beinhaltet, meiner Habilitationsschrift. Diese hat den unterschiedlichen nationalen Verfahren zur Anerkennung von Habilitationsleistungen Rechnung tragend der Universität von Amsterdam und der Technischen Universität Hamburg-Harburg vorgelegen. Im Laufe der Anfertigung dieser Arbeit ist mir in Archiven, Bibliotheken und bei Behörden viel Unterstützung zuteil geworden. Der Deutschen Forschungsgemeinschaft danke ich für das Habilitandenstipendium und die diversen Zuschüsse. Für die Gutachter und die weiteren Förderer des Habilitationsverfahrens gilt Entsprechendes. Besonders verbunden bin ich meinen Studentinnen und Studenten, die in mehreren Kampagnen in erheblichem Maße mit zur Anfertigung der hier vorgelegten Bauaufnahmen beigetragen haben.

Goerd Peschken (Berlin) hat diese Arbeit zu einem entscheidenden Zeitpunkt gefördert. Für seinen bedingungslosen Einsatz für die Freiheit und Unabhängigkeit wissenschaftlicher Forschung bin ich ihm sehr verbunden. Von ganzem Herzen danke ich auch Dittmar Machule (Hamburg), der an der Technischen Universität Hamburg-Harburg mein Habilitationsverfahren in die Hand genommen hat. Er zeigte bei dieser Gelegenheit wieder einmal sein vortreffliches und weitreichendes Verständnis von Bau- und Stadtbaugeschichte, Archäologischer Bauforschung und Technikgeschichte. Gleichzeitig kam auch seine unerschütterliche Treue gegenüber den Prinzipien der Fairness und der Korrektheit eines Verfahrens zum Ausdruck.

Schließlich darf ich hier auch noch meine tiefe Dankbarkeit gegenüber Coen Temminck Groll (Driebergen), dem Doyen der holländischen Baugeschichte, bekennen. Dies gilt unter anderem für seinen mir gegebenen bedingungslosen Rückhalt, seine Begeisterungsfähigkeit und seine kritischen Einsichten. Von Coen Temminck Groll durfte ich auf besondere Weise lernen, wie intellektuelle Neugierde einen dazu bringen kann, einen langen und manchmal schwierigen Weg zu gehen, der zu beidem führt, zu fundierter wissenschaftlicher Arbeit und zu aufrichtiger Freundschaft.

Berlin, im August 2009
Karl Kiem

Einleitung

Der Bautyp Waage hat Merkmale, die für die holländische Kultur des 17. und 18. Jahrhunderts kennzeichnend sind. Er ist fast ausschließlich in den Provinzen Holland und Friesland verbreitet, in dem wirtschaftlichen und kulturellen Kernland der nordniederländischen Republik, wo auch die berühmten Maler dieser Zeit ansässig waren. Die Zeit der Entwicklung des Bautyps Waage fällt in das sogenannte Goldene Jahrhundert. Insgesamt darf er als architektonisches Äquivalent zu den Werken Rembrandts und Vermeers betrachtet werden.

Der entscheidende Schlüssel zur Wahrnehmung dieser Eigenschaften des Bautyps Waage liegt in der einheitlichen Betrachtung von Form und Funktion von Architektur. Dagegen spielt die Bezeichnung eines Gebäudes im Volksmund als Waage hier nur eine untergeordnete Rolle. Deshalb wird im Folgenden zwischen einer sogenannten und einer monofunktionalen Waage unterschieden. Bei einer sogenannten Waage handelt es sich um ein Gebäude, bei dem die Funktion Waage im Erdgeschoss neben anderen Funktionen untergebracht ist und die baulichen Merkmale nicht vorrangig prägt. Bei einer monofunktionalen Waage ist dagegen die Nutzung des Erdgeschosses und die Gestaltung des Gebäudes von der Funktion Waage bestimmt. Nur ein solches Objekt kann dem Bautyp Waage zugeordnet werden. Für Waagen als Instrumente zur Gewichtsmessung wird hier in Abgrenzung zur Waage als Bautyp der Begriff Wiegeeinrichtung verwendet. Die Waage als Einrichtung einer Kommune ist als öffentliche Waage bezeichnet.

Den Anstoß zu der wissenschaftlichen Untersuchung des Bautyps Waage lieferte die zunächst mehr oder weniger sublime Wahrnehmung der besonderen architektonischen Qualitäten und Eigenarten dieser Gebäude in Holland. Sie stehen dort nämlich in der Regel an wichtigen Plätzen, überragen die Nachbarbebauung und heben sich oft von deren Backsteingiebeln durch eine Natursteinfassade ab, die im Allgemeinen wohl proportioniert ist. Im Inneren bieten einige der holländischen Waaggebäude noch eine eindrucksvolle bis in kleine Details erhaltene Einrichtung mit Laufkatzen und Balkenwaagen.

Die Rahmenbedingungen für die Bearbeitung des Themas Waaggebäude waren günstig. Seit dem frühen zwanzigsten Jahrhundert war trotz des in jüngerer Zeit zu dem hier untersuchten Gegenstand durchgeführten ambitionierten interdisziplinären Forschungs-

und Ausstellungsprojektes ›Het Waagstuk‹[1] zur Entwicklung und Verbreitung des Bautyps Waage nichts Wesentliches mehr publiziert worden. Ein gewisser wissenschaftlicher Fortschritt war in den letzten Jahrzehnten vor allem durch die Untersuchungen von Historikern zustande gekommen, die anhand von Schriftquellen etliche neue Informationen zur Geschichte einzelner Waaggebäude liefern konnten.

Die Phase der Grundlagenermittlung hatte zunächst zu insgesamt 90 baulich fassbaren, in den Niederlanden gelegenen und als Waage bezeichneten Objekten geführt. Zur Herstellung einer ausgeglichenen Datenbasis für eine vergleichende Untersuchung wurden abgerissene oder umgebaute Waaggebäude zeichnerisch rekonstruiert (Alkmaar, Amsterdam und Rotterdam). Wegen der Schlüsselrolle der Funktion des Wiegens für die Entwicklung und Verbreitung des Bautyps Waage musste auch der technischen Ausstattung der behandelten Bauten und ihrem Betrieb eine große Aufmerksamkeit geschenkt werden.

Als ein erstes Ergebnis der vergleichenden Untersuchung fand sich eine große Zahl von Objekten (71) mit einer äußerst geringen und diffusen Ausprägung von spezifischen Merkmalen. Es handelte sich bei dieser Gruppe vor allem um Rathäuser und Handelshallen, aber auch Kirchen und Wohnhäuser, bei denen die Unterbringung der Waage hinsichtlich der Gestaltung des Gebäudes offensichtlich nur eine Nebenrolle spielte. Weil diese Objekte also zu einer Typologie des Waaggebäudes nichts Wesentliches beitragen konnten, durften sie von der näheren Betrachtung ausgeschlossen werden. Die Begründung und Verdeutlichung dieses Vorgehens wird im Folgenden an den bisher im Volksmund als ›Waage‹ bezeichneten, aber dem Bautyp der Handelshalle zuzuordnenden sogenannten Waagen von Deventer und Nijmegen ausführlich erläutert.

Im Gegensatz zu den Objekten mit einem diffus bestimmten Merkmalraum zeigte sich eine kleinere Gruppe von Waaggebäuden, die sowohl eine deutliche bauliche Ausprägung der Unterbringung der Funktion der Waage aufweisen können und darüber hinaus in wenige Gruppen mit einer weitgehend homogenen Zusammensetzung von Merkmalen einzuteilen sind (19 Objekte). Aus der Untersuchung dieser Gebäude resultiert die hier erstmals vorgelegte Typologie, der zufolge jeweils nach ihrem charakteristischen Merkmal vier Subtypen des Waaggebäudes bestimmt werden können: Durchfahrtstyp, Turmtyp, Laubentyp, Synthesetyp.

Durch diese Klassifikation lassen sich die Entwicklung und Verbreitung des Bautyps der monofunktionalen Waage klären. Es zeigt sich dann, dass alle bautypologisch relevanten Waaggebäude, wie oben bereits angedeutet, nahezu ausschließlich in der Republik der Vereinigten Niederlande (1581–1795) entstanden sind und dort auch nahezu nur in den Provinzen Holland und Friesland. Unterteilt man die einzelnen Formen des Bautyps Waage in Prototypen und deren Varianten, so zeigt sich darüber hinaus, dass alle grundsätzlichen Lösungsmöglichkeiten für die Bauaufgabe Waage in der Zeit des ›Goldenen Jahrhunderts‹ (1585–1670) gefunden wurden.

---

1 Slechte u. Herweijer 1990.

Vergleiche mit Bauten des Handels in England, Frankreich, Spanien und Italien bestätigen, dass es den Bautyp monofunktionale Waage im feudalabsolutistischen Europa wie vermutlich auch sonst auf der Welt nicht gab. Die einzige Ausnahme bildet die Waage im estnischen Narva. Die einzige bekannte Erwähnung eines Waaggebäudes in der zeitgenössischen Architekturtheorie bezieht sich auf Amsterdam und liefert damit einen weiteren Hinweis auf die ausschließlich holländische Verbreitung des Bautyps Waage.

Die Entstehung des Bautyps Waage in der Republik der Vereinigten Niederlande (1581– 1795) erklärt sich mit der dort erfolgten vollständigen Abschaffung der Stapelpflichten für den inländischen Handel. Damit war die Verbindung des Warenlagers für den Durchfuhrstapel und der öffentlichen Waage in dem aus dem Mittelalter überkommenen Bautyp der multifunktionalen städtischen Handelshalle nicht mehr zwingend. Gleichzeitig entwickelte sich in den Provinzen Holland und Friesland eine seinerzeit in Europa einmalig hochinnovative und enorm profitable Viehzucht, die speziell auf die Milchproduktion ausgerichtet war. Da Butter und Käse im Gegensatz zum Getreide zur Feststellung ihrer Masse gewogen werden müssen, wuchs der Bedarf an Wiegegelegenheiten erheblich. Und wenn die Erzeugung von Milchprodukten dann so groß war, dass zum Betrieb eines Waaggebäudes mindestens zwei Balkenwaagen benötigt wurden, waren die Voraussetzungen gegeben, die zum Bau eines monofunktionalen Waaggebäudes führen konnten.

Neben der Entstehung des Bautyps Waage lassen sich auch die Unterschiede in der Verbreitung der genannten Subtypen des monofunktionalen Waaggebäudes zwischen den Provinzen Holland und Friesland mit der jeweiligen landwirtschaftlichen Produktion erklären. Während in Holland die Milch vorwiegend zu Käse verarbeitet wurde, blieb in Friesland die Produktion von Butter vorherrschend. Weil diese vor intensiver Sonneneinstrahlung geschützt werden musste, waren die Anordnung des Wiegevorganges und die Lagerung des Wiegeguts im Inneren des Waaggebäudes sinnvoll. Deshalb verbreitete sich in der Provinz Friesland vorwiegend der Durchfahrtstyp.

Während der spektakuläre Fernhandel in seiner wirtschaftlichen Bedeutung oft überschätzt wird, war es tatsächlich die besonders hohe landwirtschaftliche Produktivität, welche die entscheidende Grundlage des einzigartigen materiellen Wohlstandes der Holländer im 17. Jahrhundert bildete. Dieser Umstand lässt sich an den Waaggebäuden in besonderer Deutlichkeit ablesen. Die generell sehr hohe Innovativkraft dieser Gesellschaft zeigt sich unter anderem auch in der Entwicklung des Bautyps Waage. Und die diffizilen Verschiebekonstruktionen für die Balkenwaagen liefern ein Zeugnis der technologischen Fortschrittlichkeit ihrer Hersteller.

→ 91 ff.

Quellenlage

Die hier näher untersuchten holländischen Waaggebäude sind zu einem großen Teil baulich erhalten geblieben. In einigen Fällen ist die originale Bausubstanz durch Restaurierungen des 19. Jahrhundert beeinträchtigt worden. Diese Maßnahmen betreffen allerdings in der Regel nur das äußere Erscheinungsbild, welches in der Regel gewahrt wurde.

Die originalen Innenräume der holländischen Waaggebäude sind dagegen vor allem durch Umnutzungen im 20. Jahrhundert beeinträchtigt worden. Die bis heute fast vollständig intakt gebliebenen Wiegeeinrichtungen in Alkmaar und Gouda verdanken diese Qualität dem Nachleben der entsprechenden Waaggebäude als Touristenattraktion. Als bedauerlicher Verlust muss der vor nicht allzu langer Zeit erfolgte Umbau der Waage von Hoorn zu einem Gasthaus betrachtet werden.[2] Deren Einrichtung war bis 1990 in einzigartiger Weise bis hin zu kleinsten Details vollständig erhalten.[3]

Im Rahmen der genannten Umnutzungen von Waaghallen wurden immerhin die Unterkonstruktionen zur Aufhängung der Balkenwaagen und oft auch letztere selbst in situ belassen. Deshalb kann für alle hier näher untersuchten Waaggebäude eine Grundrissrekonstruktion mit der ursprünglichen Anordnung der Wiegevorrichtung geliefert werden. Dagegen ist die Dokumentation der weiteren für den Betrieb einer öffentlichen Waage notwendigen Ausstattung mit Waagschalen, Käsetragen etc. nur noch exemplarisch möglich. Wegen der öffentlichen Nutzung der Waaggebäude konnten im Rahmen der hier vorgenommenen Untersuchung in keinem Fall Eingriffe in die jeweilige Bausubstanz vorgenommen werden.[4]

Über die Vorgängerbauten der hier untersuchten Waaggebäude lässt sich in der Regel wenig sagen. Archäologische Untersuchungen zu solchen Objekten sind selten und konnten bisher zur Typologie des Waaggebäudes nichts Wesentliches beitragen. Die Lage der Vorgängerbauten der aus dem 17. und 18. Jahrhundert stammenden holländischen Waaggebäude ist gewöhnlich überhaupt nicht bekannt. Und wenn doch, dann lässt sich in der Regel nicht bestimmen, wie das entsprechende Bauwerk ausgesehen hat.[5]

Die beschriebene gute Quellenlage bezüglich der original erhaltenen Substanz wird bei den im 17. und 18. Jahrhundert entstandenen holländischen Waaggebäuden durch einen reichhaltigen Fundus an Schriftquellen ergänzt. So finden sich die meisten der hier betrachteten Baumaßnahmen auch in den jeweiligen Magistratsbeschlüssen und in den Stadtrechnungen wieder. Darüber hinaus wurden die Entstehung der Waaggebäude und ihre Geschichte in vielen Orten von Chronisten aufgezeichnet. Dagegen erweisen sich entsprechende schriftliche Aufzeichnungen aus früherer Zeit als schwer erschließbar und finden sich nur vereinzelt in Archiven. Im Allgemeinen können solche Quellen zur Baugeschichte der hier untersuchten Waagen also kaum etwas beitragen.

In den wenigen Fällen, in denen es im 19. Jahrhundert zum Abriss einer bedeutenden Waage kam, liegt in der Regel eine ausreichende Zahl von Zeichnungen und bildlichen

---

2 Debets 1991, 17.
3 Vgl. Kiem 1987 (b).
4 Ernst zu nehmende bauhistorische Untersuchungen wurden bis in die jüngere Zeit hinein nicht vorgenommen. Zwischenzeitlich hat sich diese Praxis verändert. Vgl. Bloemink 2003.
5 Vgl. z. B. Sarfatij 1994.

Darstellungen vor, so dass das entsprechende Gebäude hier plausibel rekonstruiert werden konnte. »Es gibt keine Landschaft«, schreibt Koert van der Horst, »von der wir im 18. Jahrhundert bis ins Detail ein so deutliches Bild bewahren, wie den nördlichen Teil von Holland. Alle Städte und Dörfer mit ihren wichtigsten Bauten sind von drei Generationen von Zeichnern mehrere Male genau und verlässlich ins Bild gebracht worden, von den Generationen von C. Pronk 1730, J. de Beijer 1760 und C. Andriessen 1790 ... die umfangreichste Produktion, die es jemals in der Geschichte des Darstellens gegeben hat«.[6] Diese Feststellung wird auch durch den Vergleich mit der Waage von Antwerpen (1547–1873) bekräftigt, von der keine einzige verlässliche Abbildung des ursprünglichen Zustandes bekannt ist.

→ 52–53

Forschungsstand

Die holländische Architektur des 17. und 18. Jahrhunderts wird im Vergleich zu den direkt an antiken Vorbildern geschulten italienischen Beispielen im Allgemeinen nachrangig bewertet. Diese Einschätzung darf zumindest teilweise auch auf den relativ geringen Anteil an feudalen und sakralen Bauaufgaben in der nordniederländischen Republik zurückgeführt werden. Ansätze, die profan bestimmte holländische Architektur dieser Zeit als Gegenposition zu den feudal-absolutistisch geprägten Planungen im übrigen westlichen Europa zu verstehen und ihr eine eigene Identität und Bedeutung zuzugestehen, bleiben selten.

Auch innerhalb der holländischen Kultur des 17. und 18. Jahrhunderts wird der Architektur allgemein eine untergeordnete Rolle zugewiesen. Die von Henry-Russell Hitchcock formulierte Rangordnung darf als charakteristisch für das gängige Klischee gelten: »... the genius of the greatest painters can hardly be compared with the admittedly lower level of artistic achievement of even the most talented architect-builders of this period in the north«.[7] Behauptungen dieser Art konnten in jüngerer Zeit vor allem durch Koen Ottenheym in Bezug auf die »großen« holländischen Architekten des 17. Jahrhunderts Philips Vingboons, Pieter Post und Jacob van Campen widerlegt werden.

Im Vergleich zu dem entsprechenden Bauschaffen des 17. und 18. Jahrhunderts in Südeuropa ist die holländische Architektur dieses Zeitraums relativ wenig erforscht.[8] So befand sich der Forschungsstand bezüglich einer zusammenfassenden Sicht der öffentlichen Gebäude des 17. und 18. Jahrhunderts zum Zeitpunkt der Durchführung der hier vorgelegten Untersuchung im wesentlichen noch auf einer Erkenntnisebene des frühen zwanzigsten Jahrhunderts: einige repräsentative Gebäude wurden nacheinander in ihrer äußeren Erscheinung kurz beschrieben – mehr nicht.[9] Dies galt auch für den Bautyp Waage.

---

6 Zitiert nach Günter 1991, 259; grammatikalisch und orthographisch geringfügig korrigiert.
7 Hitchcock 1978, 12.
8 Vgl. Hitchcock 1978, XI.
9 M. A. Post, der das Thema Waage für einen populären Fernkursus Baugeschichte bearbeitet hat, kommt zu einem entsprechenden Schluss. Vgl. Post o. D.

In jüngerer Zeit hat es allerdings durchaus Versuche gegeben, das Phänomen Waaggebäude zu entschlüsseln. Diesbezüglich ist hier in erster Linie der Heimatforscher P. den Braber aus Rotterdam zu nennen. Er hat über mehr als ein Jahrzehnt hinweg Texte und Abbildungen zu diesem Thema gesammelt und dabei neun dicke Kladden gefüllt. Über der anfänglichen Formulierung eines eigenen Textes ist P. den Braber allerdings 1983 verstorben. Dessen Erben scheint das Vermächtnis mit der Fülle von Fakten bei gleichzeitigem Fehlen jeglicher Analyse allerdings eher zum Fluch als zum Segen geworden zu sein.

Die genannte Sammelleistung von P. den Braber mündete 1990 in den Katalogbeitrag von L. Berrevoets für die Ausstellung »Het waagstuk; wegen en waaggebouwen in Nederland«. Bei diesem Artikel handelt es sich um eine alphabetisch geordnete Auflistung und Beschreibung von Waaggebäuden in Holland, die ohne die Angabe von Quellen auskommt und an keiner Stelle über den bis dahin bekannten Wissensstand zu den Einzelobjekten hinausgeht. Von einer Analyse und einer Annäherung an die komplexe Entwicklung des Bautyps Waage kann trotz der gegenteiligen Ankündigung im Vorwort nicht die Rede sein.[10]

Etwa zur selben Zeit hat sich J. R. Leegstra im Rahmen einer kunstgeschichtlichen Magisterarbeit mit den Waaggebäuden der Provinz Nordholland beschäftigt. Auch bei diesem Versuch bildete das Erbe P. den Brabers die entscheidende Grundlage.[11] In der Eingrenzung der untersuchten Objekte auf die Provinz Nordholland und der rein verbalen Analyse beziehungsweise der fehlenden funktionalen Differenzierung der behandelten Bauten verdient diese Arbeit als studentische Übung durchaus Anerkennung, kann jedoch für die vorliegende Untersuchung als Vorleistung nicht herangezogen werden.[12]

In Anbetracht des beschriebenen Forschungsstandes musste im Rahmen der hier unternommenen Untersuchung zunächst einmal eine ausreichende Datenbasis geschaffen werden. Zu diesem Zweck waren von allen hier relevanten verschwundenen Waaggebäuden Rekonstruktionszeichnungen anzufertigen. Darüber hinaus galt es, die in unterschiedlicher Vollständigkeit und Qualität vorliegenden Bauaufnahmen durch Korrekturen anhand des baulichen Bestandes und ergänzender Messungen auf einen einheitlichen Stand zu bringen, der so hoch ist, dass einerseits wesentliche neue Erkenntnisse zur Geschichte der einzelnen Bauten gewonnen und andererseits deren vergleichende Betrachtung möglich wurde.[13]

Da sich während der Untersuchung die Funktion des Wiegens sehr früh als Schlüsselkriterium zur Bestimmung der Merkmale des Bautyps Waage abzeichnete, wurde der Schwer-

---

10 Slechte u. Herweijer 1990, 8.
11 J. R. Leegstra (Groningen) darf für die Überlassung der – zuvor um die Abbildungen gekommenen – Sammlung P. den Brabers herzlich gedankt werden.
12 Mit der fehlenden typologischen Unterscheidung zwischen Waagen und Handelshallen bleiben auch die von J. R. Leegstra erarbeiteten Statistiken für die vorliegende Untersuchung ohne Aussage. Vgl. Leegstra 1991.
13 Die im Prinzip durchaus wünschenswerte einheitliche Herstellung sogenannter verformungsgerechter Aufmaße von allen näher untersuchten Objekten stand hier nicht zu Gebote, da sie zu einer völligen Sprengung des vorgegebenen Zeitrahmen geführt und in keinem Verhältnis zu einem möglichen Zugewinn an relevanten Informationen gestanden hätte.

punkt der Bauaufnahmen auf die exemplarische Dokumentation der Wiegevorrichtungen und des Zubehörs gelegt. Von diesen Objekten im Grenzbereich zwischen Baugeschichte und historischer Metrologie gab es bisher keine einzige nennenswerte zeichnerische Dokumentation und keine Untersuchung in Bezug auf die entsprechenden Gebäude. Eine erste Betrachtung von großen in Waaggebäuden fest installierten Wiegevorrichtungen wurde von G. M. M. Houben in dem o. g. Ausstellungskatalog unternommen.[14] Sie ist allerdings auf die verbale Analyse beschränkt.

→ 91–94

Bezüglich der Bearbeitung der Schriftquellen konnte zur baugeschichtlichen Erforschung der hier behandelten Waaggebäude eine vergleichsweise günstige Ausgangssituation verzeichnet werden. So lag zu allen wichtigen Waaggebäuden die Aufarbeitung der Stadtrechnungen und Magistratsbeschlüsse vor, oft sogar mehrfach. Stichprobenartige Untersuchungen haben ergeben, dass die erneute Erschließung von Schriftquellen für die vorliegende Untersuchung keinen nennenswerten Erkenntnisgewinn erwarten ließ.[15] Zur rechtlichen Stellung der Waage als öffentliche Einrichtung und zu ihrem Funktionsablauf gab es jedoch bisher keine eigenständige und zusammenhängende Darstellung.

Grenzen

Bei der Wahl der Objekte bildete zunächst das Territorium der Niederländischen Republik (1581–1795) die Ausgangsbasis. In der weiteren Bearbeitung konnte das Untersuchungsgebiet dann, ohne einen wesentlichen Verlust an Erkenntnissen in Kauf zu nehmen, auf die Provinzen Holland und Friesland eingeschränkt werden. Gleichzeitig erwies es sich aber als wichtig, die in den südlichen Niederlanden gelegene Waage von Antwerpen in die nähere Betrachtung mit einzubeziehen. In dieser Stadt fand nämlich die später im Norden der Niederlande sich vollziehende Entwicklung des Bautyps Waage ihren Anfang.

Mit den Waagen von Deventer und Nijmegen werden hier auch noch zwei außerhalb des engeren Untersuchungsbereiches gelegene Objekte ausführlich behandelt. An diesen Beispielen kann nämlich der entscheidende Unterschied zwischen den sogenannten und den ›monofunktionalen‹ Waagen deutlich gemacht werden. Zum Nachvollzug der vorgenommenen Eingrenzung befindet sich am Ende dieser Arbeit ein Katalog der nicht näher untersuchten Gebäude mit einer Waagfunktion in Holland.

Der Ausschluss der wenigen ab dem 19. Jahrhundert entstandenen Waaggebäude darf in keinem Fall als Geringschätzung der Architektur dieser Epoche verstanden werden. Die entsprechende Eingrenzung hängt vielmehr mit der durch die französische Revolution beeinflussten Verwaltungsreform in Holland zusammen. Diese führte mit der zentralstaatlichen Organisation und der Abschaffung der direkten Steuern spätestens ab 1816 bei den

---

14 Slechte u. Herweijer 1990.
15 Vgl. Antwerpen, Hoorn und Workum.

Waaggebäuden zu einem entscheidenden Verlust an Funktion und Bedeutung. So darf der Abbruch der Waage von Amsterdam von 1808 als ein erstes deutliches Zeichen für das Ende der Entwicklung des Bautyps gesehen werden.[16]

Bezüglich der von dieser Untersuchung ausgeschlossenen Gebiete gelten die Worte von Elisabeth Neurdenburg anlässlich ihrer Darstellung der Bildhauerei des 17. Jahrhunderts: »… Er blijft dus nog wel wat over. Ik heb daar geen spijt van …wanneer men eenmaal het bosch met zijn boomen kent, kan men gemakkelijk nieuwe boomsoorten aan zijn kennis toevoegen …«.[17]

---

16 Krans 1991, 201.
17 Neurdenburg 1948, 9: »Es bleibt also durchaus noch etwas übrig. Ich bedaure das nicht. … wenn man einmal den Wald mit seinen Bäumen kennt, kann man seinem Wissen leicht neue Baumsorten hinzufügen« (Übersetzung des Verfassers).

Multifunktionale Handelshallen mit der Bezeichnung Waage

Bei der näheren Untersuchung der sogenannten Waagen von Deventer und Nijmegen zeigte sich, dass diese Gebäude über saalartige Geschosse verfügen, die zur Unterbringung einer großen Vielfalt von Funktionen des Handels und der Versammlung vorgesehen waren. Die Funktion Waage ist hier nur eine unter vielen und hat keine eigenständigen baulichen Vorkehrungen erhalten. Mit diesem Merkmal ließen sich die sogenannten Waagen von Deventer und Nijmegen dem Bautyp der mittelalterlichen Handelshalle zuordnen. Dieser unterscheidet sich grundsätzlich von den unten beschriebenen monofunktionalen Waaggebäuden.

Deventer, 1528: Die typische Handelshalle mittelalterlicher Tradition

Der Frankfurter Bürgermeister Conrad von Uffenbach sagte 1710 über die sogenannte Waage von Deventer: »Ich habe noch nirgend ein so grosz und schön Gebäude zu einer Wage gesehen«.[18] Dieser Eindruck wird durch die freie Lage des Gebäudes auf der Brink, dem großen repräsentativen Marktplatz der Stadt, gefördert. Es liegt dort auf der südlichen Seite in der Längsachse des Platzes, wo es eine stattliche Grundfläche von 21,5 Meter Länge und 10 Meter Breite einnimmt. Mit seinen drei Geschossen ragt es von der Straße zur Balustrade 14,4 Meter auf und übertrifft mit dieser Kubatur die Bebauung des Platzrandes erheblich. Das steile Walmdach unterstreicht die hoch aufragende Wirkung des Gebäudes.

Die äußeren Gestaltungsmerkmale der sogenannten Waage auf der Brink von Deventer sind typisch für mittelalterliche Handels- und Versammlungsbauten.[19] So handelt es sich bei den markanten achteckigen Postenerkern an den drei Gebäudeecken um Atavismen

---

18 Houck 1893, 698.
19 Die sogenannte Waage von Deventer ist in ihrer äußeren Erscheinung bis auf das Erdgeschoss weitgehend in dem Zustand erhalten geblieben bzw. wiederhergestellt worden, in dem sie sich auf dem Gemälde von A. Beerstraten 1665 darstellt. In den Jahren 1917–29 wurde das Gebäude durch Gemeindearchitekt W. Uytenhoudt umfassend restauriert. Die Reparatur eines Bombenschadens des Jahres 1945, der vor allem den Treppenturm in Mitleidenschaft gezogen hatte, erfolgte 1947–48 durch denselben Architekten. Vgl. Uytenhoudt 1926, passim; Ter Kuile 1964; sowie Bloemink 2003.

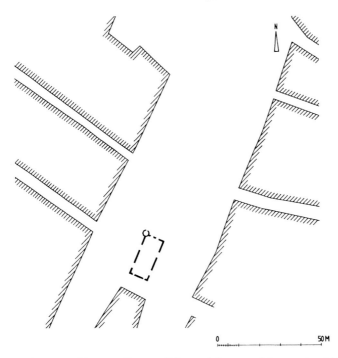

1 Sogenannte Waage von Deventer, Rekonstruktionsversuch Lage vor/um 1643

mittelalterlicher Wehrarchitektur.[20] Diese stellen einen symbolischen Schutz des Gebäudeinhaltes dar[21] und verweisen auf den kaiserlichen Stadtherrn, der durch eine Statue von Karl V. über dem Haupteingang auch konkret dargestellt ist.[22] Der belfriedartige achteckige Treppenturm auf der rechten Seite der Marktfront gehört ebenfalls zur Kategorie der genannten Sinnbilder mittelalterlicher Wehrarchitektur. Dagegen verweist der auf dem vorderen Firstende ruhende Uhr- und Glockenturm eher allgemein auf die besondere Bedeutung des Gebäudes.

Die sogenannte Waage von Deventer hat in den oberen Geschossen eine reiche spätgotische Wandgliederung. Die untere Blendarkade stützt sich auf einfache Wandpfeiler, während die obere durch Pilaster weiter hervorgehoben ist. Diese Ausschmückung der Obergeschosse findet mit dem Kleeblattbogenfries über dem Erdgeschoss ihren unteren und der rund um die Traufe laufenden, durch Fialen gegliederten spätgotischen Balustrade ihren oberen Abschluss. Im Erdgeschoss bilden die beiden ursprünglich jeweils auf den Längsseiten angebrachten Toröffnungen mit ihren Oberlichtern und Sandsteinumrahmungen die

---

20 Vgl. Schröder 1914. Die Erker trugen ursprünglich spitze gotische Helme. Auch der Glockenturm wurde barock modernisiert. Vgl. Ter Kuile 1964, 19.
21 Vgl. Meckseper 1982, 173.
22 Kronenberg 1916, 5.

2   Sogenannte Waage und Marktplatz (Brink) von Deventer, Gemälde A. Beerstraten 1665

einzige nennenswerte Abwechslung in der Fassade.[23] Nur bei dem Treppenturm reicht das Stabwerk, durch das auch die Postenerker gegliedert sind, bis ganz nach unten.

Bauliche Spuren der ursprünglichen Unterbringung der Funktionen in der sogenannten Waage von Deventer sind durch mehrfach erfolgte Umnutzungen fast vollständig abhanden gekommen. Der ursprüngliche Grundriss lässt sich jedoch noch weitgehend rekonstruieren. So können die bei den genannten Umnutzungen abhanden gekommenen ursprünglichen Toröffnungen der Längsseiten anhand einer wahrscheinlich im Zusammenhang mit der Einrichtung einer Schule entstandenen Befunddokumentation und eines Gemäldes von A. Beerstraten von 1665 ziemlich exakt bestimmt werden.[24] Die entspre-

---

[23] Zwei der vier Einfahrtstore wurden bereits 1840 vermauert. In der Zeit der Verlagerung der öffentlichen Waage in einen Neubau an der Welle im Jahr 1862 und der Einrichtung des Gebäudes zum Gymnasium im Jahr 1873 dürften die beiden übrigen Tore geschlossen worden sein. Für die Umnutzung wurde der gesamte Innenausbau abgebrochen. Gleichzeitig wurden die hölzernen Decken durch Stuckdecken ersetzt und leichte Zwischenwände eingezogen. Die Veränderung der Fenster wurde bei der oben genannten Restaurierung 1917–29 wieder zurückgenommen. Der letztgenannten Baumaßnahme ist auch der im ersten Obergeschoss gelegene offene Kamin zuzuordnen, der aus dem Patrizierhaus »Die zwölf Apostel« an der Brink stammt. Vgl. Kronenberg 1916, passim; sowie Ter Kuile 1964, passim.
[24] »Plattegrond van de Waag te Deventer; vóór het jaar 1862, naar authentike gegevens«. Maßstab 1/100. O. V., o. J. Gemeentearchief Deventer, Invnr. 7.4.0.1/71.

3 Sogenannte Waage von Deventer von Süd, Photo 1960

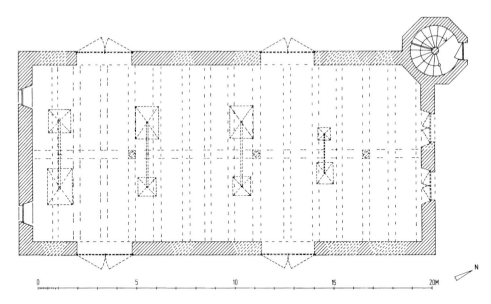

4   Sogenannte Waage von Deventer, Rekonstruktionsversuch Grundriss Erdgeschoss

chend rekonstruierte Lage dieser Öffnungen kommt mit einer noch an dem Gebäude an entsprechender Stelle zu beobachtenden Verbreiterung des Balkenabstandes von durchschnittlich 1 Meter auf ca. 1,29 Meter überein, die offensichtlich zur Entlastung der Torbögen vorgenommen wurde.

Der Chronist Gualtherus Sylvanus hatte im Jahr 1616 noch gesehen, wie man durch die genannten Toröffnungen mit Wagen und Karren in das Innere des Gebäudes fuhr, die Waren dort auf die Waagschale brachte und auf der anderen Seite wieder heraus kam.[25] Nach dieser Beobachtung lässt sich längs der rekonstruierten Durchfahrten zu jeder Seite der Durchfahrt ursprünglich je eine Balkenwaage annehmen, insgesamt also höchstens vier. Zu dem beschriebenen Zustand des Gebäudes von 1616 gehören auch noch zwei Eingangstore an der Vorderfront anstelle der 1643 angefügten Freitreppe mit der Laube und dem Balkon.[26]

Die Rekonstruktion des Erdgeschosses zeigt, dass es erheblich breiter ist, als es zum Betrieb der Balkenwaagen notwendig gewesen wäre. Daher darf an den Seiten noch die Aufstellung von Ständen zum Verkauf von Waren des täglichen Bedarfs wie Brot und Fleisch angenommen werden. Darüber hinaus ist die sogenannte Waage von Deventer für die ausschließliche Unterbringung der Balkenwaagen auch viel zu lang. Berücksichtigt man den

---

25 Kronenberg 1916, 3.
26 Auch wenn sich aus den Schriftquellen erschließen lässt, dass sich vor dem Bau des steinernen Vorbaus 1643 an derselben Stelle ein hölzernes Provisorium befunden hat, so darf diese Tatsache keineswegs auf die Ursprungszeit des Gebäudes zurückprojiziert werden. Vgl. Herweijer 1994, 61.

Umstand, dass die vier Balkenwaagen selten alle zusammen benötigt wurden und ihre Grundfläche durch das einfache Abhängen der Waagschalen umgenutzt werden konnte, so darf sogar nur etwa ein Drittel der Grundfläche als Waage angenommen werden, während der übrige Teil des saalartigen Raumes als multifunktionale Handelshalle übrig bleibt. Die entsprechende Nutzung war Camille Enlart noch 1929 bekannt: »à Deventer, le poids public… c'était simplement une partie de la halle qui abritrait la balance publique et les mesures de contenance officielles«.[27]

Die sogenannte Waage von Deventer hat auch einen Keller. Seine massiven Flachtonnengewölbe ruhen auf sechs quer verlaufenden Gurtbögen, die in der Mitte jeweils von einem Sandsteinpfeiler gestützt werden. Der Zugang von Personen zum Keller erfolgt durch eine Wendeltreppe mit einem Radius von 1,10 Meter. Der Warentransport in dieses Geschoss dürfte aber vor allem über den an der Westseite gelegenen Kellerhals erfolgt sein.[28] Aufgrund der im Keller ursprünglich vorhandenen Heizmöglichkeit darf an die Einrichtung eines Weinhauses gedacht werden. Für die Nutzung als Waage ist ein Keller nicht notwendig, die Einrichtung eines Weinhauses in einer mittelalterlichen Handelshalle jedoch typisch.

Das erste Obergeschoss der sogenannten Waage von Deventer diente ursprünglich als repräsentativer Versammlungssaal.[29] Die Lagerung von Ausrüstungsgegenständen der Bürgerwache und deren Zusammenkünfte können sowohl im ersten als auch im zweiten Obergeschoss stattgefunden haben.[30] Auf den beiden oberen Geschossen erfolgte zudem die temporäre Einteilung in einzelne Verschläge, die wahrscheinlich der Vermietung der Flächen an einzelne Händler während der Jahrmärkte diente.[31]

Mit der Handelshalle auf der Brink zeigt sich also auch in Deventer eine sukzessive funktionale und bauliche Differenzierung öffentlicher städtischer Einrichtungen. Das Rathaus hatte sich durch die Vereinnahmung des Gewandhauses[32] zwischen 1482 und 1551 im alten Kern der Stadt an der Großen Kirche zu einem Ort der Verwaltung entwickelt, während sich der Handel an die im 14. Jahrhundert neu in die Stadt einbezogene Marktfläche verlagerte, wo dann die sogenannte Waage entstand. Diese konnte nach der Abschaffung

---

27 Camille Enlart (1929, 372) hatte also offensichtlich auch noch Kenntnis von der Anwesenheit von Hohlmaßen in der sogenannten Waage von Deventer.
28 Es handelt sich bei dem Kellerhals höchstwahrscheinlich um den bei dem oben genannten Gemälde von A. Beerstraten dargestellten kleinen Anbau mit dem Pultdach zwischen den beiden Toren.
29 Bei der beschriebenen Annahme braucht man sich auch nicht mehr darüber zu wundern, dass – neben vielen anderen im 16. Jahrhundert in der Waage von Deventer abgehaltenen Feierlichkeiten – 1549 die Huldigung der Stände von Overijssel an Kaiser Karl V. ausgerechnet in einer Waage erfolgte (Ter Kuile 1964, 19). Für eine Handelshalle ist nämlich ein großer repräsentativer, die ganze Grundfläche einnehmender Versammlungssaal nicht ungewöhnlich. Z. B. fand im Kaufhaus von Konstanz (ab 1388) während dem dortigen Konzil 1414–18 die Papstwahl statt (Nagel 1971, 138). Und im Obergeschoss des Kölner Gürzenich (1441–47) wurde zwischen 1474 und 1520 viermal der Kaiser empfangen (Meckseper 1982, 199).
30 Das Handelsvolumen und damit auch der Wohlstand der Stadt Deventer erreichten gegen Ende des 15. und zu Beginn des 16. Jhs. ihren Höhepunkt. Vgl. Ter Kuile 1964, 4.
31 Kronenberg 1916, 3.
32 Ter Kuile 1964, 11.

5   Kornmaß an der Westseite der sogenannten Waage von Deventer, vulgo »Falschmünzerkessel«, Photo 1958

der inländischen Stapelpflicht[33] in der holländischen Republik verstärkt repräsentative Aufgaben übernehmen, wovon die oben für das Jahr 1643 genannte Anfügung einer Laube spricht, ein Bauteil, das bei Rathäusern für Abkündigungen benutzt wurde. Mit dieser Funktionsverteilung konnte das Rathaus von Deventer bis heute baulich relativ bescheiden bleiben.

Sowohl die Schriftquellen als auch der Habitus des Gebäudes und sein rekonstruierter Grundriss lassen also an der Zuordnung der sogenannten Waage von Deventer zu dem aus dem Mittelalter überkommenen Bautyp der multifunktionalen Handelshalle keinen

---

33 Vgl. unten, S. 169 ff. u. 212 f.

Zweifel aufkommen. Im übrigen gleichen die baulichen Merkmale dieses Gebäudes einer Reihe von Rathäusern und Handelshallen die im Erdgeschoss in der Regel ebenfalls über die Einrichtung einer öffentlichen Waage verfügten. Dies gilt für Städte wie Melsungen[34] (D; 1555–56) oder Geraardsbergen (B; um Ende 14. bis Anfang 15. Jahrhundert). Diese hatten ähnliche Gebäude, deren größerer oder kleinerer repräsentativer Charakter der Bedeutung der jeweiligen Stadt entsprach. In dieser Hinsicht hatte Deventer zu Beginn des 16. Jahrhunderts als Hauptort der Provinz Overijssel durchaus einen gewissen Anspruch, der allerdings von Handelsmetropolen wie Brügge oder Löwen bei weitem übertroffen wurde. Dagegen unterscheidet sich die sogenannte Waage von Deventer grundlegend von monofunktionalen Waaggebäuden, wie sie im 17. und 18. Jahrhundert in Holland entstanden.

Die bisherige Fehlinterpretation der Handelshalle auf der Brink von Deventer als »älteste und schönste Waage der Niederlande«[35] erklärt sich vor allem mit der unzulässigen und ausschließlichen Rückprojektion von Schriftquellen aus dem 17. Jahrhundert auf die politisch und wirtschaftlich unterschiedliche Entstehungszeit des Gebäudes.[36] Die daraus resultierenden Erklärungsversuche entbehren nicht der Komik. So wurde dem für Handelshallen typischen Hohlmaß an der Westseite eine ursprüngliche Funktion zum Frittieren eines Falschmünzers angedichtet.[37]

Alkmaar, 1582: Das umgebaute Heilig-Geist-Hospital (um/nach 1341)

Die sogenannte Waage von Alkmaar entstand als Umbau eines mittelalterlichen Hospitals zu einer Handelshalle.[38] Das ursprüngliche Gebäude wurde bisher als Hospitalkirche rekonstruiert. Sie soll im Osten einen dreijochigen Chor mit 5/10-Schluss, in der Mitte eine

---

34 Fenner 1987.
35 Stenvert 1985, 22.
36 Die regionale Vorrangstellung von Deventer als Handelsstadt zur Bauzeit der sogenannten Waage auf der Brink ging mit der Entwicklung des eigenen Staates der nördlichen Niederlande verloren. Nach dem Fall von Antwerpen 1585 geriet die Stadt Deventer zunehmend in die Abhängigkeit von Amsterdam und verlor ab dem 17. Jahrhundert mit seinem Hinterland auch seine Bedeutung als Hauptort von Overijssel. Damit muss auch ein Wandel in der Funktion der sogenannten Waage auf der Brink verbunden gewesen sein, die nun weniger für Marktzwecke gebraucht wurde. Mit der sich allgemein vertiefenden nationalstaatlichen Zentralisierung im 19. Jahrhundert wurde das Gebäude in baugeschichtlichen Betrachtungen aus dem ursprünglichen, die späteren Grenzen überschreitenden Zusammenhang herausgelöst und entsprechend den sich im 17. Jahrhundert verlagernden Handelsströmen ausschließlich der Entwicklung in Holland zugeschlagen. C. H. Peters (in Brugmans u. Peters 1909–11, 283) stellt z. B. fest, dass die Waage von Deventer nicht wie eine solche aussieht, beschreibt das Gebäude aber dann doch in einem Atemzug mit den monofunktionalen holländischen Waaggebäuden. Für die weiteren Standardwerke zur niederländischen Architekturgeschichte gilt Entsprechendes.
37 Eine gleiche Mär findet sich bei der sogenannten Waage von Osnabrück, die ebenfalls als Handelshalle betrachtet werden darf. Vgl. Fink u. Siebern 1907, 236. Weitgehend intakte und in ihrer ursprünglichen Funktion auch bewusst gebliebene eiserne Hohlmaße finden sich in der Halle von Monpazier (F) noch in situ. Vgl. unten, S. 188 f.
38 Die bisher vorliegenden Darstellungen der Geschichte der sogenannten Waage von Alkmaar lassen sich weitgehend auf die Publikation von C. W. Bruinvis von 1888, beziehungsweise die erweiterte Fassung von 1889

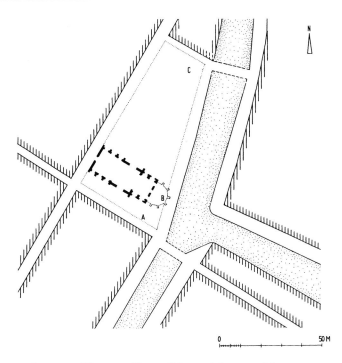

6   Sogenannte Waage von Alkmaar, Rekonstruktionsversuch Lage von 1582; A = zuvor abgerissene Wohnhäuser, B = Chor, C = ab 1605 bis Anfang 20. Jahrhundert freigelegter Platz

quadratische Vierung und im Westen ein Langhaus gehabt haben.[39] Die eigentlichen Krankenräume wurden in einem separaten, nördlich an die beschriebene Kirche anschließenden Bereich vermutet, dort, wo die Bausubstanz zur Schaffung des Käsemarktes ab 1605 nach und nach abgerissen wurde. Anhand von Schriftquellen wurde für dieses Heilig-Geist-Hospital eine Bauzeit von um, beziehungsweise nach 1341 bis 1391 angenommen.[40]

Bei der beschriebenen Sicht des mittelalterlichen Heilig-Geist-Hospitals von Alkmaar handelt es sich aber offensichtlich um eine typische Fehlinterpretation. Für den Bautyp Hospital ist nämlich die innige Verbindung von Kapelle und Krankensaal typisch. Diese beiden Funktionen sind oft in einer Achse angeordnet, wobei der Sakralraum im Osten

---

zurückführen. Der Autor setzt sich als erster Archivar von Alkmaar kritisch mit den Chronisten C. van der Woude (1645) und G. Boomkamp (1747) auseinander und bleibt so in der Auswertung der Schriftquellen im Wesentlichen glaubwürdig. Seine Schlüsse auf die Bauvorgänge stimmen aber oft nicht mit den typologischen Merkmalen und der vorhandenen Bausubstanz überein. E. H. P. Cordfunke (1978) liefert anlässlich seiner 1977 durchgeführten Ausgrabung des Chores eine erneute und kritische Auswertung der Schriftquellen. Von anderen Autoren wurden die Ausführungen von C. W. Bruinvis im Allgemeinen kritiklos übernommen.
39   Vgl. Cordfunke 1978, 151. Die drei Joche des Chores sind durch die oben genannte Grabung von 1977 eindeutig nachgewiesen. Alle älteren Rekonstruktionsversuche gehen nur von zwei Chorjochen aus.
40   Cordfunke 1978, 154.

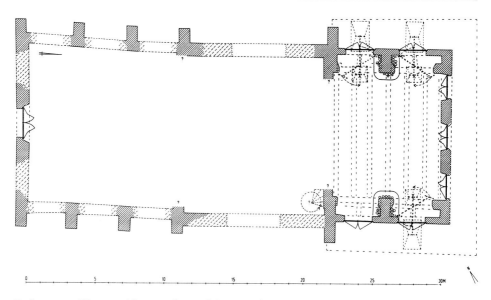

7   Sogenannte Waage von Alkmaar, Rekonstruktionsversuch Grundriss Erdgeschoss 1582

und der Krankensaal im Westen liegen. In vielen Fällen wurde einer solchen Anlage mit der zunehmenden Ausdehnung des für die Hospitäler lukrativen Pfründnerwesens im ausgehenden Mittelalter an den Krankensaal im Westen sekundär ein Pfründehaus angebaut.[41] In jedem Fall sind bei einem mittelalterlichen Hospital gewöhnlich die sakralen und die profanen Bereiche unter einem Dach zusammengefasst. Nach ihrer äußeren Erscheinung werden diese Anlagen daher oft fälschlicherweise als ausschließlich sakralen Zwecken dienende Bauten interpretiert.[42]

Entsprechend den beschriebenen typologischen Merkmalen liegt es nahe, das mittelalterliche Heilig-Geist-Hospital von Alkmaar nach Anhaltspunkten für entsprechende unterschiedliche Nutzungszonen zu untersuchen. In diesem Zusammenhang lassen bestimmte Unregelmäßigkeiten in der Bausubstanz den Schluss zu, dass der westlich gelegene mittelalterliche Bauteil sekundär angefügt wurde. Dieser schließt nämlich an den übrigen Baukörper nicht nur um etwa 20 Zentimeter versetzt an, sondern knickt auch noch um etwa fünf Grad nach Norden ab und besteht dazu aus dünnerem, mit Strebepfeilern verstärktem Mauerwerk. Für eine solche Abgrenzung von zwei mittelalterlichen Bauphasen liefert auch die in der westlichen Dachzone anzutreffende unterschiedliche Art der Windver-

---

41 U. a. Spangenberg, gegründet 1341, Erfurt 1385 und Braunau, gegründet 1417. Vgl. Craemer 1963; sowie Leistikow 1967. Zu den niederländischen Hospitalbauten liegt noch keine zusammenfassende Untersuchung vor. Querido (1965) behandelt die mittelalterlichen Hospitäler nur am Rande. Die Untersuchungen von Meta Prins-Schimmel (1988, a) zeigen ebenfalls, dass die niederländischen Hospitäler in die westeuropäische Entwicklung eingeordnet werden dürfen.
42 Craemer 1963.

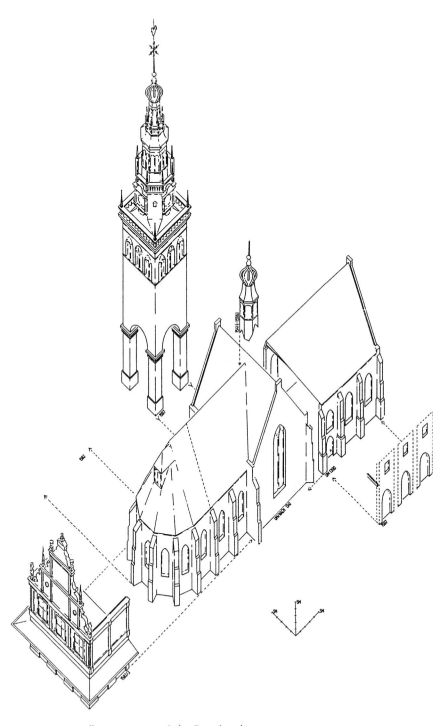

8 Sogenannte Waage von Alkmaar, axonometrischer Bauzeitenplan

bände und Abbundzeichen einen wichtigen Beleg.[43] Diese baulichen Spuren stehen wahrscheinlich mit schriftlichen Quellen in Zusammenhang, die für das Jahr 1390 von einer Schenkung zugunsten von Baumaßnahmen für das Heilig-Geist-Hospital berichten: »tot hulp der timmering van het Heilig-Geesthuis of totter arme luden, die men daer in herbergen zal«.[44]

Die beschriebene Aufgliederung der mittelalterlichen Bausubstanz führt zusammen mit den typologischen Betrachtungen zu einer differenzierten Sicht der Baugeschichte des Heilig-Geist-Hospitals von Alkmaar. So darf nun angenommen werden, dass zunächst um, beziehungsweise nach 1341 ein Hospital mit quadratischem Krankensaal und einem Kapellenchor im Osten errichtet wurde.[45] Die beiden Funktionsbereiche waren über eine Öffnung miteinander verbunden und erstreckten sich vom Erdgeschoss bis in das Dach. Dieses ist als hölzernes Tonnengewölbe ausgeformt.[46] Deshalb konnten sich die Maßwerkfenster am Spitalsaal bis in das Giebeldreieck hinein erstrecken.[47]

Beim Anbau des Pfründehauses von 1390 wurde das Dach der Kapelle nach Westen weitergeführt. Die so entstandene Kreuzung der Firstlinien über der Mitte des Krankensaales wurde nun mit einem Dachreiter versehen. Möglicherweise hängt die Stiftung einer Stundenglocke im Jahr 1386 mit der Anfügung dieses Bauteils zusammen.[48] In jedem Fall kam 1488 noch eine Halbstundenglocke hinzu. Für die elf Glocken des Vorspiels musste der Dachreiter dann 1541 erneuert beziehungsweise vergrößert werden.[49]

Mit der allmählichen Erweiterung Alkmaars nach Osten bekam das ursprünglich am Rand der Stadt gelegene Heilig-Geist-Hospital in der zweiten Hälfte des 15. und zu Beginn des 16. Jahrhunderts zunehmend eine zentrale Stellung in der Stadt.[50] Darüber hinaus verfügte das Gebäude über einen guten Anschluss an die Wasserwege. Gleichzeitig konnte es die

---

43 Vgl. den Untersuchungsbericht zum Dachstuhl der sogenannten Waage von Alkmaar von E. J. van Dam (Manuskript o. O, o. J., Archiv Gemeentewerken Alkmaar).
44 Cordfunke 1978, 146.
45 Das rekonstruierte ursprüngliche Hospitalgebäude von Alkmaar hat eine bemerkenswerte Ähnlichkeit zu dem alten Hospital von Deidesheim aufzuweisen. Vgl. Hassler 1985, 106.
46 Cordfunke 1978, 154. Der Autor bezieht sich in der Annahme eines Triumphbogens wohl auf das Gemälde »Die Kranken versorgen« des »Meisters von Alkmaar« von 1504. Bei dieser Darstellung handelt es sich aber offensichtlich um keine getreue bauliche Wiedergabe des Heilig-Geist-Hospitals von Alkmaar. Bisher kann durch Fundamentreste und eine halbierte Spante im Dach nur die Wand nicht aber die Form der in dieser enthaltenen Öffnung nachgewiesen werden.
47 Die Annahme von Seitenschiffen durch E. H. P. Cordfunke (1978, 155) ist der bisherigen Fehlinterpretation des Heilig-Geist-Hospitals von Alkmaar als ausschließlicher Sakralbau zuzuschreiben.
48 Bruinvis 1888, 6 und 1889, 2. Die ursprüngliche Unterbringung der Glocke wird in dem zu einer Gaupe verlängerten Ende des Firstes vermutet.
49 Dieser Dachreiter befindet sich als Umriss noch auf dem Gemälde von Pieter Ariansz. Cluyt von 1580, das die Belagerung Alkmaars des Jahres 1573 zeigt (Vgl. Wortel 1990, 131). Auf dem von anonymer Hand stammenden Gemälde von 1598 (Stedelijk Museum Alkmaar), das dasselbe Ereignis darstellt, ist die Turmspitze zwar deutlicher zu sehen, allerdings gleicht diese der Turmspitze von 1597.
50 Vgl. Gutkind 1971, 68, Abb. 48.

damals neu aufgekommenen typologischen Ansprüche, wie an Korridoren gelegene kleinere Räume, nicht mehr erfüllen.[51] Andererseits hatte die alte Handelshalle im Erdgeschoss des Rathauses (1509–20) ihre zentrale Stellung in der Stadt verloren. In Analogie zu der allgemeinen typologischen Entwicklung darf auch angenommen werden, dass das Rathaus dem wachsenden Warenaufkommen immer weniger genügen konnte, während sich die Verwaltungsfunktion immer weiter ausbreitete.[52] Damit war der Umbau des Heilig-Geist-Hospitals zu einer Handelshalle eine sinnvolle Angelegenheit.

Der Magistrat von Alkmaar befasste sich seit dem Jahr 1558 wiederholt mit der Unterbringung der Waage an oder in dem Heilig-Geist-Hospital.[53] Die entscheidende Wende brachte dann der Sieg über die spanischen Truppen nach der Belagerung vom 21. August bis zum 8. Oktober 1573. Durch die anschließende Säkularisation stand nämlich genügend Kapital für die Umsetzung umfangreicher baulicher Maßnahmen zur Verfügung. Den dauerhaften Erwerb des Waagprivilegs konnte sich die Stadt jetzt ebenfalls leisten.[54] Es darf davon ausgegangen werden, dass die Stadt Alkmaar also mit der sogenannten Waage allgemein den Stolz über die errungene Freiheit zum Ausdruck bringen wollte, wie ihn die Inschrift an der Fassade des Gebäudes erläutert: S. P. Q. A. RESTITUIT VIRTUS ABLATAE JURA BILANCIS.[55]

Der Umbau des Heilig-Geist-Hospitals zur Handelshalle wurde 1582 begonnen. Er führte zum Abriss des Chorschlusses zusammen mit dem daran anschließenden Joch. Darauf hin erhielten die beiden erhalten gebliebenen Chorjoche unter Einschluss der Strebepfeiler an drei Seiten eine neue Außenwand, so dass sich mit dem Hospitalsaal und dem Pfründehaus zusammen ein einheitlich breiter und hoher Baukörper ergab. Dieser hat die beträchtlichen Abmessungen von 31,40 Meter Länge und ca. 12,50 Meter Breite. Die Anordnung der seitlichen Tore erfolgte an der Stelle der ehemaligen Chorfenster, deren Gewände noch teilweise erhalten sind. Das alte Dach des Heilig-Geist-Hospitals mit seiner hölzernen Tonne konnte bestehen bleiben. Aber der Innenraum wurde durch den Einbau einer Decke stark verändert. Die bei dieser Baumaßnahme als Auflager offensichtlich sekundär verwendeten Konsolen datieren aus dem 15. Jahrhundert und stammen wahrscheinlich aus den abgebrochenen Teilen des Gebäudes.

Der neue Giebel auf der Ostseite der Handelshalle gilt als »... most ornate gable yet erected in the Netherlands, except of the Antwerp Raadhuis ...«.[56] Das Erdgeschoss hatte

---

51 Vgl. Leistikow 1985, 232.
52 Peters 1909–11, 289.
53 Vgl. Bruinvis 1889, 16; sowie Cordfunke 1978, 149.
54 Vgl. Wortel 1990, 117 ff. In der Literatur ist immer wieder davon die Rede, dass die Überlassung des Waagrechts an die Stadt Alkmaar 1581 durch Wilhelm von Oranien und die Stände von Holland ein Geschenk gewesen wäre. Tatsächlich hat die Stadt das Privileg gekauft, wie es in dieser Zeit üblich war. Vgl. Speet 1982, 15; sowie W. A. Fasel: Het stadsarchief van Alkmaar, 1254–1815. Alkmaar 1975 ff.
55 »Mut und Tapferkeit des Magistrats und der Bevölkerung von Alkmaar haben das Recht der Waage zurückgewonnen«. Übersetzung Verf.
56 Hitchcock 1978, 67.

9 Sogenannte Waage von Alkmaar von Nord, Photo frühes 20. Jahrhundert

10   Käsemarkt und sogenannte Waage von Alkmaar, Stich Romeyn de Hooghe 1674

ursprünglich eine einfache Quaderung. Von den drei rundbogig überdeckten Toren war das mittlere durch ein spätgotisches (sekundär von der Kapelle verwendetes?) Gewände hervorgehoben. Über dem Erdgeschoss entwickelt das Hängevordach eine deutliche horizontale Wirkung.[57]

Das Obergeschoss hat Steinkreuzfenster, die von rustizierten Pilastern gerahmt werden. Bei dem Giebeldreieck handelt sich im Prinzip um einen dreistufigen Treppengiebel mit einer verschweiften Dachlinie. Die Pilastergliederung ist hier nach der Regel der Supraposition fortgeführt. Auf dem Gesims auf der Höhe der Traufe sind seitlich Statuen aufgestellt, links eine Justitia und rechts eine Pax. Die mittlere Achse des Giebeldreiecks wird von Reliefsteinen zur Gebäudefunktion ausgefüllt: unten das Stadtwappen und oben ursprüng-

---

57   Das heutige Aussehen der sogenannten Waage von Alkmaar entspricht weitgehend der ursprünglichen Erscheinung von 1582. Die vordere Fassade entstammt allerdings einer radikalen Restaurierung, bei der 1884 nicht nur der ganze Vordergiebel, sondern 1885 auch noch die Seitenteile abgebrochen und fast vollständig mit neuen Bauteilen wiederhergestellt wurden. Das Vordach, das etwa seit 1800 auf Stützen gestellt war, wurde bei der genannten Restaurierung entfernt und als ursprüngliche Hängekonstruktion rekonstruiert. Bei der damals im Erdgeschoss angebrachten Diamantquaderung handelt es sich jedoch um eine freie Erfindung. Die Angleichung der seitlichen Wände im Bereich des ehemaligen Chores an die Vorderfassade zusammen mit dem Einbau von zwei Fenstern im Obergeschoss entstammt ebenfalls der Restaurierung von 1884/85. Die Entfernung der spätgotischen Profilierung des mittleren Tores ist dem seinerzeitigen Bestreben nach Stilreinheit zuzuschreiben. Vgl. Koolwijk 1972, 20; Cordfunke 1978, 149; sowie Speet 1982, 32–33.

lich eine Wiegeszene.[58] Das obere Ende der Fassade ist durch ein Frontispiz über einem kleinen Gesims mit der inschriftlichen Datierung »1582« abgedeckt.

Obwohl die Breiten und die grundlegenden Höhen durch die Einbeziehung der vorhandenen Bausubstanz des Heilig-Geist-Hospitals weitgehend festgelegt waren, lässt sich bei der Ostfassade der sogenannten Waage von Alkmaar doch ein Proportionssystem feststellen. So liegt die Oberkante des Gesimses über dem ersten Obergeschoss in Fassadenmitte. Die Höhe des Erd- und des ersten Obergeschosses ist davon wiederum zur Hälfte abgeteilt und die Höhe der Giebelgeschosse beruht auf einer Drittelung. Die Bestimmung der Breite der drei Toröffnungen und der Fenster im ersten Obergeschoss erfolgt mittels einer Teilung in sieben Module.

Während die Stadtpfarrkirche in Alkmaar ohne Glockenturm bleiben musste, bekam die Handelshalle der Stadt ein markantes vertikales Hoheitszeichen. Wegen dieser Maßnahme wurde 1596 der alte Dachreiter abgebrochen. Im folgenden Jahr begann der Bauunternehmer Cornelis Pietersz. Kunst mit der Errichtung eines neuen Turmes.[59] Dieser erreichte 1599 schließlich die heute noch vorhandene Höhe von circa 52 Metern.[60] Im selben Zeitraum hatte der im Westen des Gebäudes gelegene Saal noch einen Zwischenboden zur Lagerung von Getreide bekommen. In diesem Zusammenhang müssen auch die Fassaden dieser Bauteile an die neue Stockwerkseinteilung angepasst worden sein.

Der Turm der sogenannten Waage von Alkmaar liegt in der Kreuzung der Firstlinien. Sein Rumpf ruht auf vier quadratischen Pfeilern, die zusammen ein Quadrat mit einer Seitenlänge von 6,60 Metern bilden. Etwa auf Traufhöhe des Gebäudes gehen die Pfeiler über je einem einfachen Kapitell mit gedrückten Spitzbögen in die Wände des darüber gelegenen Rumpfes über. Während dieser seine äußeren Abmessungen beibehält, reduziert sich die Wanddicke etwa ab der Höhe seines Austritts aus der Dachkehle auf 1,00 Meter.

Über dem beschriebenen Rumpf erhebt sich eine typisch holländische hölzerne Turmbekrönung. Deren drei Geschosse haben jeweils einen gleichseitigen achteckigen, nach oben hin zunehmend kleineren Grundriss. Die einzelnen Ebenen werden seitlich durch Balustraden abgeschlossen, die an den Ecken durch Obelisken betont sind. Der untere Teil des Aufbaus ist mit Schiefer verkleidet und dient der Aufnahme des Uhrwerks. Die Zifferblätter der Turmuhr liegen in der Längs- und Querachse des Gebäudes. Das Geschoss darüber ist auf jeder Seite durch je zwei hohe rundbogig überdeckte Öffnungen bis auf die dünnen runden Pfeilerchen aufgelöst. Es dient der Aufnahme des Glockenspiels.[61] Ein niedriger,

---

58 Dieses Relief wurde 1783 durch P. J. Horstok und 1855 durch M. J. Stucki erneuert. Das bis heute erhaltene Fliesentableau wurde bei der Restaurierung von 1884/85 angebracht. Vgl. Speet 1982, 32 u. 33.
59 Vgl. Bruinvis 1888, 15; Georg Galland (1890, 492) irrt daher, wenn er den Unterbau nach seinen gotischen Blenden dem Umbau von 1541 zuordnet.
60 Die von C. W. Bruinvis (1888, 16) vorgenommen Projektionen der schriftlichen Überlieferung der Magistratsbeschlüsse auf die Bausubstanz sind nicht schlüssig und werden daher hier nicht weitergegeben.
61 Nach dem Magistratsbeschluss vom 4. September 1598 wurden dem vorhandenen Uhrwerk für das Glockenspiel noch sechs neue Glocken zugefügt (Bruinvis 1888, 15). 1688 bekam Melchior de Haze aus Antwerpen den Auftrag, 35 Glocken zu gießen. Ein Jahr später sind diese in der sogenannten Waage von Alkmaar aufgehängt worden. Vgl. Bruinvis 1888, 25–27.

11 Mientgracht und sogenannte Waage von Alkmaar von Ost, Photo frühes 20. Jahrhundert

konvex geschwungener Teil leitet zu der Plattform für die Turmspitze über. Der Unterbau wiederholt die Formen des Glockenspielgeschosses, wobei jede Seite nur noch eine Öffnung hat. Darüber wird die Nadel mit dem Wetterhahn von der durchbrochenen Zwiebelform gehalten.

In seiner künstlerischen Bedeutung wurde der beschriebene Turm von E. H. ter Kuile, dem Monographen der hölzernen Turmbekrönung in den nördlichen Niederlanden, wenig geschätzt: Es handele sich um eine »beschränkte und ziemlich flache Nachahmung des Turmes der Amsterdamer Oude Kerk«.[62] Aber geschmackliche Urteile wie dieses bleiben subjektiv. So kann man den Turm der Waage von Alkmaar in seinem geläuterten Formenaufbau und seinen eleganten Proportionen durchaus als eine vorteilhafte Weiterentwicklung des Amsterdamer Vorbildes von 1565 (verm. Joost Jansz. Bilhamer) verstehen.

Die ursprüngliche Nutzung der sogenannten Waage von Alkmaar ist typisch für multifunktionale Handelshallen. So wurde 1587 der westliche Teil des Gebäudes als Fleischhalle eingerichtet.[63] Deshalb darf angenommen werden, dass der östliche Gebäudeteil von Anfang an als Waage diente. Die Annahme einer Übereinstimmung der heute vorhandenen originalen Aufhängung der Balkenwaagen mit der ursprünglichen Anordnung ist naheliegend. Für eine gegenteilige Annahme gibt es weder bauliche noch schriftliche Hinweise.[64]

Die Balkenwaagen der sogenannten Waage von Alkmaar haben Laufbalken, die aber nur 60 Zentimeter lang sind. Sie überbrücken den Raum zwischen ehemaliger Chorwand und Außenmauer und gestatten es, die äußere Waagschale unter das Vordach zu fahren. Zum Schließen der Tore muss die jeweilige Balkenwaage nicht nur zurückgefahren, sondern nach der Entfernung der Waagschalen auf einer Seite auch niedergedrückt und gedreht werden. Durch leichtes Anheben des zuvor niedergedrückten Waagarmes kann die Balkenwaage dann in dem Raum zwischen ehemaliger Chorwand und Außenmauer arretiert werden.

Bei der beschriebenen Anordnung der Balkenwaagen ergibt sich in der Waaghalle eine breite Zone, die nicht von den Wiegevorgängen in Anspruch genommen ist. Dieser Bereich ist durch die drei Tore der Ostseite erschlossen und stand höchstwahrscheinlich mit dem anschließenden Saal in Verbindung. In diesem Zusammenhang darf vermutet werden, dass die ehemalige Trennwand zwischen Krankensaal und Pfründehaus bereits mit dem Umbau des Heilig-Geist-Hospitals zur Handelshalle entfernt wurde, weil dieses Bauteil damals kei-

---

62 Ter Kuile 1942, 89.
63 Die Fleischhalle muss anfänglich bis in die Holztonne des Daches gereicht haben. Nach dem Einbau von Zwischendecken wurden in diesem Gebäudeteil ab 1601 eine Möbelverkaufsstelle und eine Wache eingerichtet. Ab 1663 dienten diese Räumlichkeiten als Butter- und Käsehalle. Im 1583 fertig gestellten Obergeschoss über der Waage war ursprünglich die Dichtergilde untergebracht. Aber schon 1596 musste diese zunächst der Einrichtung einer Lakenhalle und später einer Gütekontrollstelle für Gold und Silber weichen. 1866 wurde dort das Telegrafenamt eingerichtet. Vgl. Bruinvis 1889, 11–20.
64 Die heute in der sogenannten Waage von Alkmaar befindlichen vier Balkenwaagen wurden 1692 bei dem Waagenmacher Johann Groengraft in Amsterdam gefertigt. Vgl. Bruinvis 1888, 32.

nen Sinn mehr hatte.⁶⁵ Erst mit dem oben beschriebenen Bau des Turmes entstand 1597 durch dessen großformatige Pfeiler eine deutliche Trennung zwischen Waagraum und Halle.

Die Anordnung der drei ursprünglichen Balkenwaagen an den seitlichen Toröffnungen dürfte von der jeweiligen Platzsituation abhängig gewesen sein. So stand die Nordseite auch nach dem Umbau des Gebäudes nur im Chorbereich frei. Erst durch den Abriss des Hauses des in den Schriftquellen genannten Jacob van Teylingen und zwei dahinter am westlichen Blockrand gelegenen Häusern wurde 1605 auch auf dieser Seite ein durchgehender Platzraum von der Größe des gegenüberliegenden Platzes geschaffen.⁶⁶ Alle späteren Erweiterungen des Waagplatzes erfolgten nach Norden.⁶⁷ Mit der Erhöhung des Aufkommens an Wiegegut wurde 1612 im mittleren Tor der Ostfassade eine vierte Balkenwaage untergebracht. Diese ist unter anderem auf dem Stich des J. Schenk von um 1725 noch zu sehen und zeigt sich in der Umformung von 1884 noch heute.⁶⁸

→ 7

→ 6

Der Name des Architekten der sogenannten Waage von Alkmaar und ihres Turmes ist nicht überliefert. Georg Galland hat 1890 den Maurermeister Cornelis Pietersz. Kunst, den Zimmermeister Maerten Pietersz. van der May und den Bildhauer Joost Jansz. Bilhamer als mögliche Kandidaten ins Spiel gebracht.⁶⁹ A. W. Weissman meinte dann 1910, der Entwerfer der sogenannten Waage von Alkmaar müsse ein Deutscher gewesen sein oder zumindest die Architektur in Nordwestdeutschland studiert haben, denn nur dort, womit er wohl das Gebiet der sogenannten Weserrenaissance meinte, hätte es zuvor geometrisch ornamentierte Kerbschnittbossensteine gegeben.⁷⁰ Aber die jüngere Forschung ist sich dessen nicht so sicher und zieht diesbezüglich durchaus auch ein Primat der Niederlande in Betracht.⁷¹ In jedem Fall hatte bereits das Ooster-Tor von Hoorn aus dem Jahr 1578 von Joost Jansz. Bilhamer Kerbschnitt-Horizontalbänder.

Spätere Autoren haben die Urheberschaft des Entwurfs der sogenannten Waage von Alkmaar nicht mehr diskutiert. Neuen Anlass zu einem Versuch in dieser Richtung bieten die in jüngerer Zeit unternommenen Forschungsarbeiten zu Adriaen Anthonisz. Landmeter (1541–

---

65 Die Ansätze der vermuteten ehemaligen Trennwände des Hospitals sind im Bestand noch ablesbar. Weitere Untersuchungen könnten aber nur mit Eingriffen in die Bausubstanz durchgeführt werden, die im Rahmen der hier vorgelegten Untersuchung nicht zu Gebote standen.
66 Koolwijk 1972, 17.
67 1678 beschloss der Magistrat von Alkmaar den Abbruch der Häuser von Adriaan und Meindert Zandvelt am Voordam mit anderen am Houttil stehenden Häusern. Dieses Vorhaben wurde drei Jahre später ausgeführt (Bruinvis 1888, 31; sowie Koolwijk 1972, 20). 1876, 1881, 1886 u. 1901 erfolgten weitere Abbrüche (Koolwijk 1972, 13). Schließlich war der Waagplatz zu Beginn des 20. Jahrhunderts so weit und die Warenanfuhr so groß, dass die Errichtung eines zusätzlichen kleinen steinernen Gebäudes mit einer Balkenwaage notwendig wurde (Koolwijk 1972, 15 u. 65). An dessen Stelle entstand 1970 ein neues Gebäude des Fremdenverkehrsvereins. Heute steht dort ein belangloses Wohn- und Geschäftshaus.
68 Abbildung in Speet 1982, 28.
69 Galland 1890, 493.
70 Weissman 1910, Kapitel 15.
71 Kreft u. Soenke 1986, 326 ff.

1620) aus Alkmaar. Dieser ist bisher vor allem als Festungsarchitekt bekannt geworden. Wie viele aus seinem Fach begann er seine Ausbildung als Landmesser.[72] Und wie allgemein im 17. Jahrhundert üblich darf bei Adriaen Anthonisz. davon ausgegangen werden, dass bei ihm die Tätigkeiten des Architekten, des Ingenieurs und des Landmessers in einer Person zusammenkamen.[73] Für eine solche Vielseitigkeit liefert ein Brief aus dem Jahr 1581 einen Beleg, in dem Adriaen Anthonisz. abweichend von der oben genannten Bezeichnung »Landmeter« als »Mr. Adriaen Ingenieur« genannt ist.[74] Darüber hinaus hatte sich Adriaen Anthonisz. intensiv mit Astronomie und Mathematik beschäftigt, wie zum Beispiel der Quadratur des Kreises. Während jedoch die Festungsentwürfe von Adriaen Anthonisz. vergleichsweise gut erforscht sind, liegen über sein übriges gestalterisches Schaffen noch keine näheren Untersuchungen vor.

Es spricht jedenfalls vieles dafür, dass der Umbau zur sogenannten Waage von Alkmaar mit ihrer Ostfassade von Adriaen Anthonisz. entworfen wurde. Dieser ist nämlich auch der Architekt der Stadtumwallung von Alkmaar von 1573. Das dort gebaute und von der spanischen Artillerie im selben Jahr zerstörte Friesische Tor hatte eine Formensprache, die der Ostfassade der sogenannten Waage sehr ähnlich ist. Darüber hinaus zeigen die Festungsentwürfe von Adriaen Anthonisz. ein geschicktes Eingehen auf die vorhandene Situation, wie dies auch bei dem Umbau des Heilig-Geist-Hospitals in Alkmaar der Fall war. Und auch die Ähnlichkeit der Formen des Turmes der sogenannten Waage von Alkmaar mit dem Turm der Oude Kerk in Amsterdam ließe sich erklären, denn mit Joost Jansz. Bilhamer (1541–1590; alias Landmeter, alias Beeltsnijder) arbeitete Adriaen Anthonisz. 1578 bei der Befestigung des Lastage genannten Amsterdamer Werftenviertels eng zusammen.[75]

Adriaen Anthonisz. verfügte jedenfalls als Mitglied des Magistrats und Bürgermeister von Alkmaar über reichlich Einfluss, den Entwurf der sogenannten Waage zu bestimmen. Und als Sohn des »Waechmeester van de Coninklijcke Majesteits Waege« muss er die Funktion und Bedeutung der Bauaufgabe gut gekannt haben.[76] Zudem gehörte er im April 1581 zu der vierköpfigen Kommission, die mit den Ständen von Holland über den Kauf des Waagrechts verhandelte.[77] Schließlich legte sein Sohn Teunis Adriaansz. beim Bau der Waage 1582 den ersten Stein.[78] So muss Adriaen Anthonisz. allen anderen voran für den Entwurf der sogenannten Waage von Alkmaar und ihres Turmes als Urheber in Betracht gezogen werden.

In der Entwicklung des Bautyps Handelshalle spielt die Waage von Alkmaar als Umbau eines Heilig-Geist-Hospitals eine Ausnahmerolle. Für eine monofunktionale Waage wäre das

---

72 Vgl. Meischke 1988, 181 ff.
73 Taverne 1978, 81.
74 Belonje 1971, 43 u. 44.
75 Van Zuydewijn 1982; sowie Wortel 1990, 179. Auch Joost Jansz. Bilhamer war gelernter Landmesser. Vgl. Thieme u. Becker 1910, 28.
76 Belonje 1971, 42.
77 Bruinvis 1888, 11.
78 Bruinvis 1888, 13.

vorhandene Bauvolumen viel zu groß gewesen. Und auch der Bau des belfriedartigen Turmes macht deutlich, dass hier noch an eine Handelshalle mittelalterlichen Typs gedacht war.

Nijmegen, 1612: Die allmähliche bauliche Festlegung der Funktionen

Die sogenannte Waage von Nijmegen ist, nach ihrer äußeren Erscheinung zu urteilen, ebenfalls als multifunktionale Handelshalle zu betrachten. Dies zeigt sich zunächst an der bedeutenden Stellung, die das Gebäude innerhalb der Stadt einnimmt und an seinen Abmessungen. Das sogenannte Waaggebäude steht nämlich weitgehend frei auf dem Hauptplatz der Stadt, im Norden des dreieckförmigen Großen Marktes. Dort nimmt es mit knapp 30 Metern Länge und 9,56 Metern Breite sowie den beiden Geschossen und dem steilen Dach das mit Abstand größte Volumen eines einzeln stehenden Gebäudes ein.

Die unterschiedlichen Funktionen der sogenannten Waage von Nijmegen kommen an der nach Süden ausgerichteten Hauptfassade zum Ausdruck. Dem linken und größeren Bereich ist im Erdgeschoss auf der ganzen Länge ein ins Obergeschoss führender zweiarmiger Treppenbau vorgelagert.[79] Dieser hat in der Mittelachse ein Tor, während das Obergeschoss vom Treppenpodest aus durch zwei zusammengefasste Türen zugänglich ist. Der rechte Teil der Vorderfassade besitzt im Erdgeschoss ein großes Tor und neben diesem in der äußersten Achse noch eine Türe.

Die beschriebene Gliederung der Fassade entspricht der Aufteilung des Erdgeschosses in drei Zonen. Auf der von der Vorderfassade aus gesehen linken, also westlichen, Seite liegt ein zweischiffiger und vierjochiger Raum mit flachen Kreuzgewölben und toskanischen Säulen, während der sonstige Teil des Gebäudes eine stützenfreie Holzbalkendecke besitzt. Diese hat fünf Felder, von denen das äußere durch eine Zwischenwand abgetrennt ist. Im genannten gewölbten Bereich war die Fleischhalle untergebracht und daran anschließend in der Mitte die Waage.[80] Die frühere Nutzung der Gebäudeachse mit den zwei beheizbaren Räumen an der östlichen Gebäudeseite ist nicht bekannt.[81]

Die ursprüngliche Unterbringung der Balkenwaagen lässt sich bei der Waage von Nijmegen nicht mehr belegen.[82] Es darf jedoch angenommen werden, dass sie entlang der Durchfahrt angeordnet waren, so wie dies bei entsprechender Erschließung allgemein der

---

[79] Die ursprüngliche Freitreppe der sogenannten Waage von Nijmegen wurde 1751 abgebrochen und durch ein auf sechs toskanischen Säulen stehendes flaches Vordach ersetzt. Dieses in der Literatur aus stilistischen Gründen vielgeschmähte Bauteil brachte immerhin eine angemessene natürliche Belichtung der Fleischhalle zustande. Im Zusammenhang mit der umfassenden Restaurierung des Gebäudes durch den Gemeindearchitekten J. J. Weve wurde die ursprüngliche Freitreppe 1886 nach einer Zeichnung von Abraham de Haen de Jonge (1707–48) wieder hergestellt. Vgl. Van Schevichaven 1909, 371–373; sowie De Jong 1954, 16.
[80] Die Fleischhalle wurde 1795 aufgehoben. Vgl. Brinkhoff 1977, 68.
[81] Im Jahr 1625 wurde in dem Raum an der östlichen Gebäudeseite ein offener Kamin eingebaut. Van Schevichaven (1909, 373) nimmt daher an, dass es sich bei diesem Raum um das Waagmeisterbüro gehandelt hat.
[82] Die heutige Aufhängung der großen Balkenwaage ist von der Einrichtung der Waaghalle als Gaststätte bestimmt.

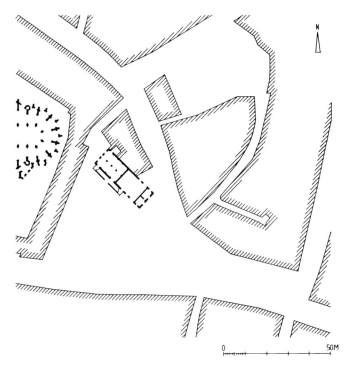

12 Sogenannte Waage von Nijmegen, Lage um Mitte 19. Jahrhundert

Fall war. Aus den Schriftquellen geht lediglich hervor, dass die Waaghalle auch noch als Buttermarkt diente.[83] Eine solche weitere Nutzung ist typisch für Waaggebäude, die mit einer Durchfahrt erschlossen sind.

Die Nutzung des oberen Geschosses ist bei der sogenannten Waage von Nijmegen durch schriftliche Quellen belegt. Nach ihnen waren dort die Bürgerwache und die Soldatenwache untergebracht.[84] Die entsprechende räumliche Trennung darf zwischen den beiden an dem Treppenpodest gelegenen Türen angenommen werden. Mit dieser Annahme ergibt sich nach Osten hin ein großer hallenartiger Raum, bei dem es sich vermutlich um den Festsaal handelt, von dessen Vermietung die Schriftquellen berichten.[85] Für die Nutzung des Dachgeschosses als Getreidelager liegen ebenfalls schriftliche Belege vor.[86] Zusammen genommen diente das Gebäude also nachweislich als Fleischhalle, Butterhalle, Waage, Wache und Kornhaus und zumindest zeitweise auch als Tanzhaus.

---

83 Brinkhoff 1977, 67.
84 Brinkhoff 1977, 70.
85 Van Schevichaven 1909, 372.
86 1674 war die Decke über dem Obergeschoss wegen zu hoher Belastung eingestürzt. Vgl. Van Schevichaven 1909, 373.

13   Sogenannte Waage von Nijmegen von Süd, Photo o. D.

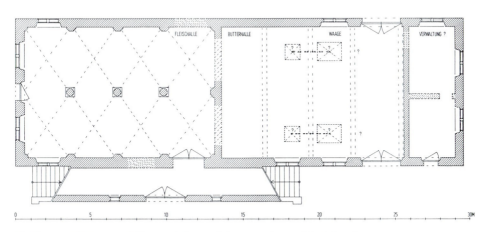

14   Sogenannte Waage von Nijmegen, Rekonstruktionsversuch Grundriss Erdgeschoss

Als Verfasser des Entwurfs für die sogenannte Waage von Nijmegen wurde von Georg Galland vor allem auf Grund stilistischer Vergleiche der Amsterdamer Stadtbaumeister Hendrik de Keyser ins Spiel gebracht. Dessen Biographin Elisabeth Neurdenburg hat für diese

Rolle dagegen den ebenfalls aus Amsterdam stammenden Peter Ariaens van Delfft vorgeschlagen, der bei der sogenannten Waage von Nijmegen mit den Natursteinarbeiten beauftragt war.[87] Als Architekt des Gebäudes ist allerdings inzwischen der in den Schriftquellen entsprechend genannte und für den Entwurf öffentlicher Bauten seinerzeit sowieso zuständige Stadtmaurermeister Cornelis Jansz. van Delft zu betrachten.[88]

Eine Einflussnahme von Hendrik de Keyser auf die Gestaltung der sogenannten Waage von Nijmegen darf jedenfalls als äußerst unwahrscheinlich betrachtet werden. Denn die bei diesem Gebäude in Erscheinung tretende Ornamentik, die offensichtlich den Vorlagenbüchern von Vredeman de Vries entstammt, unterscheidet sich fundamental von der freien und eigenständigen Formensprache, die Hendrik de Keyser bei der Waage von Hoorn zum Ausdruck gebracht hat. In typologischer Hinsicht zeigt sich bei der sogenannten Waage von Nijmegen im Vergleich zu mittelalterlichen Handelshallen eine gewisse bauliche Ausdifferenzierung der einzelnen Funktionen und der Wegfall der Stapelfunktion. Das Gebäude unterscheidet sich aber doch grundsätzlich von dem unten beschriebenen monofunktionalen Bautyp Waage.

Umbauten von multifunktionalen Handelshallen

Mit dem Wegfall der Stapelpflicht bei gleichzeitig zunehmender Konzentration der holländischen Landwirtschaft auf die Herstellung von Milchprodukten bekam die öffentliche Waage in den bestehenden Handelshallen eine größere Bedeutung.[89] In einigen Fällen ist die entsprechende Funktionsverlagerung durch Umbauten ablesbar. Diese zeigen sich besonders deutlich bei der nachträglichen Ausstattung von Handelshallen mit verschiebbaren Balkenwaagen.

Enkhuizen, 1559: Waage und Steuerbüro (frühes 17. Jahrhundert)

Bei der sogenannten Waage von Enkhuizen handelt es sich um den Umbau einer Handelshalle. Sie liegt längs an einer Marktstraße, die 1544 durch die teilweise Zuschüttung des alten Hafens geschaffen worden ist. Das Gebäude ist dort in einen Baublock eingebunden und bildet in dessen Norden die Ecke.[90] Der Umbau zu der sogenannten Waage erfolgte zu Anfang des 17. Jahrhunderts. Bei dieser Maßnahme wurde das Erdgeschoss des Gebäudes in ein Steuerbüro und einen Waagraum geteilt. Beide erhielten jeweils einen eigenständigen funktionalen Ausdruck in der Fassade.

---

87 Neurdenburg 1929, 79.
88 Brinkhoff 1977, 66.
89 Vgl. unten, S. 210 ff..
90 Die einzige hier relevante alte Darstellung der Waage von Enkhuizen findet sich bei Van den Berg 1955, 39.

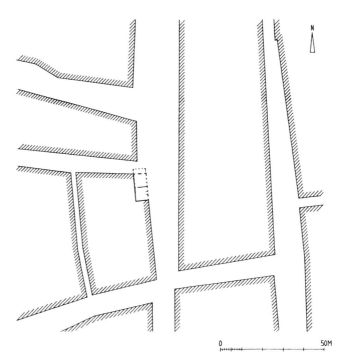

15   Sogenannte Waage von Enkhuizen, Lage um Mitte 19. Jahrhundert

Die sogenannte Waage von Enkhuizen ist zweigeschossig und hat ein Satteldach. Der Baukörper ist durch klare einfache Proportionen gekennzeichnet. So ist die Grundfläche des Gebäudes mit 12,80 Metern Länge und 6,35 Metern Breite im Verhältnis eins zu zwei bestimmt. Und die Höhe der Fassade von 7,40 Metern bis zum Traufgesims ergibt sich aus einer Diagonalen von 30 beziehungsweise 60 Grad. Die Zierformen sind als Einlagen aus Naturstein in dem Backsteinmauerwerk hervorgehoben. So zeigen sich auf dem flachen Traufgesims Reliefsteine: in der Mitte das Wappen von König Philipp II. und seitlich jeweils das Wappen der Stadt Enkhuizen sowie das der Region Westfriesland. Zum bildhauerischen Schmuck gehören auch noch die fünf Tugendstandbilder, deren Lage durch flache Pilaster in Gesimshöhe markiert wird.[91] Ihr Kanon ist von der holländischen Frührenaissance bestimmt.

Die Vorderfassade der sogenannten Waage von Enkhuizen wirkt durch den genannten Umbau uneinheitlich. Auf der linken Seite treten über dem Straßenniveau die kleinen Kel-

---

91 Justitia (Gerechtigkeit) mit Schwert und Waagschale, Spes (Hoffnung) mit großem Buch, Prudentia (Klugheit) mit kleinem Buch und Lineal, Caritas (Nächstenliebe) mit zwei kleinen Kindern, Fortitudo (Tapferkeit) als Krieger.

16 Sogenannte Waage von Enkhuizen von Nordost, Photo o. D.

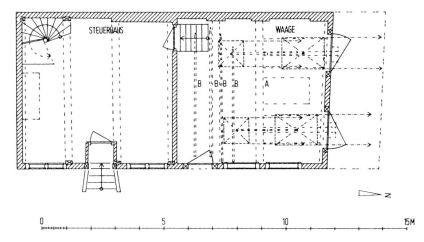

17 Sogenannte Waage von Enkhuizen, Rekonstruktionsversuch Grundriss Erdgeschoss frühes 17. Jahrhundert; A = Lastenklappe, B = Stange

lerfenster in Erscheinung, links in Zwillingsform, rechts einfach. Die beiden Kreuzfenster, die den erhöhten Eingang flankieren, haben zu diesem einen unterschiedlichen Abstand. Auf der rechten Seite der Fassade liegen die Tür und die beiden Fenster auf Straßenniveau. Bei letzteren handelt es sich um Schiebefenster, die mit vertikal klappenden Läden versehen sind. Die drei Öffnungen werden durch einen Sturzbalken zusammengefasst. Über ihnen liegt eine zweite Reihe von Fenstern, die etwa das Format der Kellerfenster aufweisen und mit ihrer Oberkante auf einer Höhe mit den großen Fenstern der linken Fassadenhälfte angeordnet sind. Von den vier Fenstern des Obergeschosses weicht das links gelegene durch einen größeren Achsabstand von der symmetrischen Einteilung um die Mittelachse ab. Über der Traufe erscheint in der Mitte der Vorderfassade der Giebel der Schmalseite in annähernd gleichen Formen und Abmessungen als Zwerchgiebel.

Die seitliche Fassade ist weitgehend symmetrisch eingeteilt. Im Erdgeschoss reichen die beiden Tore für die ausfahrbaren Balkenwaagen bis unter die Fensterbrüstung des Obergeschosses. In der Mitte der beiden Öffnungen ragen die mit einem dreieckigen Dach verkleideten Köpfe der Laufbalken aus der Fassade heraus. Von diesen liegen der linke unter und der rechte über dem Sturzbalken. Alte Photos zeigen ein Vordach, das die ganze Breite dieser Seite einnimmt.

Der Grundriss des Erdgeschosses wird in seiner nördlich gelegenen Hälfte von dem Waagraum eingenommen. Dieser liegt ebenerdig.[92] Die beiden Laufbalken für die Wiegevorrichtung verlaufen oberhalb der Decke über dem Erdgeschoss. Die geringfügig unterschiedlich

---

[92] Das sogenannte Waaggebäude von Enkhuizen wird gegenwärtig als Museum genutzt. Die weitgehend ursprünglich erhaltene Waaghalle bildet einen Teil der Ausstellung.

hohe Lage der Laufbalken hat den Zweck, die unterschiedliche Größe der beiden Balkenwaagen auszugleichen, so dass sich die Aufhängepunkte der Waagschalen bei beiden Balkenwaagen ungefähr auf derselben Höhe befinden.

In der Decke über dem Erdgeschoss ist zwischen den Laufbalken eine Lastenklappe angebracht. Auf der gegenüberliegenden Seite befinden sich längs der Deckenbalken vier fast die ganze Breite des Gebäudes einnehmende Stangen. Sie sind auf der Rückseite des Gebäudes fest verankert und drehbar, während sie gegenüber in eine u-förmige Halterung eingelegt sind. Vermutlich dienten sie zum Aufhängen von Planen, die zum Abdecken der im Freien gelagerten Käselaibe benötigt wurden.

Die südlich gelegene Hälfte des Erdgeschosses ist als Hochparterre ausgebildet. Es wird intern und extern jeweils durch eine einläufige Treppe erreicht.[93] Eine in der südwestlichen Ecke gelegene Wendeltreppe führt ins Obergeschoss. Dort liegt ein Saal, der im Norden bis zu den genannten Laufbalken reicht. Diese sind auf der gesamten Breite des Gebäudes durch eine leichte hölzerne Trennwand abgeteilt. Die Querteilung dieser Zone erfolgt seitlich der Laufbalken, wobei die sie umgebenden Schächte in der mittleren Kammer als Sitzbänke ausgeformt sind. Seitlich bleiben kleine Kammern übrig.

Die beschriebene Laufbalkenkonstruktion zeigt sich eindeutig als sekundärer Einbau. Die im Erdgeschoss vorgegebene Raumhöhe reichte für diesen offensichtlich nicht aus. Deshalb musste das Obergeschoss zur Unterbringung der Laufbalken mit in Anspruch genommen werden. Als ursprüngliche räumliche Einteilung darf im Erd- und Obergeschoss jeweils ein saalartiger Raum angenommen werden. Im Erdgeschoss zeigt sich an den Deckenbalken eindeutig, dass die Trennwand sekundär angefügt ist. Im Obergeschoss liefern die an allen Deckenbalken angebrachten geschnitzten Sattelhölzer den entsprechenden Hinweis.

Bei den Fassaden wurde so ausgiebig von der leichten Veränderbarkeit des nur als leichte Schale vor dem tragenden Holzskelett aufgeführten Mauerwerks Gebrauch gemacht, dass eine plausible, auf Umbauspuren basierende Rekonstruktion der ursprünglichen Einteilung nicht mehr möglich ist. In jedem Fall dürfen alle mit einem hölzernen Sturz abgedeckten Öffnungen als sekundär betrachtet werden. Darüber hinaus kann bei den natursteinernen Stürzen eine sekundäre Verwendung in der Fassade nicht ausgeschlossen werden.

In Anbetracht der klaren Grundproportionen des Gebäudes und der wenig spezifischen Nutzung mit dem zu rekonstruierenden Saal in jedem Geschoss darf eine ursprünglich regelmäßige Einteilung der Fassadenöffnungen angenommen werden. Zum Transport der Waren ins Innere dürfte das Gebäude zwei Tore gehabt haben. Nachdem auch die Stürze der Kellerfenster eindeutig sekundär eingebaut sind, darf davon ausgegangen werden, dass sich ursprünglich das gesamte Erdgeschoss zu ebener Erde befand.

---

93 Der offene Kamin ist wie manch anderes Detail im Inneren ein Produkt der Restaurierung von 1908. Vgl. Van den Berg 1955, 39.

Der beschriebene Umbau wird von Herma M. van den Berg auf das Jahr 1636 datiert. Damals wurde der Saal im Obergeschoss nämlich der Chirurgengilde überlassen.[94] Nun ist es aber ziemlich wahrscheinlich, dass die sehr umfangreiche Umbaumaßnahme zur Unterbringung der Laufbalken mit einer Neuanschaffung der Balkenwaagen einherging. Diese sind inschriftlich mit 1601 und 1604 datiert. So darf vermutet werden, dass die Baumaßnahme in etwa mit der Fertigstellung der ersten Balkenwaage zusammenfällt und die Herstellung der zweiten noch etwas dauerte.

Ordnet man die rekonstruierte sogenannte Waage von Enkhuizen typologisch ein, so kann das Gebäude in seinem originalen Zustand sowohl baulich als auch nach seiner emblematischen Ausstattung ohne weiteres der Gattung der multifunktionalen Handelshalle zugeordnet werden.[95] Da die Stadt Enkhuizen seit dem Mittelalter über Stapelrechte verfügte, war eine solche bauliche Einrichtung auch notwendig. Größe und Habitus dieser Handelshalle lassen typischerweise Ähnlichkeiten zu zeitgleichen Rathausbauten erkennen. Ein besonderer Bezug erscheint dahingehend zu dem Rathaus von Den Haag (1564–65), bei dem die Aufstellung der Tugendstandbilder in ganz ähnlicher Weise erfolgte. Insgesamt zeigt sich die sogenannte Waage von Enkhuizen in diesem Vergleich aber erheblich schlichter.[96]

Dokkum, 1593: Wiederaufbau als Waage und Wache (1754)

Die sogenannte Waage von Dokkum entstand auf den Fundamenten einer multifunktionalen Handelshalle. Das Gebäude steht frei auf einem Straßenmarkt an dessen südlichem Abschluss.[97] Es fügt sich mit seinen Abmessungen von 15,30 auf 7,20 Metern längs in den Platzraum ein. Auf der Rückseite der sogenannten Waage führt eine Straße die Terp hinunter zu der Stadtgracht, wo sich der Kran befand.

Schriftliche Quellen belegen, dass die Handelshalle von 1593 stammt und nicht nur als Waage, sondern auch als Gewandhaus diente.[98] Auf dem Stadtplan von J. Bleau wurde das Gebäude als Butterwaage und Lederhalle (Looyhall) bezeichnet. Es ist auf einer Zeichnung von J. Stellingwerf aus dem Jahr 1723 dargestellt. Danach handelte es sich um ein relativ schlichtes Gebäude mit Schweifgiebeln und bis auf wenige Tür- bzw. Toröffnungen und kleine Fenster weitgehend geschlossenen Außenwänden.

---

94 Van den Berg 1955, 39.
95 Auf den alten Plänen der Stadt Enkhuizen ist das Gebäude in der dazugehörigen Legende erst im 19. Jahrhundert als Waage bezeichnet.
96 Hitchcock 1978, 52.
97 Der Bau einer neuen Waage wurde vom Rat der Stadt Dokkum am 1. Dezember 1752 beschlossen. Bereits am 4. Januar des darauffolgenden Jahres wurden die Abbruch- und Neubauarbeiten an die Baufirma Jan und Cornelis Tjebbes aus Gorredijk vergeben. Am 19. März 1753 erfolgte die Verlegung des ersten Steins. Nach dem Chronisten Wumkes waren die Bauarbeiten am 4. Januar 1754 abgeschlossen. Vgl. Dragt 1984, 32.
98 Vgl. Dragt u. a. 1986, 64.

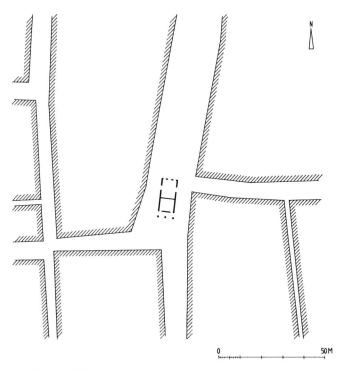

18 Waag- und Wachegebäude von Dokkum, Lage um Mitte 19. Jahrhundert

Die sogenannte Waage von 1753 hat nur noch zwei Funktionen, die an den beiden Giebelseiten einen unterschiedlichen Ausdruck haben. Die Waage liegt an der nördlichen, dem Straßenmarkt zugewandten Seite.[99] Die Fassade verfügt hier über eine dreiachsige Gliederung mit Kolossalpilastern ionischer Ordnung. In der etwas breiteren Mittelachse befindet sich im Erdgeschoss ein zweiflügeliges Tor und in den schmaleren seitlichen Achsen je eine einflügelige Tür. Über der mittigen Türe ist an einem Reliefstein die doppelte Funktion des Gebäudes als Imperativ eingeschrieben: »weegt en waakt«.

---

[99] Nach der Aufhebung der Waagfunktion führte die Nutzung der sogenannten Waage von Dokkum als Feuerwehrhaus zum Einbau zahlreicher Fenster an den seitlichen Fassaden. Diese Fenster sind auf alten Photos von um 1910/20 (Museum Het Admiraliteitshuis, Dokkum) zu sehen. In dieser Zeit war das für die Wache bestimmte Vordach auf der Südseite bereits nicht mehr vorhanden. Während die Waage zur Feuerwehrgarage wurde, blieb die Nutzung der Wache als Polizeistation im Grunde unverändert. Im Jahre 1948 wurde die Feuerwehrgarage dann allerdings auf das gesamte Erdgeschoss ausgedehnt, weshalb die trennende Querwand entfernt wurde. Die Vergrößerung des Tores an der Südseite mit seiner historisierenden Umrahmung ist ebenfalls ein Produkt dieser Maßnahme. Im Obergeschoss wurden damals die Räumlichkeiten für ein Museum vorgesehen. Ausgerechnet zu diesem Zweck ist die von dem Chronisten G. A. Wumkes als besonders schön gepriesene Inneneinrichtung entfernt worden (vgl. Dragt 1984, 37).

Dokkum, 1593   49

19   Handelshalle von Dokkum, Zeichnung J. Stellingwerf 1723

20   Waag- und Wachegebäude von Dokkum, Zeichnung F. van der Elst 1754

50 Multifunktionale Handelshallen mit der Bezeichnung Waage

21   Waag- und Wachegebäude von Dokkum von Nord, Photo 1944

Die hintere Giebelseite mit der Wache ist auf einer Zeichnung von F. J. van der Elst von vor/um 1790 in ihrer ursprünglichen Gestalt dargestellt. Die Fassade ist hier zweigeschossig und vierachsig. Den Zugang zum Erdgeschoss gaben zwei in den äußeren Achsen gelegene Türen. Im Obergeschoss sind die beiden Fenster der Offizierswohnung dagegen in

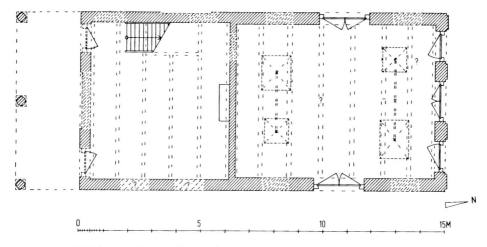

22   Waag- und Wachegebäude von Dokkum, Rekonstruktionsversuch Grundriss Erdgeschoss

den inneren Achsen angeordnet. Außen war ein zum Gebäude hin leicht abfallendes und auf drei toskanischen Säulen stehendes Vordach mit kräftig verkröpftem Gesims angefügt.

Die Längsseite des Gebäudes ist durch zwei Achsen gegliedert. Diese wurden im Erdgeschoss im Bereich der Waage von einem Tor und im Bereich der Wache von einer Blendnische gebildet. Zusammen mit dem spiegelbildlich auf der anderen Seite angeordneten Tor ergibt sich eine Durchfahrt durch den Waagraum, an der auf Grund der vorgegebenen Platzverhältnisse die Anordnung der beiden Balkenwaagen vermutet werden darf.[100]

Als Architekt des Waag- und Wachegebäudes von Dokkum darf der aus Leeuwarden stammende Sjouke Noteboom angenommen werden.[101] Möglicherweise hat dieser mit den dreieckigen Reliefgiebeln an den Schmalseiten einen Anklang an die verschweiften Giebel des Vorgängergebäudes geschaffen.[102] Dagegen darf der Dachreiter wohl als Bezugnahme auf das entsprechende Bauteil auf dem Rathaus verstanden werden.

Typologisch ist die sogenannte Waage von Dokkum einer Gruppe von Gebäuden zuzurechnen, bei denen die Vielfalt der in der mittelalterlichen Handelshalle untergebrachten Funktionen erheblich reduziert und baulich fixiert ist. Die Entwicklung der monofunktionalen Waage ist hier noch nicht vollzogen.

---

100 Wegen der vollständigen Verkleidung der Decke waren eventuell noch vorhandene bauliche Spuren der ursprünglichen Unterbringung der Balkenwaagen nicht zu erkennen.
101 Dragt 1984, 34.
102 Der Bildhauer Johannes Hardenberg aus Leeuwarden lieferte die Steinmetzarbeiten für die Waage von Dokkum. Zu diesem Auftrag gehören das Stadtwappen mit der gedrehten Mondsichel und den drei Sternen, das zur Grote Breedstraat gerichtet ist, sowie an der Rückseite die zwei das Wappen von Friesland haltenden Löwen. Vgl. Dragt 1984, 35.

Monofunktionale Waaggebäude mit starr aufgehängten Balkenwaagen

Kleinbauten

Die Unterbringung der Waage in Kleinbauten findet sich vor allem in Orten von geringer Bedeutung. Der wissenschaftliche Wert dieser Gebäude liegt vor allem in der Überlieferung einer frühen Bauform, die in größeren Städten mit der Verdrängung durch monumentale Bauten heute nicht mehr greifbar ist. Diese kleinen Waaggebäude sind nicht nur wegen dem vielfach erfolgten Ersatz durch größere und bessere Gebäude, sondern auch wegen ihrer einfachen Konstruktion und schlichten Erscheinung heute selten erhalten.

Im Gegensatz zu ihrer relativ geringen gestalterischen und konstruktiven Bedeutung spielt die Waage als Kleinbau in typologischer Hinsicht eine nicht unwichtige Rolle. Bestimmte monumentale Formen des Bautyps Waage dürfen nämlich als Weiterentwicklung von Kleinbauten betrachtet werden. Dies gilt vor allem für diejenigen Beispiele, bei denen das Wiegegut nur an das Gebäude gebracht wird und das Wiegen mehr oder weniger im Freien stattfindet.

Die Aufstellung im Freien ist die einfachste Form der Anordnung der öffentlichen Waage. Eine solche ist in den Niederlanden für die Orte Schagen (Nordholland)[103] und Ommen (Overijssel)[104] durch schriftliche Aufzeichnungen belegt. An vielen anderen Orten dürfte die Aufstellung der Waage im Freien wegen des Fehlens jeglicher Spuren und Nachrichten jedoch in Vergessenheit geraten sein. Entsprechendes gilt für hölzerne Schuppen als einfachste Gebäude zur Unterbringung von Balkenwaagen. Die Grundfläche eines solchen Bauwerks musste zur Unterbringung und Bedienung einer zwei Meter langen Balkenwaage eine Mindestfläche von etwa 2,70 auf 5,50 Meter haben.[105] Vor allem in Dörfern waren kleine Schuppen als Waaggebäude verbreitet, wie zum Beispiel in Krommenie.[106]

---

103 Akte P. den Braber, dort ohne Nachweis.
104 Akte P. den Braber, nach einer Mitteilung der Gemeindeverwaltung Ommen von 1968.
105 Vgl. die Waage von Vlaardingen., S. 54 f.
106 Akte P. den Braber, dort ohne Nachweis.

23 Waage von Vlaardingen, Photo 1927

Buren, 1612: Schuppen aus Holz

In der Kleinstadt Buren (Provinz Gelderland) befindet sich noch heute eine besonders einfach untergebrachte Waage.[107] Bei dem entsprechenden Bauwerk handelte es sich ursprünglich um einen hölzernen Schuppen, der sich mit seinem Pultdach an die Westfassade der Stadtkirche lehnte.[108] Er erstreckte sich von dem Strebepfeiler an der nördlichen Ecke bis zum Treppenturm in der Mitte. An derselben Stelle und in etwa denselben Abmessungen entstand 1870 ein Nachfolgebau als dreiachsige Galerie.[109]

Vlaardingen, um 1600: Schuppen aus Stein

Bei der Waage von Vlaardingen handelt es sich um ein kleines schuppenartiges Gebäude, das mit seiner Längsseite an die Stadtkirche angebaut ist. Es ist aus Stein, hat zwei Fenster und in der Mitte ein Tor. Dieses ist korbbogig überdeckt, mit dorischen Pilastern flankiert und einem entsprechenden Fries bekrönt.

---

107 Die älteste Erwähnung der Waage von Buren in den Schriftquellen stammt von 1612. Vgl. Beaufort u. Van den Berg 1968, 115.
108 Vgl. Beaufort u. Van den Berg 1968, Abb. 79.
109 Die Waage von Buren wurde im Jahr 1954 umfassend restauriert. Bei der erneuten Restaurierung durch den Architekten J. Vijfvinkel im Jahr 1979 verlor das Gebäude den Zwickel, der zu dem Strebepfeiler führte und erhielt ein mit Zinkblech gedecktes Walmdach. Vgl. Bestandsaufnahme vom 30. November 1979 und Restaurierungsplanung vom 11. Dezember 1979. Für die Überlassung von Plänen der Waage von Buren bedankt sich der Autor bei J. Vijfvinkel, Buren.

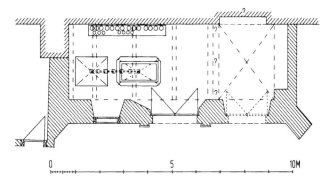

24 Waage von Vlaardingen, Rekonstruktionsversuch Grundriss Erdgeschoss

Die Waage ist in Vlaardingen in einem etwa 6,00 Meter langen und 3,60 Meter breiten Raum untergebracht. Er hat zu zwei Dritteln eine Holzbalkendecke und daran anschließend ein Kreuzgewölbe. Dieses gehörte ursprünglich wohl zu einem Raum, der von außen durch ein Tor zugänglich und vermutlich gegenüber dem Waagraum durch eine Trennwand abgeschlossen war.

Das beschriebene Waaggebäude von Vlaardingen ist um 1600 entstanden. Auf keinen Fall kann es vor 1574 gebaut worden sein, da es an der Stelle des damals abgebrannten nördlichen Querschiffes steht.[110] Der Tuffstein, mit dem das Waaggebäude errichtet worden ist, stammt von dem abgegangenen Kirchenteil.[111]

---

110 Bei dem vielfach falsch angegeben Entstehungsjahr 1566 handelt es sich um die Ersterwähnung der Waage von Buren als Einrichtung.
111 Der Tuffstein des Außenmauerwerks wurde bei der Restaurierung der Waage von Vlaardingen 1926 weitgehend erneuert.

Der friesische Durchfahrtstyp

In der Provinz Friesland kam es ab dem Ende des 16. Jahrhunderts zum Bau einiger Waaggebäude mit starrer Unterbringung der Wiegevorrichtung längs einer Durchfahrt. Diese Anordnung geht, wie unter anderem das Beispiel Deventer zeigt, auf ältere Vorbilder zurück und steht offensichtlich mit der im 17. und 18. Jahrhundert vorherrschenden Ausrichtung der Landwirtschaft in Friesland auf die Herstellung von Butter in Zusammenhang. Beim Wiegen dieses Produktes war der Sonnenschutz innerhalb eines Gebäudes offensichtlich wichtiger als der mit verschiebbaren Balkenwaagen zu erzielende funktionale Vorteil beim An- und Abtransport der Waren.

Leeuwarden, 1598: Der Prototyp

Die Waage von Leeuwarden (1595–98) steht dem Bautyp der mittelalterlichen Handelshalle nahe.[112] Das Gebäude erstreckt sich frei auf dem Hauptmarkt der im 15. Jahrhundert angelegten Neustadt.[113] Unweit der Waage verläuft eine Gracht, an der eine Wippe zum Entladen der Kähne stand.[114] Mit seinem Volumen dominierte das Gebäude ursprünglich den umgebenden Baubestand. Der Baukörper der Waage hat zwei Geschosse und ein Walmdach. Über dem Erdgeschoss verläuft rings um das Gebäude ein Vordach.[115] Die Ecken des Gebäudes sind über das Erdgeschoss hinaus bis zum Sohlbankgesims des Obergeschosses leicht abgeschrägt. Dort befindet sich über dem Vordach jeweils die Skulptur eines Löwen, der ein Schild hält und die Stadt Leeuwarden versinnbildlicht.

Die Formensprache der Waage von Leeuwarden ist in der örtlichen Tradition verhaftet. Zu den entsprechenden Merkmalen gehören u. a. die profilierten Laibungen an den Öffnungen, sowie deren korbbogige Überdeckung im Erdgeschoss. Im Obergeschoss befinden sich

---

112 Der Magistrat der Stadt Leeuwarden fasste im Frühjahr 1595 den Beschluss zum Bau einer neuen großen Waage an einem besseren Platz (Eekhoff 1846, Bd. 2, 18). Die inschriftliche Datierung gibt die Fertigstellung der Waage von Leeuwarden mit dem Jahr 1598 an. In Anbetracht der Bezahlung des Maurers Wijtse Sjoerdsz. für die Ausschreibung (Bestek) darf dieser im heutigen Sinne als Architekt gelten. Streekarchief Dokkum, Register der ordonnanties, 1585–1612, Archnr. 204, 284.
113 Vgl. Eekhoff 1846, Bd. 1, 78.
114 Die Wippe wurde im Jahr 1786 durch einen neuen hölzernen Kran mit Winden ersetzt (Eekhoff 1846, Bd. 2, 436; Anmerkung 16)
115 Das Vordach der Waage von Leeuwarden war Gegenstand einer Vielzahl von Baumaßnahmen: 1786 wurde es erneuert, verbreitert und dabei auf zwanzig hölzerne Säulen toskanischer Ordnung gestellt. Darüber hinaus erhielt es noch ein breites Gesims und vier Frontons. Zwei Jahre später wurde ein acht Fuß breites Sonnensegel angefügt. (Eekhoff 1846, Bd. 2, 436). 1816 erfuhr das Vordach schon wieder eine Verbreiterung, so dass anstelle der früheren 900 Fass Butter nun 1300 Fass Butter vor der Sonne geschützt gelagert werden konnten (Eekhoff 1846, Bd. 2, 257). 1844 wurde das Vordach erneut erweitert, aber dieses Mal nur temporär; die losen Vordächer kamen nur an den Markttagen zur Verwendung (Eekhoff 1846, Bd. 2, 257). Bei der Restaurierung der Waage von Leeuwarden durch den Stadtarchitekten J. E. G. Noordendorp in den Jahren 1884–90 wurde dann ein Hängedach rekonstruiert (Karstkarel 1985, 40).

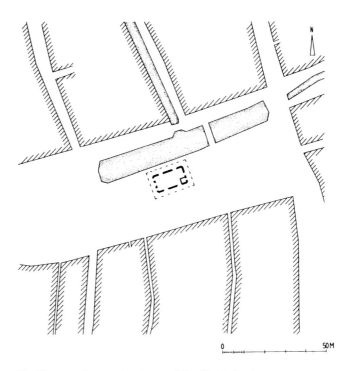

25 Waage von Leeuwarden, Lage um Mitte 19. Jahrhundert

Kreuzfenster mit einer tudorbogigen Überdeckung. Die dem Sohlbankgesims applizierte Ornamentik entstammt offenbar den Vorlagen des Hans Vredeman de Vries. Der Grund- und der Aufriss sind mit dem 30- beziehungsweise 60-Grad-Winkel proportioniert.

Der Grundriss der Waage von Leeuwarden ist mit Abmessungen von 15,25 auf 8,65 Metern erheblich kleiner als bei den Handelshallen in Deventer und Nijmegen.[116] Er hat an der Längsseite jeweils zwei Tore, die sich gegenüberliegen und eine Durchfahrt bilden. In der Mitte der Schmalseiten liegt jeweils eine Tür, die in die Waaghalle führt, während auf der Ostseite zusätzlich noch eine seitliche Tür über eine gewendelte Treppe ins Obergeschoss führt.

Die ursprüngliche Unterbringung der Balkenwaagen darf bei der Waage von Leeuwarden im Inneren des Gebäudes längs zu den beiden Durchfahrten rekonstruiert werden. Mit den so angeordneten vier nachweisbaren ursprünglichen Balkenwaagen blieb die Nutzung des Erdgeschosses ausschließlich auf die Waage beschränkt. Das Obergeschoss diente dage-

---

[116] Gemessen über dem Sockel. Darunter ergeben sich Abmessungen von 15,58 (4 Königsruten á 3,91 Meter = 15,64 Meter) auf 8,98 Meter.

26   Markt und Waage von Leeuwarden, Gemälde E.P. van Bommel 1854

gen wechselnden Nutzungen.[117] Es war durch einen jeweils in der Mitte der Schmalseite gelegenen offenen Kamin beheizbar.

Die äußere Form der Waage von Leeuwarden entspricht heute weitgehend dem ursprünglichen Erscheinungsbild. Dagegen ist die Unterbringung der Balkenwaagen nicht mehr vollständig in ihrem ursprünglichen Zustand erhalten. So hat die westliche Seite offensichtlich nachträglich einen Laufbalken erhalten, um die Balkenwaage zur Hälfte nach außen unter das Vordach schieben zu können. Für diese Maßnahme musste der Korbbogen nach oben hin aufgebrochen und das Vordach aufgeschlitzt werden.[118] Diese Stelle wurde dann mit einem dachgaupenartigen Aufbau überdeckt.[119] Der Laufbalken am nördlichen Tor der Westseite ist ebenfalls eindeutig sekundär.

---

117 Das Obergeschoss scheint nicht sehr lange als Kaufhaus gedient zu haben. Ab 1610 bekam dort die Bürgerwache ihr Unterkommen, welches sie dann später mit der Nachtwache teilen musste. Ab 1643 durfte die Börse bei Regen im Saal des Obergeschosses abgehalten werden (vgl. Eekhoff 1846, Bd. 2, 199). 1841 wurde der Raum für die Unterbringung der Musikschule zum Konzertsaal umgebaut. Diese Maßnahme ging mit der Entfernung der Decke zum Dachgeschoss und dem Einbau eines hölzernen Spiegelgewölbes in den Dachraum einher (vgl. Eekhoff 1846, Bd. 2, 258).
118 Das heute vorhandene Auflager des hölzernen Waagbalkens auf der Mitte des Sturzbalkens kann daher nicht ursprünglich sein.
119 Bei dem Bauteil von der Art einer Dachgaupe handelt es sich keinesfalls um die Überdeckung für einen Aufzugsbalken. Vgl. Karstkarel 1985, 40.

Der friesische Durchfahrtstyp 59

27 Waage von Leeuwarden, Zeichnung J. Stellingwerf 1723

Mit der beschriebenen monofunktionalen Nutzung des Erdgeschosses und der Nebennutzung im Obergeschoss muss die Waage von Leeuwarden trotz gewisser Ähnlichkeiten mit multifunktionalen Handelshallen dem Bautyp Waage zugeordnet werden. Von den in Friesland gelegenen Waaggebäuden mit Durchfahrt und starr aufgehängten Balkenwaagen ist das Beispiel Leeuwarden das älteste und größte.

60 Monofunktionale Waaggebäude mit starr aufgehängten Balkenwaagen

28 Waage von Leeuwarden von Nordwest, Photo 1973

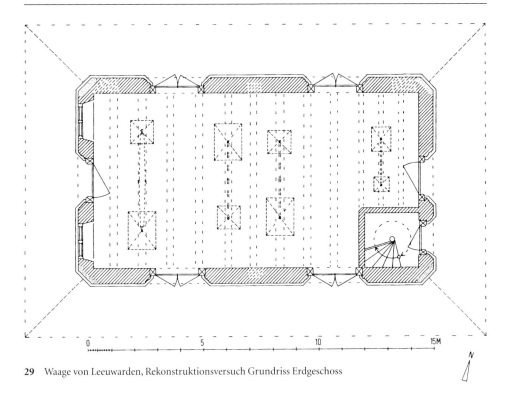

29 Waage von Leeuwarden, Rekonstruktionsversuch Grundriss Erdgeschoss

Workum, 1650: Die landstädtische Version

Die Waage von Workum bringt das materielle Wohlergehen der Stadt zur Mitte des 17. Jahrhunderts deutlich zum Ausdruck. Das Gebäude steht frei auf dem Hauptplatz der Stadt und teilt diesen in einen Markt- und einen Kirchplatz. Die Hauptfassade des Waaggebäudes ist nach Nordosten auf den profanen Bereich mit dem Rathaus ausgerichtet.

Die Hauptfassade der Waage von Workum ist in drei Achsen gegliedert. Die Mitte wird durch das Tor im Erdgeschoss, das Wappenrelief im Obergeschoss, den treppenförmigen Zwerchgiebel und den am First austretenden Schornstein hervorgehoben. Auf der gesamten Breite der Fassade erstreckt sich ein Vordach, das ursprünglich schmaler und an die Fassade gehängt war. Seitlich der mittigen Toröffnung befanden sich Sitzbänke.

Auch die anderen drei Seiten der Waage von Workum sind mittig mit treppenförmigen Zwerchgiebeln ausgestattet. So entsteht trotz des Walmdaches eine abwechslungsreiche Trauf- und Ortganglinie. Die malerische Erscheinung des Gebäudes wird mit der Einfügung von Natursteinblöcken in das Backsteinmauerwerk verstärkt. Die profilierten Tür- und Fensterlaibungen mit den halbkreisförmigen Entlastungsbögen tragen ebenfalls zu diesem Bild bei.[120]

---

[120] Alle heute vorhandenen, nicht rundbogig überdeckten Wandöffnungen dürfen als nicht ursprünglich betrachtet werden.

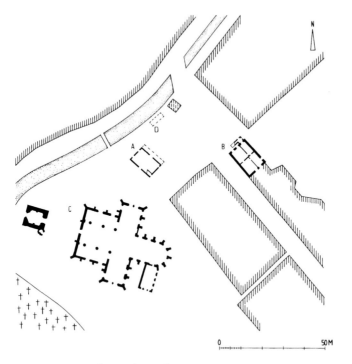

30 Waage von Workum, Rekonstruktionsversuch Lage um 1650;
A = Waage, B = Rathaus, C = Große Kirche, D = Wippe

Die Waage von Workum ist großzügig mit plastischem Schmuck ausgestattet.[121] So stehen auf den verkröpften Ecken der Traufe Löwenfiguren, die jeweils einen Schild halten. Unter diesen sind die Wasserspeier in Satyrköpfe eingelassen. Reliefsteine sprechen von der obrigkeitlichen Funktion des Gebäudes. Die in die Ecksteine eingemeißelten Wappen gehören den Meistern der am Bau beteiligten Handwerker.

Die Vorderfassade ist durch zwei waagerecht aneinandergefügte Quadrate proportioniert. Das Modul zur Bestimmung der Breitenmaße im Obergeschoss ist durch die Teilung der Länge in acht gleiche Einheiten bestimmt. Dieses Maß bestimmt auch die Gliederung der Schmalseiten. Deren Verhältnis beträgt in der Breite zur Höhe fünf zu vier.

Der Grundriss der Waage von Workum hat eine Trapezform mit annähernd parallelen Längsseiten.[122] Mit der Schiefwinkligkeit wird im Westen der Straßenverlauf und im Osten

---

121 Offensichtlich musste beim Bau der Waage von Workum nicht allzu sehr gespart werden. Die Baukosten von 3720 Gulden konnten nämlich weitgehend durch die Säkularisierung der kirchlichen Güter bezahlt werden. Vgl. Siemelink 1978 ed. 1903, 144.
122 Herrn G. Bijker von der Gemeindeverwaltung Workum gilt herzlicher Dank für die freundliche Unterstützung der Arbeiten für die Bauaufnahme.

Der friesische Durchfahrtstyp 63

31 Waage von Workum von Nord, Photo 1924

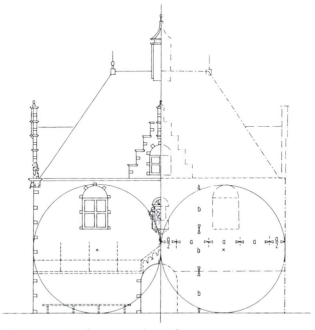

32 Waage von Workum, Proportionsanalyse

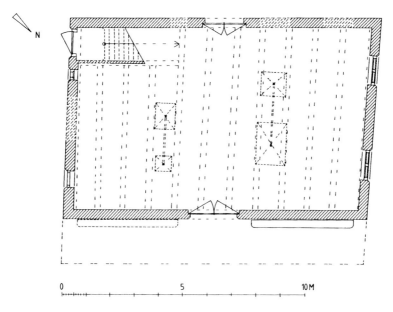

33 Waage von Workum, Rekonstruktionsversuch Grundriss Erdgeschoss

die Platzwand aufgenommen. Die Maße des Grundrisses betragen in der Länge gemittelt etwa 12,70 und in der Breite 8,20 Meter. Diese Fläche ist zur Unterbringung einer großen und einer kleinen Balkenwaage seitlich der mittigen Durchfahrt großzügig bemessen.[123] Die Nutzung des Obergeschosses erfolgte als Wache.[124] Zu ihr führte an der Ostseite eine innen liegende einläufige Treppe.

Die Waage von Workum ist weitgehend ursprünglich erhalten. Die in der zweiten Hälfte des 18. Jahrhunderts vorgenommenen und auf der »Landbouwersbaar«[125] von 1791 abgebildeten nachträglichen Veränderungen sind bei der Restaurierung von 1922/23 bis auf das

---

123 Von der Aufhängung der Balkenwaagen in der Waage von Workum sind keine baulichen Spuren erhalten. Der zwerchgiebelartige Aufsatz auf dem ursprünglichen Hängevordach, wie ihn die im wesentlichen stimmige Zeichnung (Rijksbureau voor Kunsthistorische Documentatie, 's-Gravenhage, Negnr. 62123) des Gebäudes von J. A. Beerstraten (1622–1666) zwölf Jahre nach der Fertigstellung zeigt, lässt an eine verschiebbar in der Torachse aufgehängte Balkenwaage denken. Für eine solche Anordnung war der Grundriss des Waaggebäudes mit seiner Durchfahrt jedoch nicht geeignet. In jedem Fall verfügte das im 18. Jahrhundert vergrößerte Vordach über keinen Bewegungsspielraum für eine ausfahrbare Balkenwaage mehr.
124 Der heute an der Ostseite gelegene Kamin stammt, seinen Formen nach zu urteilen, aus dem 18. Jahrhundert (vgl. Zantkuyl 1984, 366 ff.). Vermutlich steht sein Einbau im Zusammenhang mit der »Modernisierung« des Gebäudes wie diese auf der »Landbouwersbaar« von 1791 sichtbar wird.
125 Die ‚Gildebaren' sind eine Workumer Besonderheit. Sie dienten dem Transport von Särgen von der Kirche zum Friedhof. Jede Gilde hatte eine eigene Tragbahre.

Der friesische Durchfahrtstyp 65

34 Waage von Workum, Bauernbahre in der Großen Kirche (Detail) 1791

35 Waage von Workum, Bleistiftzeichnung J. A. Beerstraten (Detail) vor Mitte 18. Jahrhundert

sieben Meter tiefe und vorne auf sechs dorischen Säulen ruhende Vordach rückgängig gemacht worden.[126] Die wenigen auf der Süd- und Westseite noch vorhandenen sekundären Fenster sind anhand der fehlenden Entlastungsbögen und der fehlenden Profilierung der Laibungen leicht zu erkennen.

Der Name des Architekten der Waage von Workum ist nicht bekannt. Die Ausführung des Gebäudes im Jahr 1650 erfolgte durch den ortsansässigen Maurer Tiepke Pijbes und den Zimmerer Jentje Jouckes.[127] Der Schmied Jan Lievens, der nicht Schreiben konnte und seine Rechnungen mit einem gezeichneten Schlüssel quittierte, war an dem Bau auch beteiligt. Nur das Stadtwappen an der Straßenseite kam aus Leeuwarden und stammt von Joucke Theunis.[128]

Franeker, 1657: Die Minimalversion

Bei der Waage von Franeker handelt es sich um ein ziemlich bescheidenes Gebäude. Es liegt an der (heute zugeschütteten) zentralen Gracht der Stadt, welche die (ehemalige) Burg und die Kirche als die beiden stadtbildenden Pole miteinander verbindet. Über dem nach Süden abzweigenden Wasserarm gelegen, bildet die Waage die westliche Blockecke. So verfügt das Gebäude an seiner Rückseite über einen unmittelbaren Anschluss an einen Wasserweg.

Die Vorderseite der Waage von Franeker ist in drei Achsen gegliedert. Die Mitte wird durch das Tor im Erdgeschoss, die durch Draperien verbundenen Kartuschen im Obergeschoss und das steile Walmdach betont.[129] Die in den äußeren Achsen gelegenen Fenster sind im Obergeschoss leicht nach innen versetzt und kommen somit nahe an die Kartuschen heran. Die heutige Erscheinung dieser Fassade ist im Wesentlichen von einer offensichtlich im 19. Jahrhundert erfolgten umfassenden Modernisierung bestimmt.[130] Im Rahmen dieser Baumaßnahme müssen die Öffnungen ihren stichbogigen Sturz und die Mauern ihren äußeren Verputz erhalten haben. Aus der erhaltenen Ausschreibung zum Neubau

---

126 Die Zeichnung von C. Pronk, entstanden um 1750, zeigt die Waage von Workum im Wesentlichen noch in ihrem ursprünglichen Zustand. Vgl. Fries Museum Leeuwarden, Nr. T. A. 171-b.
127 Die alte Waage von Workum wurde 1649 abgebrochen und versteigert. Vgl. Siemelink 1978 ed. 1903, 144.
128 Siemelink 1978 ed. 1903, 145. Das Relief an der Marktfassade stammt wahrscheinlich von anderer Hand. So laufen die Rippen der Löwen bis zur Beuge hinunter rund um den Oberkörper. Die Gesichter sind zu Fratzen verflacht. Der Text auf dem Relief lautet: »Me prius egregiam Construxit Libera Libram/Cura senis: Dominum sic honorabo Meum/Nunc Merces Mercede mea, Nunc pondere justo/Promite qua vobis Plurima Lucra dabunt/ INTHIEMA praecipuus tanta Monumenta bilancis/Edidit hunc Merito FAMA perennis amat/Datum 4. Nonar. Febr. A° CD. DC. L.«.
129 Das untere mittlere Bord zeigt die Aufschrift: »Paulus van Ghemmenicht die lagh, Als hij zijn elfde jaar insach, Aan dit gebouw den eersten steen Tot wight en wacht van het Gemeen«.
130 Die Waage von Franeker diente vor 1895 als Feuerwehrhaus (Photo um 1880, Nr. 14994, T. A. 109-16, Fries Museum Leeuwarden) und danach als Vorhalle für das im Nachbarhaus Voorstraat 51 (Professorenhuis) eingerichtete Postamt (Akten der Postdirektion Franeker, Privatarchiv T. W. Meijer, Franeker).

36 Waage von Franeker von Nord, Photo 1951

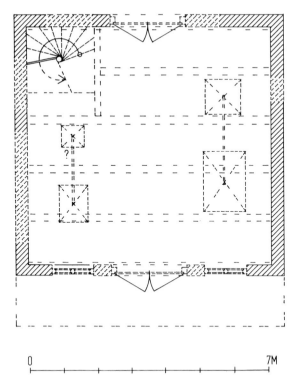

37 Waage von Franeker, Rekonstruktionsversuch Grundriss Erdgeschoss

der Waage von 1657 geht hervor,[131] dass das Gebäude ursprünglich auch noch ein Vordach[132], einen Zwerchgiebel und Kreuzfenster hatte.[133]

Mit den Abmessungen von 7,85 Metern Breite und 7,55 Metern Tiefe bietet der Grundriss gerade noch ausreichend Platz zur Unterbringung einer großen und einer kleinen

---

[131] Die Waage von Franeker wird vielfach auf das Jahr 1504 datiert. Damals ist aber nur den umliegenden Dörfern der Betrieb von Waagen verboten worden (Telting 1867, 3). Der Bau des Waaggebäudes muss damit aber nicht zusammenhängen. Die Annahme des Vorgängergebäudes an einer anderen Stelle ist falsch (Berrevoets 1990, 56). Einen diesbezüglich eindeutigen Beweis liefert bereits der Titel der erhaltenen Ausschreibung zu dem Neubau von 1657: Besteck van 't weder-opmaecken des Nieuwen Boter-Waags (Transkription Piet Balhuizen, Rotterdam; Vgl. Telting 1867, Nr. 1053). Es stellt sich die Frage, ob es sich bei diesem Vorgängergebäude um das alte Rathaus von 1530 handelt, das 1584 in Zusammenhang mit dem 1591 an anderer Stelle fertiggestellten Neubau geräumt wurde (vgl. Prins-Schimmel 1981). In jedem Fall zeigt die isometrische Stadtansicht von Pieter Bast aus dem Jahre 1598, dass es sich bei dem Vorgänger der heutigen Waage um ein ausgesprochen einfaches Gebäude gehandelt hat.
[132] Das ursprüngliche Vordach war mit glasierten Ziegeln gedeckt (vgl. Ausschreibung von 1657, Stadtarchiv Franeker, Invnr. 1053). 1725 wurde es vergrößert und 1756 nach der Umnutzung des Nachbarhauses zur Waage entsprechend verbreitert (vgl. Cobouw vom 11. März 1964, Akte P. den Braber).
[133] Vgl. Ausschreibung von 1657, Stadtarchiv Franeker, Invnr. 1053.

Balkenwaage. Beide waren wohl längs der mittigen Erschließung angeordnet.[134] Die ursprüngliche Wendeltreppe lag an der Ostseite, vermutlich wie heute wiederhergestellt in der südlichen Ecke. Das hintere Tor diente dem Entladen der Boote mit einer Winde.[135] Der Fußboden des Erdgeschosses wurde ursprünglich durch eine Überwölbung gebildet, die wahrscheinlich mit der Zuschüttung der Gracht entfernt wurde. Die Reliefs des Vorgängergebäudes sind in der Waaghalle angebracht. Im Obergeschoss befand sich früher ein Käselager mit speziell geschreinerten Einbauten.[136]

Auf Grund des beschriebenen einfachen Charakters darf die Planung der Waage von Franeker den beiden Bauausführenden, dem Zimmermann Schelte Scheltesz. und dem Maurer Douwe Sickesz. zugeschrieben werden.[137] Mit dem vorderen und hinteren Tor und der seitlichen Anordnung der fest installierten Balkenwaagen gehört das Gebäude dem friesischen Durchfahrtstyp an. Innerhalb dieser Kategorie bildet die Waage von Franeker das kleinste, einfachste und jüngste Beispiel.

Der monumentale Turmtyp

Auch in den Niederlanden hatten die Stadtherren im Mittelalter befestigte Wohnhäuser in Turmform.[138] In diesen Gebäuden war oft die Waage untergebracht.[139] Deshalb hat die Turmform beim Bautyp Waage im stadtherrlichen Wohnturm seine entwicklungsgeschichtlichen Wurzeln. Möglicherweise spielt bei der Entstehung des Turmtyps als monofunktionale Waage auch das Vorbild turmförmiger toskanischer Rathäuser eine Rolle (Bargello Florenz, ab 1255; Palazzo del Popolo Todi, fertig gestellt 1267; Palazzo del Capitano Todi, 1290?; Palazzo Pubblico Siena, ab 1298). Ein solcher Zusammenhang kann wegen der funktionalen Nähe der beiden Bautypen Rathaus und Waage nicht ausgeschlossen werden.[140]

→ 132

Die funktionalen Anforderungen des Bautyps Waage sprechen jedenfalls eher gegen die Verwendung des Turmtyps. Zur Unterbringung von Balkenwaagen ist nämlich nur im Erdgeschoss eine ausreichend große Fläche notwendig, während die Geschossfläche im Prinzip gleichgültig ist. Dieser Umstand führte wohl auch dazu, dass die Waage von Haarlem

---

134 Nach dem Ankauf und der Einbeziehung des Nachbarhauses verfügte die Waage von Franeker über vier Wiegestellen (vgl. Cobouw vom 11. März 1964, Akte P. den Braber).
135 Van der Aa 1843, 360.
136 Vgl. Ausschreibung von 1657, Stadtarchiv Franeker, Invnr. 1053. Später befand sich im Obergeschoss das Lager für die Uniformen und Waffen der Schützengilde (vgl. Van der Aa 1843, 360). J. Mulder (1892, 43) berichtet von einer multifunktionalen Nutzung des Obergeschosses.
137 Vgl. Ausschreibung von 1657, Stadtarchiv Franeker, Invnr. 1053.
138 Vgl. Temminck Groll 1963, 11.
139 Vgl. den Fronwaagturm von Schaffhausen, bzw. unten S. 192 f.
140 White 1966, 146 ff.

mit ihrer Turmform in der Provinz Holland überhaupt keinen Nachfolger gefunden hat. Überhaupt dauerte es hundert Jahre, bis die erste und einzige Variante im friesischen Makkum entstand. Schließlich kann die noch einmal 70 Jahre später entstandene Waage von Arnhem nur mit erheblichen Einschränkungen als Variante des Turmtyps betrachtet werden. Bei der Wahl der Turmform muss also in Anbetracht der beschriebenen offensichtlichen funktionalen Nachteile die eindrucksvolle bauliche Erscheinung der Waage eine vorrangige Rolle gespielt haben.

Haarlem, 1598: Der Prototyp

Tafel 1 ← Die Waage von Haarlem bildet die markante Ecke eines der schönsten Stadtbilder des sogenannten Goldenen Jahrhunderts in Holland, wie es in dem berühmten Gemälde von Gerrit A. Berckheyde dargestellt ist. Das Gebäude liegt mit einer Seite zum Ufer der Spaarne hin. An deren Kai stand die Winde zum Entladen der Boote. Mit der anderen Seite des Waaggebäudes beginnt die Häuserwand der Straße, die zum Marktplatz führt. Durch das Einknicken der westlich gelegenen Platzwand von der Spaarne weg wird für die Waage ein Vorplatz geschaffen.

Die beschriebene exponierte Stellung der Waage von Haarlem im Stadtgrundriss wird durch die Materialwahl und die Formgebung betont. So hebt sich der blaugraue belgische Kalkstein des Waaggebäudes deutlich von den anschließenden, in Backstein errichteten Wohnhäusern ab.[141] Mit seinen drei Geschossen, der Balustrade[142] und dem Walmdach überragt es seine Umgebung erheblich. Die gleiche Ausbildung der beiden Fassaden mit ihrer massiven Erscheinung verleiht der Waage gegenüber den anschließenden leicht und offen strukturierten Wohnhausfassaden ebenfalls eine besondere Stellung.[143]

Die Fassaden der Waage von Haarlem zeigen eine für den Bautyp ungewöhnliche Plastizität, die vor allem von den Gewänden der Öffnungen und den Gesimsen abhängig ist. So ist das im Erdgeschoss mittig gelegene rundbogige Tor als Risalit leicht hervorgehoben und über dem Kämpferpunkt durch eine kräftige Rustizierung betont. Seitlich wird es durch je ein rundbogig überdecktes und gerade verdachtes schmales Fenster flankiert. Als einzige wesentliche Abweichung von der Gleichheit der beiden Fassaden ist die kleine Außen-

---

141 Die Waage von Haarlem wurde 1835 mit einem gelben Anstrich versehen. Bei der Restaurierung um 1915 ist diese Farbe wieder entfernt worden (Bettink 1915, 396). Die entsprechende Datierung von Uittenhout (1988, 143) auf das Jahr 1935 ist unwahrscheinlich, da der entsprechende Bericht von Bettink schon von 1915 stammt. In diesem Jahr erfolgte auch die Umnutzung der Waage von Haarlem zum Feuerwehrhaus. Heute befindet sich in dem Gebäude eine Gaststätte.

142 Der Waage von Haarlem war zwischen 1815 und 1820 die ursprüngliche Balustrade abhanden gekommen. Deren Rekonstruktion erfolgte 1988. Es ist davon auszugehen, dass die Balustrade auf der Grundlage der in Zusammenarbeit mit der Haarlemer Denkmalpflege durchgeführten Forschungen von Roding (1993) erfolgte. Eine nachvollziehbare Publikation zur Rekonstruktion der Balustrade fehlt. Vgl. Uittenhout 1988, 144.

143 Bis zum Jahr 1594 befand sich nach Uittenhout (1988, 141) an der Stelle des Waaggebäudes ein Wohnhaus.

Der monumentale Turmtyp 71

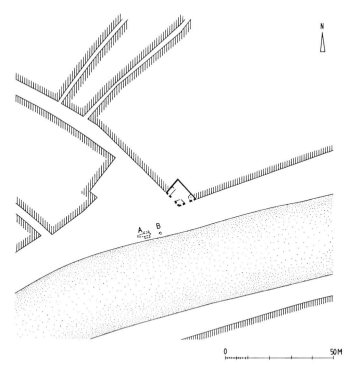

38 Waage von Haarlem, Lage um Mitte 19. Jahrhundert; A = Kran, B = Wippe

treppe auf der Südseite zu nennen, die durch das zur Tür umfunktionierte rechte Fenster zu der dahinter gelegenen Treppe führt.[144]

Im ersten Obergeschoss besteht der plastische Schmuck der Fassade vor allem aus den rechteckigen Brüstungsfeldern und den segmentbogigen sowie dreieckigen Verdachungen über den Fenstern. Im relativ niedrigen zweiten Obergeschoss sind die Fenster paarweise angeordnet und haben ein quadratisches Format. An Stelle der mittleren Öffnung befindet sich ein Relief. Eine Balustrade bildet den oberen Abschluss der Fassade. Die Proportionierung der Fassade ist auf Grund einer Planungsänderung nicht konsequent durchgeführt worden.[145]

---

144 Die Außentreppe an der Südseite wird von Uittenhout (1988, 146) ohne Angabe von Gründen als sekundär bezeichnet. Vermutlich bezieht sich diese Behauptung auf die Untersuchung von Roding (1993, 443), in der ein sekundärer Treppenanbau vor 1647 unterstellt wird. Als Beweis wird die Zeichnung der Waage genannt (Teylers Museum, Invnr. Q 47), die nach neuesten Erkenntnissen des Teylers Museum von Gerrit A. Berckheyde stammt. Diese Darstellung zeigt aber die Außentreppe so, wie sie sich noch heute an der Waage befindet. Auch die drei geraden Stufen, auf denen man laut Roding ursprünglich von der Waaghalle in das Treppenhaus kam, sind nicht weiter belegt. Die Bauaufnahme von 1908 (Archiv Denkmalpflege Haarlem) zeigt davon jedenfalls nichts.
145 Vgl. Kiem 1996 (a).

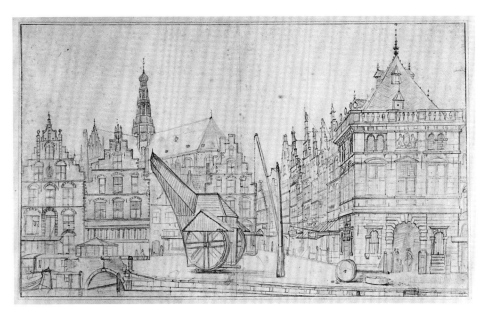

39 Waage und Kran mit Käsemarkt in Haarlem, Zeichnung G. A. Berckheyde 1647

Die große Balkenwaage war innen wahrscheinlich starr aufgehängt. Sie muss ursprünglich in der Mitte des auf das westliche Tor zulaufenden Deckenbalkens gehangen haben, dort wo der Balkenquerschnitt verstärkt ist. Die sekundäre Unterbringung der zweiten großen Balkenwaage von 1623 auf der Nordseite erfolgte seitlich an einem Balken. Für die Anordnung der kleinen Balkenwaage blieb die Achse des südlichen Tores. Hier befindet sich eine schmiedeeiserne Verschiebeeinrichtung.[146] An den Fenstern waren zwei kleine Räume durch leichte Trennwände abgeteilt.[147]

Die unterschiedliche Ausbildung der Balkendecken ist durch die jeweiligen baulichen Gegebenheiten bedingt. So haben im Erdgeschoss und im zweiten Obergeschoss diejenigen Balken, die eine Fassadenöffnung unter sich haben, einen kleineren Querschnitt, während abwechselnd zu diesen kräftigere Balken angeordnet sind. Im ersten Obergeschoss dagegen zeigt sich eine Mutter- und Kinderbalkenkonstruktion. Sie dient der Möglichkeit, die Oberkante der Deckenbalken fast bis zur Unterkante des Fenstersturzes abzusenken und damit im Gegensatz zu der äußeren Erscheinung der Fassaden den beiden oberen Ge-

---

146 In Anbetracht der zeitlosen Form dieser Laufkatze muss die Frage nach deren Ursprünglichkeit offen bleiben. Die o. g. Zeichnung der Haarlemer Waage von Gerrit A. Berckheyde (Teylers Museum, Invnr. Q 47) zeigt, dass das Wiegen an der entsprechenden Stelle im Inneren des Gebäudes stattfand.
147 Die Bauaufnahme von 1908 zeigt noch die ursprüngliche Raumaufteilung. Die damals dokumentierten Trennwände wurden bei der Umnutzung des Waaggebäudes um 1915 entfernt. Vgl. Bettink 1915.

Der monumentale Turmtyp 73

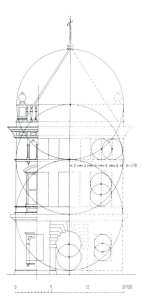

40 Waage von Haarlem, Proportionsanalyse Entwurf

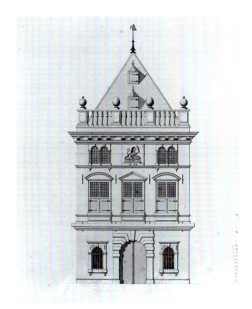

41 Waage von Haarlem, Kopie der ursprünglichen Entwurfszeichnung von Lieven de Key

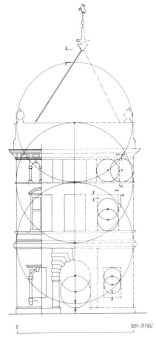

42 Waage von Haarlem, Proportionsanalyse Ausführung

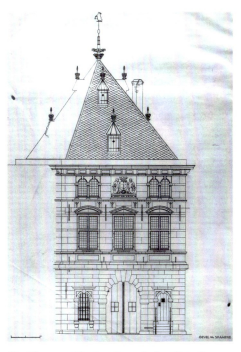

43 Waage von Haarlem, Bauaufnahme Fassade H. L. A. Gerfertz. 1942

44 Waage von Haarlem von Süd, Photo 1959

schossen innen die gleiche lichte Höhe zu geben. Das erste Obergeschoss verfügt mit dem offenen Kamin über eine für Waaggebäude typische Ausstattung.[148]

Die in der Waaghalle angebrachten Balkenkonsolen liefern einen deutlichen Hinweis dafür, dass der Stadtbaumeister Lieven de Key als Steinmetzunternehmer auch am Bau der Waage beteiligt war. Sie sind nämlich den in der Haarlemer Fleischhalle verwendeten Balkenkonsolen sehr ähnlich. An seiner Urheberschaft am Entwurf für die Haarlemer Waage braucht inzwischen nicht mehr gezweifelt zu werden.[149]

Die Bevorzugung der Monumentalität mit der starren Unterbringung der Balkenwaagen beziehungsweise der Verzicht auf die funktionalen Vorteile verschiebbarer Balkenwaagen nach dem Amsterdamer Vorbild von 1563, das in Haarlem zur Bauzeit der Waage bekannt gewesen sein muss, darf vielleicht im Zusammenhang mit der Haarlemer Geschichte gesehen werden. Denn die Stadt spielte durch den zähen und lang anhaltenden Widerstand bei der Belagerung durch die spanische Zentralgewalt vom 11. Dezember 1572 bis zum 12. Juli

---

148 Die Nutzung des ersten Obergeschosses wechselt oft. Vgl. Uittenhout 1988, 146.
149 Vgl. Kiem 1996 (a).

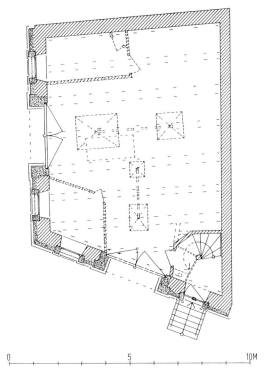

45 Waage von Haarlem, Rekonstruktionsversuch Grundriss Erdgeschoss

1573 eine entscheidende Rolle im Befreiungskampf der Niederlande. Hätte sich Philipp II. von Spanien mit seiner Verwaltungsreform durchsetzen können, so hätte man, wie das Beispiel der südlichen Niederlande zeigt, keine Waaggebäude mehr gebraucht. So kann die Waage von Haarlem mit ihrer markanten Turmform auch ein Ausdruck des Triumphs sein: »Wir wiegen doch!«.[150]

In der typologischen Entwicklung bildet die Waage von Haarlem das älteste Beispiel eines monofunktionalen Waaggebäudes in der Provinz Holland überhaupt. Gleichzeitig handelt es sich bei dem Gebäude um den Prototyp der Turmform.

Makkum, 1698: Die landstädtische Version

Die Waage von Makkum teilt mit der Waage von Haarlem einige Schlüsselmerkmale. Dies gilt für die Lage an einer Ecke, die Spiegelung der beiden Fassaden und die Dreigeschossig-

---

[150] Vgl. zur Funktion der öffentlichen Waage und den Versuch ihrer Abschaffung durch die spanische Zentralgewalt unten, S. 212.

keit beziehungsweise die Turmform.[151] Die Waage von Makkum zeigt aber eine dem Charakter des Marktfleckens angemessene relativ schlichte Formensprache mit einer Ausführung in Sichtmauerwerk. Die nördliche Seite des Gebäudes ist auf den Zijlroede genannten Wasserweg ausgerichtet, dessen Kai eine Marktfunktion hat.

Die Waage von Makkum überragte mit ihren drei Geschossen die umgebende ursprünglich vorwiegend eingeschossige Bebauung erheblich. Dieser Unterschied wird noch von der perspektivischen Wirkung des Baukörpers verstärkt, die von dem leichten Rücksprung der Geschosse nach oben hin bestimmt ist. Die zunehmende Verkleinerung der Fassadenöffnungen in dieser Richtung trägt ebenfalls zu dieser Wirkung bei. Sie bilden eine ausgeprägte Mittelachse. In dieser liegt im Erdgeschoss ein Tor mit einer profilierten Umrandung. Es ist von je zwei schräg übereinander angeordneten kleinen elliptischen Fenstern flankiert. Im ersten Obergeschoss befindet sich ein Drillingsfenster und zwischen Fensterbank und Stockgesims ein Reliefstein. Das zweite Obergeschoss verfügt nur noch über ein zweiflügeliges Fenster, das ursprünglich wohl mit Mittelkämpfer und Luken in der unteren Hälfte versehen war. Über das Traufgesims hinaus ist die Mittelachse durch eine Dachgaupe verlängert. Die beschriebenen Einzelformen entsprechen der lokalen Bautradition.

Die Waage von Makkum hat ein Walmdach mit einem hölzernen Türmchen von quadratischem Grundriss in der Spitze. Die genannten Aufbauten verdanken ihre Zierformen offensichtlich dem 18. Jahrhundert.[152] Das Türmchen trägt in seinem unteren geschlossenen Teil die Zifferblätter der Uhr. Darüber befinden sich Schallöffnungen für die hier aufgehängte Glocke. Der spitze achteckige Helm wird scheinbar durch die in den abgeschrägten Ecken befindlichen korinthischen Pilaster getragen. Zusammen mit dem Wetterhahn misst das Gebäude in der Höhe etwa 24,30 Meter, womit es den Windzeiger der Haarlemer Waage um über 3 Meter übertrifft.

Auch die Proportionierung der Waage von Makkum verweist auf das Vorbild Haarlem. So ist ihre Fassade ebenfalls durch zwei übereinander gestellte Quadrate bestimmt. Und die Bestimmung der Breitenmaße erfolgt gleichermaßen durch eine Zehnteilung.

Der Grundriss der Waage von Makkum beschreibt ein Quadrat mit einer Seitenlänge von 7,13 Metern.[153] Die Treppe zu den oberen Geschossen lag ursprünglich in dem südlich anschließenden Haus des Wiegemeisters.[154] Eine bestimmte Nutzung für das erste Obergeschoss der Waage ist nicht überliefert. Das zweite Obergeschoss diente wahrscheinlich von Anfang an zur Aufnahme des Uhrwerks.

---

151 Herzlicher Dank gilt P. Tichelaar (Makkum) für seine freundlichen Auskünfte zur Waage von Makkum und Piet Balhuizen (Rotterdam) für das Übersetzen von in friesischer Sprache publizierten Texten.
152 Der hölzerne Turmaufsatz der Waage von Makkum ist wahrscheinlich ursprünglich, denn er ist bereits auf der Zeichnung von J. Stellingwerf von 1722 abgebildet. Vgl. Postma 1965, 38.
153 Wahrscheinlich beruht diese Strecke auf 24 friesischen (Holz-) Fuß á 0,296 Meter. Vgl. Verhoeff 1983, 24.
154 Auf das Waagmeisterhaus von Makkum braucht hier nicht näher eingegangen zu werden, denn es gehört nicht dem Bautyp Waage an.

Der monumentale Turmtyp 77

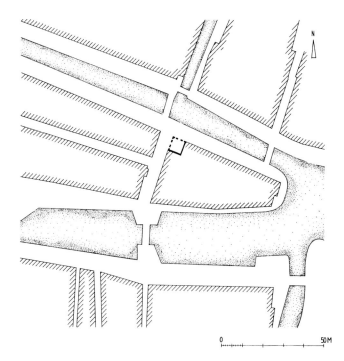

46   Waage von Makkum, Lage um Mitte 19. Jahrhundert

Von der Unterbringung der Balkenwaagen sind in der Waage von Makkum keine Spuren erhalten geblieben. In Anbetracht der niedrigen korbbogigen Toröffnungen und des fehlenden Vordaches darf aber angenommen werden, dass die Wiegeeinrichtung fest installiert war.[155] Für den Betrieb von je einer Balkenwaage in der Torachse, wie in Haarlem, war die Grundfläche in Makkum allerdings zu klein.[156] Deshalb ist es wahrscheinlich, dass die große Balkenwaage zu der nördlichen Öffnung am Markt ausgerichtet war.

Der besondere Höhendrang der Waage von Makkum, beziehungsweise das Ausscheren aus der Entwicklung des Bautyps Waage in Friesland, darf mit der fehlenden Absicherung des durchaus ansehnlichen Marktfleckens durch allgemeine städtische Rechte erklärt werden.[157]

---

155 Im 20. Jahrhundert wurde im Erdgeschoss der Waage von Makkum ein Gemüseladen eingerichtet. 1950 erfolgte die Restaurierung des Gebäudes durch den Architekten A. Baart aus Leeuwarden. Seit 1967 dient die Waaghalle als Fremdenverkehrsbüro. Das Obergeschoss und die Waagmeisterwohnung werden seit 1984 durch das friesische Töpfereimuseum genutzt. Vgl. Tichelaar 1984, 84.
156 Die erhaltene Balkenwaage ist inschriftlich mit der Jahreszahl 1644 datiert. 1697 wurden in Amsterdam zusätzlich eine neue Balkenwaage und Gewichte bestellt. Vgl. Postma 1965, 38.
157 Am 15. März 1673 wurden in Friesland alle Waagen auf dem platten Land verboten, es sei denn, dass sie schon vor 40 oder mehr Jahren die entsprechende Konzession erhalten hatten. Makkum wird als einziger Ort von diesem Verbot ausgenommen. Vgl. Schwarzenberg en Hohenlandsberg 1768–93, 959.

47　Waage von Makkum von Nord, Photo frühes 20. Jahrhundert

Der monumentale Turmtyp 79

48 Waage von Makkum, Zeichnung J. Stellingwerf 1722

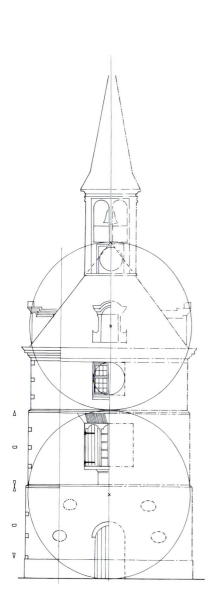

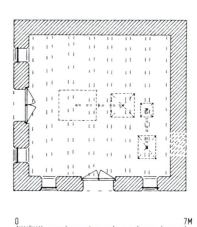

49 Waage von Makkum, Proportionsanalyse

50 Waage von Makkum, Rekonstruktionsversuch Grundriss Erdgeschoss

Deshalb wurde mit der außergewöhnlichen Erlaubnis zur Unterhaltung einer Waage offensichtlich die Form der Waage mit der größten Höhenentwicklung gewählt und diese darüber hinaus mit den Mitteln der Perspektive noch verstärkt.[158] So verfügt der Flecken Makkum über die höchste Waage in den Niederlanden. Als Architekt darf, nach der Formensprache des Gebäudes zu urteilen, ein örtlicher Baumeister angenommen werden.

---

158 Wijnsma (1988, 37) spekuliert, dass die besondere Höhe der Waage von Makkum durch den Umstand bedingt sei, dass die Hauptkirche mit dem Turm im Ortsteil Makkum steht, während der Ortsteil Statum, wo sich die Waage befindet, bis dahin ohne Turm geblieben war.

Monofunktionale Waaggebäude mit verschiebbaren Balkenwaagen

Frühformen

Bei den für die Ausübung des Stapelrechts dienenden Handelshallen hatten die Handelswaren eine mehrtägige Verweildauer im Gebäudeinneren. Dagegen brauchte man das Wiegegut bei den monofunktionalen Waagen im Prinzip nur für die Dauer der Gewichtsbestimmung. In diesem Fall lohnte es sich nicht mehr unbedingt, die Waren zum Wiegen umständlich in das Gebäude hinein- und anschließend wieder hinauszuschaffen.

Die ideale Anpassung an die Bedingungen eines monofunktionalen Waaggebäudes lag in der Entwicklung einer Verschiebekonstruktion für die Balkenwaagen. So ließen sich diese wahlweise im Gebäudeinneren verschließen oder zum Wiegen nach außen unter ein Vordach fahren. Mit dieser Verlagerung des Wiegevorgangs wurde eine reibungsarme An- und Abfuhr der Waren gewährleistet. Der Nachteil einer solchen Anordnung ist natürlich der eingeschränkte Witterungsschutz für die am Wiegprozess beteiligten Personen.

Antwerpen, 1547 (–1873): Gilbert van Schoonbeeke und die Erfindung des modernen Waaggebäudes

Im Gegensatz zu den allgemein unter landesherrlicher oder städtischer Regie entstandenen Vertretern des hier näher untersuchten Bautyps kam die Waage von Antwerpen von 1547 auf die Initiative eines privaten Unternehmers zustande. Es handelte sich bei diesem um Gilbert van Schoonbeeke (1519–1556), der vor allem durch seine für die Zeit beispiellosen Aktivitäten als Terrainspekulant, Urbanist und Industrieunternehmer bekannt geworden ist.[159]

Der Bau der Waage von Antwerpen im Jahr 1547 ist Teil eines größeren städtebaulichen Projektes, das von Gilbert van Schoonbeeke auf einem 8587 Quadratmeter großen Ge-

---

[159] Soly 1977. Hugo Soly gilt herzlicher Dank für seine freundlichen Auskünfte und für die Überlassung von Quellenmaterial zum Bau der Antwerpener Waage aus dem Archiv dieser Stadt.

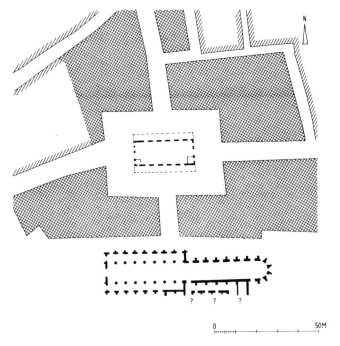

51 Waage von Antwerpen, Rekonstruktionsversuch Lage mit umgebender Wohnbebauung von Gilbert van Schoonbeke (durchgehend schraffiert) und Franziskanerkloster (unten), um Mitte 16. Jahrhundert

lände des ehemaligen städtischen Zeughofes entwickelt wurde.[160] Die Waage bildete den Kern dieses Quartiers. Sie stand auf einem Platz von 200 Fuß (57,4 Meter) Länge und 140 Fuß (40,1 Meter) Breite, der in der Mitte jeder Seite durch eine 32 Fuß (9,2 Meter) breite Straße erschlossen ist.[161] Der genannte Platz erstreckt sich längs in Ost-West-Richtung, parallel zu der Kirche des ehemals südlich gelegenen Franziskanerklosters (ab 1450).[162] Die schräge Hereinführung der nördlichen und westlichen Erschließungsstraße war durch die bereits bestehende Bebauung festgelegt.

---

160 Mit der Anlage der Bastionärbefestigung wurde das Zeughaus an dieser Stelle nicht mehr gebraucht. Und die vorhandene weitgehend unbedeutende hölzerne Bebauung konnte leicht beseitigt werden. Durch die Anlage der Neustadt, die zu einer Nutzung als Hafen- und Gewerbeviertel vorgesehen war, hatte das Gelände sowieso seine periphere Lage verloren. Vgl. Van Cauwenbergh 1982, 268.
161 Kontrakt vom 14. März 1547, bestätigt von Kaiser Karl V. am 7. Mai 1547. Transkription Piet Balhuizen (Rotterdam). Vgl. Soly 1977, 167.
162 Das Franziskanerkloster von Antwerpen wurde während des Bildersturms 1566/67 in Brand gesteckt. 1797 ist es durch französische Truppen erneut in Mitleidenschaft gezogen worden. 1810 erfolgte in den erhalten gebliebenen Baulichkeiten die Einrichtung der Akademie der Schönen Künste. Vgl. Van Couwenberg 1982, 278.

Frühformen 83

52   Waage von Antwerpen, Ausschnitt Stadtplan Virgilius Bononiensis 1565

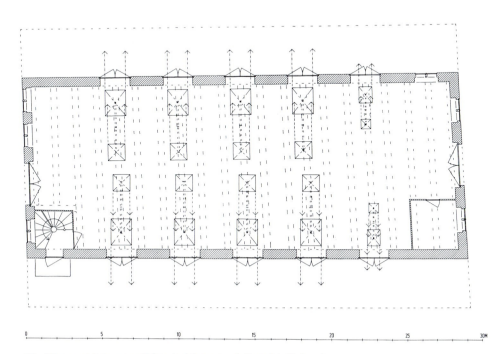

53   Waage von Antwerpen, Rekonstruktionsversuch Grundriss Erdgeschoss

Während die beschriebene städtebauliche Anlage mit der umgebenden Wohnhausbebauung von Gilbert van Schoonbeke noch weitgehend erhalten ist, wurde die Waage von Antwerpen 1873 das Opfer eines Brandes. Die hier vorgelegte Rekonstruktion dieses Gebäudes beruht vor allem auf einer Darstellung auf dem Stadtplan von Virgilius Bononiensis[163] von 1565 und einer Umbauplanung von 1817.[164] Im Gegensatz zu den hier untersuchten und vielfach dokumentierten holländischen Beispielen liegt zu der Waage von Antwerpen keine einzige Darstellung eines Zeichners oder Malers vor.

Der Grundriss der Waage von Antwerpen entspricht mit seinen Abmessungen von 100 Fuß (28,68 Meter) Länge und 40 Fuß (11,47 Meter) Breite der vor Baubeginn vereinbarten Größe. Mit der mittigen Aufstellung auf dem Platz ergibt sich rings um das Gebäude eine freie Fläche von 50 Fuß (14,34 Meter) Breite. Nach der Katasteraufnahme hatte das Waaggebäude wie der umgebende Platz einen geringfügig schiefwinkligen Grundriss.[165]

Die Balkenwaagen waren an den Längsseiten des Gebäudes untergebracht. In den Ecken blieb jeweils eine freie Fläche, die zum Einbau der Treppe sowie zur Unterbringung anderer Funktionen diente. Zu diesen gehörte unter anderem das Eichamt.[166] Die beiden Säle im Obergeschoss waren gepflastert und zum Lagern von Korn vorgesehen. Das erste Obergeschoss scheint aber auch intensiv als Tanzsaal genutzt worden zu sein.[167]

Den entscheidenden Hinweis zur Art der Unterbringung der Balkenwaagen in der Waage von Antwerpen liefert der genannte Stadtplan von Vigilius Bononiensis. Dieser nahm es wie üblich bei der Darstellung von Gebäuden mit der Zahl der Achsen nicht so genau, aber das Prinzip stimmte. Und so zeigt das Waaggebäude von Antwerpen im Jahr 1565 aus der Außenwand herausragende und durch ein Vordach mit Zwerchgiebeln gedeckte Balkenwaagen. Diese müssen bereits bei der Inbetriebnahme der Waage am 12. März 1548 auf die von Vigilius Bononiensis dargestellte Weise untergebracht gewesen sein, denn im September des vorangegangenen Jahres wurde der Leistungsbeschreibung nachträglich noch der Bau eines Vordaches mit je fünf Zwerchgiebeln auf jeder Längsseite hinzugefügt.

Offensichtlich waren bei der Waage von Antwerpen also zunächst innen fest installierte Balkenwaagen geplant. Diese sollten an Durchfahrten liegen, für die an jeder Längsseite jeweils vier Tore vorgesehen wurden. Damit hätten in der Waage acht Wiegestellen untergebracht werden können. Dagegen ließen sich mit dem Verzicht auf die Durchfahrten, beziehungsweise mit dem Einbau von verschiebbaren Balkenwaagen problemlos zehn Wiegestellen unterbringen. Allerdings mussten in der modifizierten Planung wegen des eingeschränkten Witterungsschutzes in einem Zwischengeschoss ein beheizbares Zimmer von 20 Fuß Länge (5,70 Meter) und 11 Fuß Breite (3,15 Meter) eingerichtet werden.[168]

---

163 Voet u. a. 1978.
164 »Plan, coupe et élévation du poids public de la ville (1817)«; Stadtarchiv Antwerpen, Icon. P 4/27.
165 Soly 1978, 107.
166 Van Cauwenbergh 1982, 268.
167 Von 1648 bis ca. 1800 diente der Saal als Chirurgenzimmer. Vgl. Van Cauwenbergh 1982, 269.
168 Vgl. Soly 1977, 165 ff.

In der Formensprache zeigt die Architektur der Waage von Antwerpen die einfachen, in der lokalen Tradition verwurzelten und von den Einflüssen der italienischen Renaissance unberührten prosaischen Architekturformen, wie sie für die unter der Regie von Gilbert van Schoonbeke entstandenen Bauten typisch sind. Zu diesen Formen gehörte auch der Treppengiebel, der das Gebäude mit seinem Satteldach auf beiden Seiten abschloss. Von den beiden oben gelegenen Saalgeschossen wurde das untere mit Kreuzfenstern und das obere, unter dem Dach gelegene, durch Zwerchgiebelfenster belichtet. Die Mauern waren aus dünnen Lagen Brüsseler Kalksandstein und dickeren Lagen Kallebeeker Backstein errichtet.[169]

Der Entwurf für die Waage von Antwerpen lässt erkennen, dass er aus dem Umkreis des städtischen Bauhofes von Antwerpen kam. Von den dort in Frage kommenden Personen waren bei der Abnahme des Gebäudes die Landmesser Pieter Frans und François Drivere sowie der Stadtzimmermeister Jacob Schooff anwesend.[170] Bei beiden Berufsbezeichnungen dürfen in dieser Zeit Kenntnisse im Anfertigen von architektonischen Entwürfen vorausgesetzt werden.[171] Von Pieter Frans ist in Antwerpen unter anderem die Mitarbeit an der Bastionärbefestigung (1542–1553) und an der Anlage der Neustadt (1549–53) bekannt, Projekte, an denen Gilbert van Schoonbeke ebenfalls beteiligt war. Beim Bau der Festung Rammekens hatte Pieter Frans wahrscheinlich die Bebauung des Innenhofes in traditionellen Bauformen geplant.[172] In diesen Zusammenhängen darf er auch als Architekt der Waage von Antwerpen angenommen werden.

Im typologischen Vergleich zeigt sich, dass es in Antwerpen im Jahr 1547 zum ersten Mal zur Planung und zum Bau eines Waaggebäudes mit verschiebbaren Balkenwaagen gekommen ist, und zwar in einer Größe, wie sie bei einer solchen Version einer Waage später nie wieder vorgekommen ist. Angesichts der Geschichte und Erfahrung von Gilbert van Schoonbeke als Wiegemeister darf davon ausgegangen werden, dass er die treibende Kraft bei der Änderung der ursprünglichen Planung war.[173] Somit darf hier festgestellt werden, dass Gilbert van Schoonbeke die entwickelte Form des monofunktionalen Waaggebäudes erfunden hat.[174]

---

169 Soly 1978, 107. Das noch erhaltene, ebenfalls von Gilbert van Schoonbeke gebaute Brauershaus (1553/54) von Antwerpen hat die gleichen Architekturmerkmale wie die Waage.
170 Soly 1977, 168.
171 Meischke 1988, 127 ff.
172 Vgl. Kiem 1987 (a).
173 Mit der wirtschaftlichen Hochkonjunktur der vierziger Jahre des 16. Jahrhunderts war die im Zentrum von Antwerpen gelegene Waage endgültig zu klein geworden. Dort mussten die Waren manchmal bis zu drei Tage vor dem Gebäude liegen bleiben, bis sie gewogen werden konnten. Vgl. Soly 1977, 165.
174 Die innovative Intelligenz von Gilbert van Schoonbeke zeigt sich auch an seinem Finanzierungskonzept für den Bau der neuen Waage. Die Stadt Antwerpen erhielt dieses Gebäude nämlich durch ihn als Generalunternehmer gleichsam geschenkt. Die wesentliche Gegenleistung der Stadt bestand in der Bereitstellung eines für den Bau der Waage viel zu großen Grundstücks, dessen Restfläche an Gilbert van Schoonbeke fiel, und von diesem mit Wohnhäusern bebaut wurde. Vgl. Soly 1977, 166 ff.

Amsterdam 1565 (–1808): Waage und Wache

Bei der Waage von Amsterdam hat die Nutzung des Obergeschosses als Wache durch eine monumentale Freitreppe noch einen eigenständigen baulichen Ausdruck erhalten. Mit diesem Merkmal unterscheidet sich dieses Gebäude von rein monofunktionalen Waaggebäuden, bei denen das Obergeschoss eine sekundäre Rolle spielt und gebäudeintern erschlossen ist. Die Ausstattung mit verschiebbaren Balkenwaagen erfolgte bei der Waage von Amsterdam offensichtlich nach dem Vorbild von Antwerpen.

Die Waage von Amsterdam wurde nach dem Beschluss des Magistrats von 1561 in den Jahren 1563–65 gebaut und 1808 auf das Dekret des damaligen Machthabers König Ludwig Napoleon (1778–1846) hin abgebrochen.[175] Sie zählt zu den am meisten durch Zeichner und Maler abgebildeten Bauten der Stadt und kann deshalb weitgehend rekonstruiert werden.[176] Entsprechendes gilt auch für den heute erheblich veränderten ehemaligen Waag- und Rathausplatz, den sogenannten Dam (-platz) von Amsterdam.

Die entscheidenden Quellen zur Entwicklung des Dam (-platzes) von Amsterdam im 16. Jahrhundert sind der isometrische Stadtplan des Cornelis Antonisz. von 1538 und ein im Zusammenhang mit dem beabsichtigten Bau des neuen Rathauses angefertigtes Aufmass des Cornelis Danckertsz. de Rij von 1643.[177] Der Vergleich dieser beiden Zeichnungen zeigt, dass es für den Bau der neuen Waage zwischen Nieuwendijk und Damrak zum Abriss eines ganzen Häuserblocks gekommen ist.[178] Mit dieser Freilegung wurde der bestehende Rathausvorplatz nach Norden hin um den Waagplatz erweitert.[179] Letzterer hatte einen direkten Anschluss an die Amstel.

Der Grundriss der Waage von Amsterdam nimmt mit der Freitreppe auf der Westseite die Baulinie an der alten Straßenflucht auf. Die drei anderen Seiten sind dagegen von der Flucht des ehemaligen Baublockes zurückgenommen, so dass sich für die an diesen Seiten

---

175 Zantkuyl 1978, 129; sowie Kruizinga 1983, 7. König Ludwig Napoleon wohnte seit 1806 im Rathaus von Amsterdam. In der Literatur wird als Grund für den Abbruch der Waage von Amsterdam allgemein angegeben, dass das Gebäude die Aussicht des Königs gestört hätte. Es darf aber auch davon ausgegangen werden, dass dieser als Franzose mit einem Waaggebäude nichts anzufangen wusste.

176 Dazu insbesondere Cl. Jsz. Visscher (1587–1652), Stich, Waage von West; Gemeentearchief Amsterdam, Historisch Topographische Atlas, Indnr. M 123-38, Negnr. D-17729; sowie Jan van Kessel (1641–1680), Ölgemälde, Waage und Rathaus von Ost, 1668; Nederlandsche Bank N. V..

177 Der Stadtplan von Cornelis Anthonisz. aus dem Jahr 1538 liegt im Amsterdams Historisch Museum, Amsterdam; das genannte Aufmaß von Cornelis Danckerts de Rij befindet sich im Gemeentearchief Amsterdam, Historisch Topographische Atlas, Coll. Bouwtek. unter der Neg. Nr. E 6999.

178 Zum Standort der alten Waage von Amsterdam ist bisher viel spekuliert worden (z. B. Fokke Simonsz. 1808, 36). Die entsprechenden Annahmen gehen immer von einem eigenständigen monofunktionalen Gebäude aus. In Anbetracht der allgemeinen Entwicklung des Bautyps Waage muss aber die Unterbringung der Waage bis 1563 in einem multifunktionalen Gebäude angenommen werden. Als solches kommt in Amsterdam das Rathaus und bei diesem insbesondere die offene Erdgeschosshalle in Frage. Eine solche Annahme könnte auch den Umstand erklären, dass in den Stadtplänen von Amsterdam bis um die Mitte des 16. Jahrhunderts kein Waaggebäude angegeben ist.

179 Mit dem Neubau des ab 1648 nach dem Entwurf von Jacob van Campen gebauten monumentalen Rathauses verlor die Waage ihre Dominanz auf den Dam (-platz).

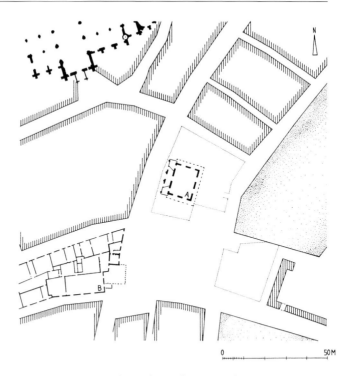

54 Waage von Amsterdam, Rekonstruktionsversuch Lage 1565; Nieuwe Kerk oben links, Rathaus unten links

gelegenen verschiebbaren Balkenwaagen ein Vorplatz ergibt. Der Grundriss der Waage ist als Quadrat mit einer Seitenlänge von 53 Fuß (15 Meter) entworfen.[180] Die Breite des Baukörpers ergibt sich abzüglich der 2,70 Meter breiten Freitreppe und beträgt also 12,30 Meter. Die beiden Schmalseiten und die der Freitreppe gegenüber gelegene Längsseite haben jeweils zwei Toröffnungen.

Die Unterbringung der verschiebbaren Balkenwaagen im Erdgeschoss erfolgte in den Achsen der Tore.[181] An der Längsseite blieb bei einem Achsabstand der Tore von etwa 5 Metern in der Mittelachse innen noch genügend Platz für die zusätzliche Unterbringung einer fest installierten kleinen Balkenwaage. Die Überschneidung der großen Balkenwaagen an den Ecken in zurückgeschobener Stellung bildete keinen nennenswerten funktionalen Nachteil, da diese Position durch einfaches Anheben bzw. Senken der entsprechenden Wiegeeinrichtung hergestellt werden konnte. In ausgefahrenem Zustand waren die äußeren Waagscha-

---

180 Ein Amsterdamer Fuß = 28,3 Zentimeter. Vgl. Verhoeff 1983, 4.
181 Die auf einigen alten Stichen dargestellte, in dem Personaleingang der Waage von Amsterdam aufgehängte große Balkenwaage wird hier als nicht ursprünglich angenommen.

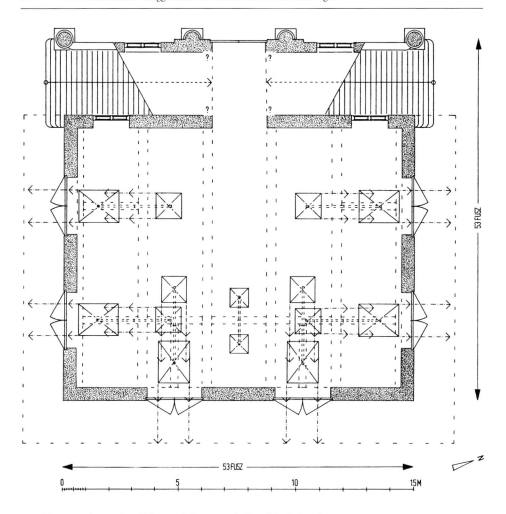

55 Waage von Amsterdam, Rekonstruktionsversuch Grundriss Erdgeschoss

len durch ein 1,70 Meter breites Vordach gedeckt.[182] Die Nutzung des Erdgeschosses erstreckte sich auch auf den Raum unter der Treppe, der vermutlich zur Unterbringung der Normgewichte sowie der Verwaltung diente und auch als Personaleingang benutzt wurde.[183]

Die Räume im Obergeschoss waren vom oberen Podest der Freitreppe über einen Stichflur erschlossen. Dieser mündete auf der Ostseite in dem großen Wachzimmer der Soldaten, das die ganze Breite des Gebäudes einnahm. Dieser Raum war durch einen großen offenen Kamin beheizbar. Das links vom Flur gelegene Offiziers- und das rechts angeordnete

---

[182] Das Vordach diente auch zum Unterstellen von Waren, die erst am nächsten Tag gewogen werden konnten. Vgl. Fokke Simonsz. 1808, 43.
[183] Kruizinga 1983, 6.

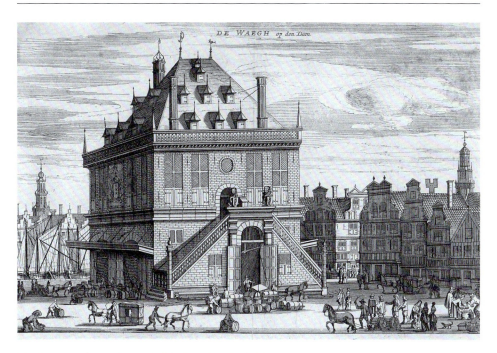

56 Waage von Amsterdam, Stich Claes Jansz. Visscher 1613

Unteroffizierszimmer mussten dagegen ursprünglich wohl ohne Heizmöglichkeit auskommen.[184] Während in den Offiziersräumen die Balken der Decke mit Schnitzereien verziert waren, verfügte der einfacher gehaltene Mannschaftsraum über eine Wand mit hölzernen Liegebänken. Unter dem Dach gab es noch Räumlichkeiten für die Reinigung von Waffen und die Herstellung von Munition.[185]

Die drei Fassaden der Waage von Amsterdam, an denen die Tore für die Balkenwaagen angebracht waren, unterschieden sich von der vierten Seite mit der Freitreppe. Die erstgenannten hatten im Erdgeschoss jeweils zwei rundbogig überdeckte Tore. Auf deren Kämpferpunkt lag das an Zugstangen befestigte, leicht zum Gebäude hin abfallende Vordach. In den Achsen der Tore befanden sich im Obergeschoss zweiflügelige und dreifeldrige Fenster. Diesen schloss sich zur Gebäudeecke hin je ein gleich hohes einfeldriges Fenster an. Die Fläche zwischen den beiden zweiflügeligen Fenstern in der Fassadenmitte war fast vollständig von einem kolorierten Relief mit dem Wappen der Stadt und der Datierungsinschrift ›1565‹ in Anspruch genommen.

---

184 Nach den sekundär angebrachten Schornsteinen auf der Westseite der Waage zu urteilen, sind die Heizgelegenheiten für die auf dieser Seite gelegenen Zimmer erst um die Mitte des 17. Jahrhunderts eingebaut worden. Gemälde, die diese Schornsteine zeigen sind u. a. Jakob Isaaksz. van Ruisdael (1628/29–1682), o. D., Gemäldegalerie Berlin; Johannes Lingelbach (1622–1674), 1656, Amsterdams Historisch Museum sowie Gerrit A. Berckheyde (1638–1698), 1673, Amsterdams Historisch Museum.
185 Fokke Simonsz. 1808, 37.

An der Westseite hatten die Antritte der Freitreppe eine Markierung durch übermannshohe rustizierte Rundsäulen toskanischer Ordnung. Der Eingang zur Waage war dagegen mit entsprechenden Halbsäulen gekennzeichnet. Diese waren über der Brüstung des Treppenpodestes durch zwei einen Schild haltende Löwen überhöht. Der eine Löwe trug das Wappen von Amsterdam, der andere das von Holland.

Das Erdgeschoss der Waage von Amsterdam bestand aus einer massiven Konstruktion aus Mauerwerk. Im Obergeschoss zeigen eiserne Zuganker, dass dort eine tragende Holzkonstruktion mit einer leichten Mauerwerksschale verbunden war. Nach außen traten beide Geschosse in einem blaugrauen belgischen Kalkstein mit einer zurückhaltenden Rustizierung in Erscheinung. Auf halber Gebäudehöhe lief ein Gesims rund um den Baukörper. Oben war er von einem Traufgesims mit Balustrade abgeschlossen. Dahinter lag das steile Walmdach mit seinen vielen Gaupen.[186] An der Ostseite ragte ein Schornstein von der Traufe bis über den ohnehin schon hohen First hinaus.[187]

Bei der Waage von Amsterdam handelt es sich um eines der ersten in Renaissanceformen errichteten Gebäude der Stadt.[188] Der Name seines Architekten ist bislang nicht bekannt. Es darf aber davon ausgegangen werden, dass dieses Gebäude ebenso wie die meisten anderen Vertreter des Bautyps Waage von dem örtlichen Stadtbaumeister entworfen wurde. Als solcher ist in der fraglichen Zeit in Amsterdam Reynier Cornelisz. genannt.[189]

Bezüglich der Entwicklung des Bautyps bildet die Waage von Amsterdam ein wichtiges Beispiel. Dieses Gebäude darf nämlich als Weiterentwicklung der Waage von Antwerpen verstanden werden, wobei die Grundform der Handelshalle verlassen wurde und zum ersten Mal ein aus den Ansprüchen von verschiebbaren Balkenwaagen entwickelter Grundriss entstand. Als ältester Waage mit diesen Merkmalen und ihrer Lage im Kern der Hauptstadt von Holland darf der Waage von Amsterdam generell eine wichtige Vorbildfunktion zugeschrieben werden.

---

186 An den Enden des Firstes stehen Neptun und Fortuna gegenüber der Flagge von Amsterdam über dem hoch aufragenden Schornstein der Ostseite als Windzeiger. Vgl. Fokke Simonsz. 1808, 38.
187 Die auf einigen Darstellungen auf der Westseite der Waage von Amsterdam abgebildeten beiden Schornsteine fehlen auf den Darstellungen des frühen 17. Jahrhunderts, zuletzt noch 1625 auf der perspektivischen Zeichnung von Balthasar Florisz. Ruud Meischke, Coen Temminck Groll und Henk Zantkuyl gebührt herzlicher Dank für ihre Hilfe bei der Rekonstruktion der Waage von Amsterdam.
188 In der vorliegenden typologischen Untersuchung steht bei der Waage von Amsterdam die rekonstruierte ursprüngliche Form im Mittelpunkt der Betrachtung. Von den späteren Umbauten ist hier allenfalls die Restaurierung und Modernisierung des Gebäudes von 1777 durch Jacob Eduard de Witte zu nennen. Bei dieser Baumaßnahme wurde das Dach gekappt und die Balustrade entfernt. Darüber hinaus hat man damals die Freitreppe erneuert, die nun einen frontalen Antritt und ein Zwischenpodest erhielt. Vgl. Fokke Simonsz. 1808, 63; sowie Von der Dunk 1999.
189 Reynier Cornelisz. wurde 1554 für drei Jahre als Stadtbaumeister (Stadsmetselaar) benannt. Es darf davon ausgegangen werden, dass diese Anstellung verlängert wurde, denn 1564 erscheint derselbe Name in derselben Funktion im Zusammenhang mit der Lieferung von Steinen für den Turm der Oude Kerk. Henk Zantkuyl gilt herzlicher Dank für diese Auskunft, die seiner Abschrift der Stadtrechnungen von Amsterdam zugrunde liegt.

Kleinbauten

Es bedurfte offensichtlich eines bestimmten Aufkommens an Wiegegut, das den Mehraufwand für den Einbau verschiebbarer Balkenwaagen lohnend machte. Es sind nämlich in einer entsprechend ausgestatteten Waage immer mindestens zwei Wiegestellen vorhanden. Dies gilt selbst für kleine eingeschossige Gebäude.

Schoonhoven, 1617: Der sekundäre Einbau verschiebbarer Balkenwaagen (1758)

Die Waage von Schoonhoven nimmt eine wichtige städtebauliche Stellung ein, die in einem Gegensatz zu ihren relativ kleinen Abmessungen steht. Sie liegt am nördlichen Ende des Marktplatzes über der mittig und längs durch die Stadt verlaufenden Gracht an der Kreuzung mit der Hauptquerstraße (Loopicker Straat, heute Kerkstraat).[190] Der Markt ist an dieser Stelle zusammen mit dem Bauplatz der Waage durch die Überwölbung der Gracht gebildet, wobei der Abstand der Kaimauern der Breite des Waaggebäudes entspricht.

Die Waage von Schoonhoven hat einen leicht schiefwinkligen Grundriss mit einer mittleren Länge von 8,02 und einer Breite von 6,53 bis 6,85 Metern. Die beiden zweiflügeligen Tore sind nach Süden, d. h. zum Marktplatz hin ausgerichtet. Jedes Tor dient einer ausfahrbaren Balkenwaage.[191] Der Zugang für das Personal erfolgt auf der Kaiseite durch Türen, während auf der Rückseite drei Fenster für die Belichtung des Waagraumes sorgen.[192]

Die äußere Erscheinung der Waage von Schoonhoven ist erheblich von dem großen Walmdach bestimmt. Es hat vorne und an den Seiten eine 3,15 Meter breite Auskragung. Sie wird mit Spannriegeln und Knaggen über Stiele abgetragen, die an den seitlichen Mauern außen anliegen. An der Vorderseite tragen die Pfosten der Türrahmen die Last des Daches ab. Darüber hinaus wird es an den vorderen Ecken von ionischen Säulen aus blaugrauem belgischen Kalkstein gestützt. An der Rückseite bildet das Dach einen Krüppelwalm.

Die Holzteile an der Vorderseite der Waage von Schoonhoven sind durch Schnitzereien im Stil der Renaissance verziert. Die inschriftliche Datierung erfolgte zweifach. So trägt der hölzerne Unterzug über den Oberlichtern der Tore mittig die Jahreszahl »1617«, während sich auf dem darunter gelegenen Mauerwerksfeld die entsprechende Angabe »1758« befindet. Zum Schmuck des Gebäudes gehört auch noch eine kunstvoll geschmiedete Sonnenuhr, die auf der Vorderseite des Daches in der Mitte angebracht ist.[193]

---

190 Die Waage von Schoonhoven wird seit 1972 als Pfannkuchenrestaurant genutzt. Die ursprüngliche Waaghalle ist durch den Einbau einer Toilette beeinträchtigt.
191 Die Laufbalken befinden sich nicht mehr an der ursprünglichen Stelle.
192 Die beiden vorne gelegenen Türen haben Beschläge mit lilienförmigen Enden und sind daher als ursprünglich zu betrachten. Vgl. Van Groningen 1995, 123.
193 Die Sonnenuhr stammt von dem Schützenhaus der Stadt und wurde 1771 an der Waage angebracht. Vgl. Van Groningen 1995, 123.

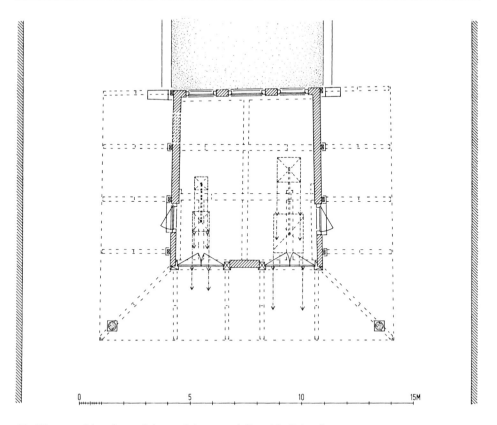

57 Waage von Schoonhoven, Rekonstruktionsversuch Grundriss Erdgeschoss

Eine Abbildung in dem Städteatlas von Joan Bleau von 1652 vermittelt noch eine ungefähre Vorstellung von der ursprünglichen Erscheinung der Waage von Schoonhoven. Da die Stadt für dieses Buch extra neu vermessen und genau gezeichnet wurde, erweist sich die Darstellung der Gebäude in diesem Stadtplan allgemein als verlässlich. Folglich darf davon ausgegangen werden, dass die Waage von Schoonhoven ursprünglich ein Satteldach hatte, dessen First sich längs der Gracht erstreckte. Der seitliche kleine Dachüberstand dürfte mit Aufschieblingen hergestellt gewesen sein, denn er hatte eine etwas flachere Neigung als das Dach. Beim Bau des heute vorhandenen Daches mit seinen großen Überständen musste das Gebäude bei gleichbleibender Traufhöhe einen Kniestock bekommen.[194] Seine nach-

---

194 Wegen der mangelnden Einsicht des Pächters in die Notwendigkeit bauhistorischer Forschung konnten im Rahmen der vorliegenden Arbeit im Inneren der Waage von Schoonhoven nur während eines Restaurantbesuches Beobachtungen vorgenommen werden. Weitergehende Informationen sind J. Jehee vom Rijksdienst Monumentenzorg (Zeist) zu verdanken, der das Gebäude für das Kunstdenkmälerinventar ausführlich untersuchen konnte.

58 Waage von Schoonhoven von Süd, Photo 1940

trägliche Aufmauerung ist noch an dem farblich unterschiedlichen Steinmaterial ablesbar.[195] Der Umstand, dass die Schnitzereien an der Vorderseite unter dem Dunkel des tiefen Vordaches aus größerem Abstand vollständig verschwinden, weist darauf hin, dass das Vordach auch an dieser Stelle ursprünglich erheblich kleiner war.[196]

Die nachträgliche Verbreiterung des vorne gelegenen Vordaches hing höchstwahrscheinlich mit dem sekundären Einbau der Verschiebeeinrichtung für die Balkenwaagen zusammen. Der seitliche Überstand diente vielleicht als Wetterschutz beim Verkauf von Waren für den täglichen Bedarf. Die Errichtung des ursprünglichen Gebäudes und der beschriebene Umbau des Daches zusammen mit dem Einbau der verschiebbaren Balkenwaagen dürfen mit den beiden oben genannten inschriftlichen Datierungen ›1617‹ und ›1758‹ in Zusammenhang gebracht werden.

Die besondere Bedeutung der Waage von Schoonhoven liegt in ihrer außergewöhnlich malerischen Erscheinung, die vor allem von der Pilzform des Daches bestimmt wird. In ihrer rekonstruierten Form zeigt das Gebäude eine gewisse formale Übereinstimmung mit der Waage von Nieuwpoort, bei der es sich aber um den Anbau an ein Rathaus handelt.

---

195 Der Dachstuhl der Waage von Schoonhoven wurde 1936 komplett erneuert. Entsprechendes gilt auch für die seitlichen Knaggen. Freundliche Mitteilung J. Jehee, Rijksdienst Monumentenzorg (Zeist).
196 Die hier vorgetragene Rekonstruktion der Waage von Schoonhoven unterscheidet sich von den unlängst publizierten entsprechenden Zeichnungen von J. Jehee. Diese bildeten aber einen wichtigen Ausgangspunkt für weitergehende Einsichten in die ursprüngliche Gestalt des Gebäudes.

59 Waage von Edam von West, Photo o. D.

Edam, 1778: ursprünglich mit verschiebbaren Balkenwaagen ausgestattet

Die Waage von Edam liegt am Käsemarkt.[197] Sie bildet hier zusammen mit zwei Wohnhäusern die westliche Platzwand. Das Waaggebäude tritt mit zwei Toren für jeweils eine ausfahrbare Balkenwaage in Erscheinung. Über ihnen ist jeweils ein Oberlicht angeordnet.[198] Ein Vordach erstreckt sich auf der ganzen Breite der Fassade. Es ist auf der Sturzhöhe des Torrahmens befestigt und fällt zum Gebäude hin ab.[199]

Das Dach der Waage von Edam ist zur Marktseite hin abgewalmt. Es hat hier einen Kniestock, der an der Fassade die Unterbringung des emblematischen Schmuckes gestattet.

---

[197] Der Betrieb der Waage von Edam wurde 1918 eingestellt (Van Agt 1953, 28). Heute dient das Gebäude als Käseverkaufsstelle für Touristen.
[198] Corrie Boschma (1987, 69) geht davon aus, dass der Abstand zwischen den beiden Oberlichtern ursprünglich auch den der Tore bestimmte. Dieser Annahme spricht die Tatsache entgegen, dass die Laufbalken genau in der Mitte der Tore ankommen. Vgl. Boschma 1987, 6.
[199] Die Tiefe des Vordaches war ursprünglich geringer. Vgl. altes Photo in Boschma 1987, 4.

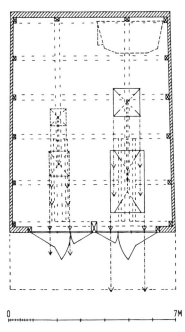

60 Waage von Edam, Rekonstruktionsversuch Grundriss Erdgeschoss

In der Mitte liegt das Stadtwappen mit der inschriftlichen Datierung »1778«. Seitlich davon befinden sich je zwei Rundbogennischen mit Darstellungen aus bemalter Keramik.[200] Über der Traufe wird die Mitte durch einen treppenförmig abgeschlossenen Zwerchgiebel betont. Weiter hinten erhebt sich auf dem First dann noch ein offenes sechseckiges Glockentürmchen.[201]

Die Waage von Edam ist als leichte Verbundkonstruktion aus einem tragenden Holzgerüst und einer Verkleidung mittels einer dünnen Mauerwerksschale gebaut. Diese unterschiedlichen Bauteile werden von zahlreichen Maueranker zusammengehalten. Die Unterzüge der Deckenkonstruktion sind mit 8,27 Meter ungewöhnlich lang und dienen im vorderen Bereich als Laufbalken für die Balkenwaagen. Zu diesem Zweck ist ein Deckenbalken ausgewechselt.[202] Die kleine Balkenwaage ist mit »1644«, die große mit »1625« in-

---

200 Die Rundbogennischen mit den Keramikbildern entstammen nach Corrie Boschma (1987, 6) der Restaurierung von/um 1880.
201 Die Substanz des Glockentürmchens entstammt dem 19. Jahrhundert. Wahrscheinlich wurde damals aber nur die ursprüngliche Form erneuert. Vgl. Van Agt 1953, 28.
202 Durch die starke Durchbiegung der Laufbalken und die einseitige Setzung des Gebäudes ist beim Ausfahren der Balkenwaagen heute ein erheblicher Höhenunterschied zu überwinden. Deshalb ist auf dem Dachboden sekundär eine Winde mit einem Flaschenzug installiert worden.

schriftlich datiert. In der Waaghalle befindet sich auf der Rückseite ein mit leichten Trennwänden abgeteilter kleiner Raum.[203]

Der Kauf des Grundstücks für die Waage von Edam erfolgte am 17. Februar 1778.[204] Die Arbeiten für den Neubau dauerten, nach den Rechnungen der Bauhandwerker zu urteilen, noch bis zum Jahr 1779. In typologischer Hinsicht bildet die Waage von Edam das einzige Beispiel für die ursprüngliche Ausstattung eines Kleinbaus mit verschiebbaren Balkenwaagen.

Der funktionale Laubentyp

Im Mittelalter waren in Europa wie unten näher ausgeführt Saalbauten als multifunktionale Handels-, Versammlungs-, und Verwaltungsbauten weit verbreitet. Diese Gebäude hatten im Erdgeschoss oft eine offene Laube. Dort befand sich dann gewöhnlich die öffentliche Waage.

Zur Anpassung der traditionellen Laube an die Bedürfnisse einer monofunktionalen Waage brauchten nur wenige Veränderungen vorgenommen werden: so mussten die Bogenöffnungen durch Tore verschließbar gemacht werden. Und zum Schutz der ausgefahrenen Balkenwaagen vor Niederschlägen musste man die Fassade mit einem Vordach versehen. Dieses Bauteil führte jedoch zu einer Beeinträchtigung der monumentalen Wirkung des Gebäudes.

Das Ideal der Epoche des Barock verlangte bei einer Laube nach einer Fassade mit einer ungeraden Zahl von Bogenöffnungen, so dass sich eine mittenbetonte axialsymmetrische Fassade entwerfen ließ. Die hier näher untersuchten Waaggebäude entsprechen diesem Anspruch. Sie haben immer fünf Toröffnungen. Hinter jeder konnte im Prinzip eine Wiegeeinrichtung untergebracht werden. Auf Grund der parallelen Anordnung der Balkenwaagen war deren bewegliche Anordnung an Laufkatzen gut möglich und findet sich deshalb an allen Waaggebäuden des Laubentyps.

Hoorn, 1609: Der Prototyp

Tafel 3 ← Die Waage von Hoorn bildet zusammen mit dem Rathaus (abgerissen 1797) und dem Haus des Ständekollegiums am Marktplatz der Stadt ein repräsentatives Ensemble.[205] Diese drei Gebäude hatten entsprechend ihrer besonderen Bedeutung eine Fassade aus einem blaugrauen belgischen Kalkstein.[206] Die Waage liegt hier an einer Blockecke, wobei

---

203 Der Büroraum wurde von der ursprünglichen Stelle versetzt und zu einer Toilette eingerichtet.
204 Oud-archief Edam, Invnr. 210. Transkription Piet Balhuizen (Rotterdam).
205 Die Fundamente des alten, 1797 abgebrochenen Rathauses von Hoorn wurden 1964 im Rahmen einer Amateurgrabung freigelegt. Die während dieser Kampagne angefertigten Pläne sind verlorengegangen. Für die freundliche Überlassung von Zeichnungen des alten Rathauses von Hoorn bedankt sich der Autor ganz herzlich bei Frau Van den Walle vom Archäologischen Dienst der Stadt Hoorn.
206 Die Waage von Hoorn wurde 1912 durch den Architekten J. Cuypers restauriert. Damals ersetzte man den etwas verwitterten blaugrauen belgischen Kalkstein der Fassade durch einen monochrom grauen, widerstandsfähigeren Granit. Darüber hinaus wurden damals vor allem im Inneren der Waage viele Einzelheiten verändert. Vgl. Van den Berg 1955, 126.

die Traufe des Vordaches in der Straßenflucht liegt, während der Baukörper aus dieser zurückgenommen ist. Der Grundriss des Gebäudes hat eine Trapezform, so dass die vordere Fassade auf den südlichen Teil des Marktes gerichtet ist.

Die beschriebene Lage der Waage von Hoorn entstand durch einen kleinen, aber wirksamen städtebaulichen Eingriff.[207] Das Vorgängergebäude von 1559 entsprach zwar mit seinen Abmessungen, der Zahl der untergebrachten Balkenwaagen und der Ausstattung mit einem Vordach dem Neubau von 1608.[208] Aber es lag um eine Parzellenbreite weiter südlich.[209] Zum Neubau der Waage war deshalb im Jahr 1608 neben dem Abriss der Waage von 1559 auch die Beseitigung des nördlich anschließenden Wohnhauses notwendig.[210] Mit dieser Maßnahme konnte der Neubau nicht nur eine wichtigere Stellung am Marktplatz einnehmen, sondern auch einen dezidierten Vorplatz zum Ausfahren der Balkenwaagen erhalten.[211] Zudem verkürzte sich durch die Straßenaufweitung zum Markt hin der Weg für den Transport der auf dem Platz gelagerten Waren von und zur Waage.

Die Waage von Hoorn hat zwei relativ hohe Geschosse und ein entsprechendes Walmdach. Die vordere Fassade ist in fünf Achsen eingeteilt, von denen die mittlere leicht gestreckt ist. Die Verzierung der Fassaden erfolgt auf zurückhaltende Weise hauptsächlich mit Kerbschnitt-Bossensteinen.[212] Diese betonen besondere Tragglieder, wie die Archivolten und die Pfeiler im Erdgeschoss sowie die scheitrechten Stürze über den Fenstern des Obergeschosses. Die Steinkreuzfenster sind schmucklos in die Wand eingefügt.[213] Die Versinnbildlichung des städtischen Eigentums der Waage erfolgt in der Mittelachse der Vor-

---

207 J. C. Kerkmeyer schreibt, die neue Waage wäre an derselben Stelle entstanden, wie die alte (1911, 235). Das anschließende Zitat des Chronisten Velius auf Seite 241, der vom Abriss von zwei Wohnhäusern nördlich der alten Waage berichtet, so dass der Neubau 15 bis 16 Fuß weiter nach innen zu stehen kam, wird nicht problematisiert. Auch bei Dröge (1991, 4), der in den Stadtrechnungen nur den Abriss eines einzigen Hauses entdeckt, findet sich keine Auseinandersetzung mit dem Chronisten. Diesem darf jedoch durchaus geglaubt werden. Bei Zugrundelegung des in Hoorn früher gültigen Drechterlander Fußmaßes von 0,326 m ergibt sich nämlich eine Verlagerung der Waage von 4,89 bis 5,21 m – also um die Breite eines Hauses.
208 Da sich 1559 mit Symon Pietersz. aus Hoorn ein Zimmermann für den Bau der Waage verdingte, darf vermutet werden, dass Holz damals noch das vorrangige Baumaterial war. Als Architekt wurde, nachdem man zuvor die Planung des ebenfalls aus Hoorn stammenden Zimmermanns Geryt Gerytsz. verworfen hatte, der Haarlemer Maurermeister Florys Dircxsz. beauftragt. Vgl. Dröge 1991, 3.
209 Bis 1559 muss an der bezeichneten Ecke als Waage ein einfaches, wahrscheinlich eingeschossiges Gebäude mit quadratischem Grundriss gestanden haben (vgl. Dröge 1991, 10). Anschließend wurde nach Osten hin eine zusätzliche Parzelle in Anspruch genommen. Die Rekonstruktion des Grundstücks der Waage von 1559 zeigt, dass die Grundflächen der Waaggebäude von 1559 und 1609 etwa gleich groß sind. Die isometrische Darstellung der Stadt Hoorn von Paulus Utenwael (1596) gibt eine ungefähre Vorstellung von der baulichen Gestalt der Waage von 1559.
210 Kerkmeyer 1911, 241.
211 Die Spekulation von Dröge (1991, 4), die Zurücksetzung der Fassaden aus dem Blockrand wäre aus ästhetischen Gründen erfolgt, ist nicht zutreffend.
212 Kreft u. Söhnke 1986, 326.
213 Die Schnitzereien an den Sattelhölzern und dem Wechselbalken unter dem offenen Kamin mit ihren manieristischen Ornamenten sind wohl dem städtischen Werk- und Zimmermeister Pieter Jansz. beziehungsweise dessen Vorlagenbuchern zuzuschreiben.

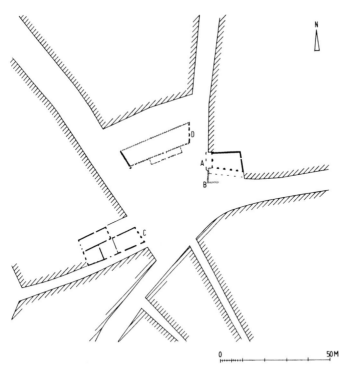

61 Waage von Hoorn, Rekonstruktionsversuch Lage um 1609;
A und B = zwei zuvor abgerissene Häuser, C = Ständekollegium, D = Rathaus

derfassade im Obergeschoss. Dort befindet sich anstelle eines Fensters eine Nische.[214] In ihr erhebt sich über einem Sockel die Skulptur eines Einhorns, welches das Stadtwappen hält und die inschriftliche Datierung »1609« trägt.

Die Fassade der Waage von Hoorn zeigt sich in klaren Proportionen.[215] Das Verhältnis der Länge zur Höhe bis zur Traufe lautet zwei zu eineinhalb. Dazwischen liegt das Vordach auf der Höhe eines halben und das Fensterbankgesims auf der Höhe eines ganzen Moduls, während das Dach ebenfalls die Höhe eines ganzen Moduls hat.[216] Diese Einteilung ermöglicht im Erdgeschoss die enorme lichte Höhe von knapp 5,50 Metern und für das Obergeschoss entsprechend 4,10 Meter.

---

214 Das in der Fassade der Waage von Hoorn aufgestellte Einhorn darf als eigenhändiges Werk von Hendrik de Keyser gelten (Neurdenburg o. J. [1929], 110).
215 Es darf davon ausgegangen werden, dass der Fußboden des Erdgeschosses ursprünglich etwa 30 Zentimeter tiefer lag als heute.
216 Das Vordach wurde 1773 in der vorgefundenen Form erneuert. 1858 kam an seine Stelle eine weiter ausladende, auf Stützen gestellte gusseiserne Konstruktion. Bei der Restaurierung von 1912 wurde diese entfernt und durch eine Rekonstruktion des früheren Hängedaches ersetzt. Vgl. Kerkmeyer 1911, 244.

Der funktionale Laubentyp 99

62 Rathaus und Waage von Hoorn, Federzeichnung C. Pronk 1727

63 Waage von Hoorn von Südwest, Photo vor 1930

100 Monofunktionale Waaggebäude mit verschiebbaren Balkenwaagen

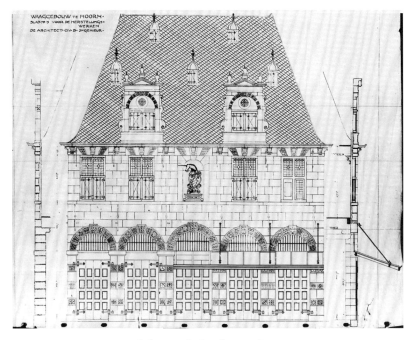

64 Waage von Hoorn, Bauaufnahme Vorderfassade von J. Cuypers um 1912

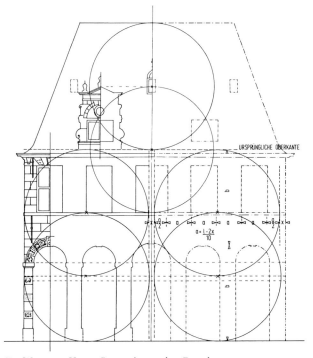

65 Waage von Hoorn, Proportionsanalyse Fassade

Der funktionale Laubentyp 101

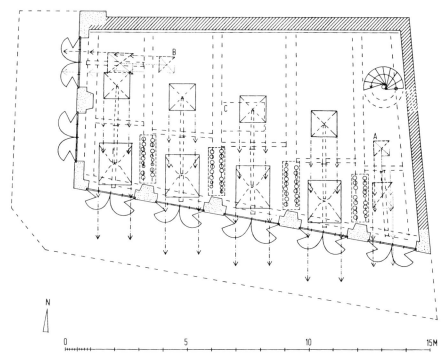

66   Waage von Hoorn, Rekonstruktionsversuch Grundriss Erdgeschoss

Der Grundriss der Waage von Hoorn ist im Erdgeschoss an den beiden Straßenseiten in Pfeiler und Tore aufgelöst. An der Längsseite befinden sich fünf und an der Schmalseite zwei dieser Öffnungen. Die Nutzung des Bereichs hinter dem rechten Tor der Vorderfassade durch eine Balkenwaage war jedoch eingeschränkt, weil sich der Raum dort wegen der schrägen Anordnung der Fassade nach hinten verjüngt. Außerdem diente diese Achse als Weg zu der Wendeltreppe, die an der Rückseite im tiefsten Bereich des Grundrisses sinnvoll angelegt war. Unter diesen Voraussetzungen blieb an der Vorderfront uneingeschränkt Platz für die dauerhafte Unterbringung von vier großen Balkenwaagen. Diese verfügten ursprünglich jeweils über eine Laufkatze mit einem seilzuggeregelten Verstellmechanismus.[217] Die beiden seitlichen Torachsen waren dagegen für die Unterbringung großer verschiebbarer Balkenwaagen nicht geeignet, da sich zumindest die beiden in der Ecke gelegenen Waagen gegenseitig behindert hätten.

Wenn der Chronist Sebastiaan Centen also im Jahr 1740 sagte, dass das Waaggebäude von Hoorn für sieben Balkenwaagen »angelegt« worden sei, so ist offensichtlich, dass mit dieser

---

217   Vgl. Kiem 1987 (b).

Zahl die Toröffnungen gemeint sind. Beim Zählen der tatsächlich vorhandenen Wiegevorrichtungen hat auch Centen nur vier große Balkenwaagen und eine kleine festgestellt.[218] Nachdem der Platz der großen Balkenwaagen durch die beschriebene Gestaltung des Grundrisses festgelegt ist, muss die kleine Balkenwaage an einem der äußeren Achsen gehangen haben, die auch jeweils über einen kleinen Laufbalken verfügen. Entsprechend zeigt der bei dem Chronisten Velius abgebildete Stich in den fünf Toröffnungen der Vorderfassade jeweils eine Balkenwaage, wobei die rechte Waagschale tatsächlich kleiner ist.

Mit der Rekonstruktion der ursprünglichen Unterbringung der Balkenwaagen verliert die Argumentation von J. C. Kerkmeyer, die Waage von Hoorn könnte ursprünglich keine Treppe gehabt haben, weil alle Toröffnungen von Wiegevorrichtungen verstellt gewesen seien, ihre Grundlage. Auch aus der Debatte von 1611 im Magistrat der Stadt Hoorn über einen möglichen Treppenanbau an die Waage lässt sich keineswegs zwingend das ursprüngliche Fehlen einer Treppe im Inneren ableiten.[219] Vielleicht hat man tatsächlich damals auch schon an den 1613 erfolgten Kauf des östlich an die Waage anschließenden Wohnhauses und die dortige Unterbringung eines Zuganges gedacht. In jedem Fall musste man aber mindestens bis zum Zeitpunkt der genannten Beratung auf irgendeine Weise ins Obergeschoss der Waage gekommen sein.

Auch die baulichen Gegebenheiten an der Verbindungswand zwischen der Waage und dem 1613 von der Stadt gekauften östlich anschließenden Wohnhaus, die J. C. Kerkmeyer pauschal anführt, sprechen eher gegen die These von dem ursprünglichen Fehlen eines Aufganges zum Obergeschoss innerhalb der Waage. In der Nähe der 1912 restaurierten Treppe zeigt sich zwar das natursteinerne Gewände eines Durchganges zu dem östlich anschließenden Haus. Aber diese Spur kann allenfalls darauf hinweisen, dass der Zugang zu der Treppe der Waage auch über den Flur des Nachbargebäudes erfolgen konnte. Unter einer solchen Voraussetzung macht auch der Abschluss der Treppe durch eine Holzbohlenkonstruktion einen Sinn, denn mit dieser konnte das Obergeschoss wahlweise unabhängig vom Waagbetrieb durch das Nachbarhaus erschlossen werden. Reste eines vergitterten Fensters zeigen darüber hinaus, dass es auch zwischen dem Obergeschoss des Nachbarhauses und dem Waagraum eine Verbindung gab. Aufgrund der unterschiedlichen Geschosshöhen der beiden Gebäude liegt diese Öffnung nämlich noch unterhalb der Decke über dem Erdgeschoss der Waage. Für eine frühere direkte Verbindung des Obergeschosses der Waage mit dem des östlich anschließenden Nachbarhauses sind dagegen keinerlei bauliche Hinweise zu finden.[220] Für

---

218 Kerkmeyer 1911, 241.
219 Wenn der Magistrat sich am 16. April 1611 überlegte »of men een trap aan de waag zal maken«, so muss hier vom Bau einer Treppe außerhalb des Waaggebäudes die Rede sein. Vgl. Kerkmeyer 1911, 241.
220 Bei dem Umbau des Restaurants im Obergeschoss ist um 1990/91 die östliche Außenwand innen neu verputzt worden. Eine Dokumentation von Befunden wurde nicht vorgenommen. Nach den Angaben des Stadtarchitekten Jost Buchner sind im Obergeschoss der Waage bei der Freilegung keine Spuren einer früheren baulichen Verbindung zum Nachbarhaus zutage getreten.

die Annahme des ursprünglichen Fehlens einer internen Treppe gibt es also keinen Anhaltspunkt.[221]

Im Obergeschoss der Waage von Hoorn liegt ein die ganze Grundfläche einnehmender und mit einem offenen Kamin beheizbarer Saal. Über seine Nutzung liegen nur wenige schriftliche Nachrichten vor. Es sind nur einige Fälle bekannt, in denen im Obergeschoss besondere Veranstaltungen abgehalten wurden. So weiß man, dass die Bürgerwehr hier gelegentlich ihr Unterkommen fand.[222] Das Vorhandensein einer Klappe im Fußboden in der Mittelachse »spricht« aber auch für eine Nutzung des Obergeschosses als Lager.

Der Entwurf für die beschriebene Waage von Hoorn stammt von dem berühmten holländischen Architekten Hendrik de Keyser (1565–1621) aus Amsterdam. Zur Verwirklichung dieses Gebäudes beschloss der Magistrat von Hoorn am 8. Mai 1608 die Beschaffung des Baumaterials.[223] Am 7. September 1609 war die neue Waage dann so weit fertig gestellt, dass die Natursteinarbeiten aufgemessen werden konnten.[224] Am selben Tag wurde der Bürgermeister Willem Pietersz. Crap ermächtigt, um in Amsterdam mit Hendrik de Keyser zu sprechen, ob man das Obergeschoss nicht etwas höher machen könnte »... sonder het werck in zijnen forme enich hinder te doen ...«.[225] Angesichts der beschriebenen idealen Proportionierung der Waage von Hoorn darf davon ausgegangen werden, dass das Anliegen des Magistrats auf kein Verständnis gestoßen ist. Schließlich war Hendrik de Keyser der Meinung, harmonische Maßverhältnisse wären dem Architekten von Gott eingegeben.[226]

---

221 An der Rückwand in der Mittelachse war jedenfalls kein Platz für eine Treppe, weil an dieser Stelle im Obergeschoss der große offene Kamin untergebracht ist. Bei diesem handelt es sich in seiner heutigen Gestalt um ein Produkt des Architekten J. Cuypers, entstanden im Rahmen der Restaurierung von 1912. Der ursprünglich mächtige, über den First des Daches hinausragende Schornstein wurde entfernt (vgl. Kerkmeyer 1911, 243). Dagegen ist das Gewölbe unter der Decke über dem Erdgeschoss, auf dem der offene Kamin ruht, noch ursprünglich erhalten. Für die Mitteilung von Beobachtungen zum ursprünglichen Zustand der Waage von Hoorn gilt H. J. Zantkuyl (Hoorn) herzlicher Dank.
222 Vgl. Kerkmeyer 1911, 243.
223 »Ter saecke vande Waege geleijc in deliberatie is goetgevonden datmen de oude Waege zal laten staen, ende preparatie maecken van materialen tot een nieuwe Waege«. Vgl. Stadtarchiv Hoorn, Resolutieboek van Burgermeesteren vom 8. Mai 1608; Invnr. 103. Transkription Piet Balhuizen (Rotterdam).
224 Die Dicke der Mauern wird am 11. Juli 1609 im Magistrat diskutiert und festgelegt (vgl. Stadtarchiv Hoorn, Resolutieboek van Burgermeesteren, Invnr. 103. Transkription Piet Balhuizen, Rotterdam). Andere Magistratsbeschlüsse sind dagegen ausschließlich als Zustimmung zur Planung Hendrik de Keysers zu werten. Dies gilt z. B. für die Konzeption des Gebäudes »aan het Oosteinde wat wijder« (Kerkmeyer 1911, 235; Partiman-Stet 1989, 21). Die Behauptung von Dröge (1991, 4), der Magistrat von Hoorn wäre besonders eng in den Entwurfsprozess einbezogen gewesen, ist also nicht zutreffend.
225 Der genau Text lautet: »... gaen na den haege onder Amsterdam, aldaer t' Amsterdam met henrijck de keyser te spreken off men het tweede viercant een voet, twee of drie zouden mogen verhogen ...« (Stadtarchiv Hoorn, Resolutieboek van Burgermeesteren; Invnr. 103. Transkription Piet Balhuizen, Rotterdam). J. C. Kerkmeyer (1911, 239) unterschlägt das Wort »tweede«.
226 Vgl. Taverne 1971, 2 u. 7. Die Aktivitäten Hendrik de Keysers im Zusammenhang mit dem Bau der Waage von Hoorn werden zum ersten Mal von J. C. Kerkmeyer (1911) beschrieben, ohne allerdings einen unumstößlichen Beweis für seine Urheberschaft zu haben. Eine Auseinandersetzung mit den Bauformen und dem Werk des

Auf jeden Fall entschied der Magistrat am 24. September 1609, der neuen Waage das gleiche hohe Dach zu geben, das auch der Vorgängerbau hatte, und kein flaches, wie es der Architekt wohl vorgesehen hatte.[227] Wie wichtig die imposante Erscheinung der neuen Waage dem Magistrat der Stadt Hoorn war, zeigt auch die Tatsache, dass man am 23. 5. 1609 daran dachte, die an die Waage anschließenden Häuser zu verkleinern.[228]

Das Urteil über die Qualität des Entwurfes von Hendrik de Keyser für die Waage von Hoorn ist bisher hauptsächlich von Henry Russell Hitchcock geprägt: »Neophyte as he was at Academic design de Keyser, without being able actually to rival the Haarlem Waag's very advanced character, doubtless did intend to emulate it in this stone structure of identical purpose«.[229] Salomon de Bray weist aber in seinem Buch »Architectura Moderna« deutlich darauf hin, dass die genaue Nachahmung der römischen Antike gar nicht beabsichtigt war: »Soo en verwacht niet noch oude of vreemde saecken, nochte geenighen Mausolum ofte oude getimmer Semiramide, ofte oock weder eenigen Roomschen Theatrum, ofte de Renbane Neronij: Maer Kercken, Toornen, Raets-Huysen, Poorten, Huysen, Graven, en dergelijke ...«.[230] Klima, lokale Gewohnheiten und eigener Ausdruck waren Aspekte, die Hendrik de Keyser berücksichtigen wollte. So darf dem Entwurf für die Waage von Hoorn durchaus eine sehr hohe und eigenständige künstlerische Qualität zugestanden werden.

Monnickendam, 1669: Die Version mit dem Halsgiebel

Die Waage von Monnickendam hat einen für holländische Wohnhäuser typischen Halsgiebel und entsprechende Fassaden aus Backstein. Sie steht im Zentrum der Stadt an einer Ecke des Baublocks, an der sich die vom Rathaus kommende Strasse sowie eine Gracht kreuzen und über dieser durch die Verbreiterung der Brücke einen kleinen Platz ausbilden. Die Längsseite ist zur Gracht hin orientiert und dort um die Breite des Vordaches aus der Flucht des Baublocks zurückgenommen.[231] Die Giebelseite bleibt dagegen in die Straßen-

---

Architekten unterbleibt. Die Monographin von Hendrik de Keyser, Elisabeth Neurdenburg (o. J. [1930], 77), referiert einige der bei J. C. Kerkmeyer publizierten Angaben, geht aber nicht näher auf die Waage von Hoorn ein. Schließlich berichtet H. M. van den Berg (1955, 126) von der bevorstehenden, bis heute jedoch unterbliebenen Publikation durch T. R. Mulder, der in den Stadtrechnungen von 1608 die Ausgabe von 32 Gulden und 2 Stuiver an Hendrik de Keyser für »verscheijdene uijtwerpen ende patronen« gefunden hat. Inzwischen ist diese Schriftquelle von J. F. Dröge (1991) publiziert worden.

227 Kerkmeyer 1911, 241.
228 Magistratsbeschluss vom 23. 5. 1609, nach Dröge 1991, 19.
229 Hitchcock 1978, 89.
230 De Bray 1631, 11.
231 Die Waage von Monnickendam ist weitgehend ursprünglich erhalten. Sie wurde 1904/05 durch J. F. L. Frowein und 1988/89 durch den Technische Dienst Kring Monnickendam restauriert. Heute wird das Gebäude als Restaurant genutzt. Durch die Unterbringung der Küche im Nachbarhaus ist der ursprüngliche Raumeindruck der Waaghalle weitgehend bewahrt geblieben. Vgl. Van Agt 1953, 89.

wand eingebunden. Mit seinen zwei Geschossen überragte die Waage die umgebenden ursprünglich vor allem eingeschossigen Wohnhäuser erheblich.[232]

Die Längsseite der Waage von Monnickendam hat fünf Achsen, von denen die mittlere durch einen kleinen risalitartigen Vorsprung und einen Zwerchgiegel betont ist. Das obere Geschoss ist mit dorischen Pilastern gegliedert. Die beiden Halsgiebel haben die gleiche Kontur. Sie sind jeweils seitlich durch ionische Pilaster gerahmt und von einem segmentbogigen Frontispiz gedeckt, dessen Feld mit einem Muschelornament verziert ist.

Im Erdgeschoss sind die Öffnungen schmucklos in die Wand eingelassen. Sie sind als Pseudomezzanin ausgebildet. Die Funktion des Gebäudes ist in dem Fries des Gesimses über dem Obergeschoss im Bereich des Risalits in dünnen Lettern als »DE WAEGH« angegeben. Darüber hinaus ist die obrigkeitliche Funktion des Gebäudes über den Fenstern der Halsgiebel mit den Wappen von Monnickendam und Holland zum Ausdruck gebracht.[233] Die Proportionen der Giebelfassade lassen Ansätze eines kommensurablen Maßsystems erkennen, das aber offensichtlich nicht konsequent durchgeführt ist.[234]

Das Vordach der Waage von Monnickendam wirkt wie ein eigenständiger Baukörper. Es nimmt die ganze Längsseite ein und ist mit 4,50 Metern erheblich breiter, als dies zur Überdeckung der ausgefahrenen Balkenwaagen notwendig gewesen wäre. Das Vordach liegt auf der Seite der Waage auf deren Außenwand auf und steht auf der anderen Seite auf sechs toskanischen Säulen aus einem blaugrauen belgischen Kalkstein. Es hat einen Architrav mit einem Triglyphenfries und ein flach geneigtes Satteldach.[235] Dieses hatte ursprünglich an der Schmalseite einen karniesbogigen Giebel und ist heute abgewalmt. In Anbetracht der besonderen Tiefe des Vordaches darf davon ausgegangen werden, dass es nicht nur der Waage diente. Einen entsprechenden Hinweis liefert seine Bezeichnung in der Literatur als Börse.

Der Grundriss der Waage von Monnickendam ist 15,75 Meter lang und 6 Meter breit.[236] Die zweiläufige Treppe zum Obergeschoss liegt in der Mittelachse auf der rückwärtigen Längsseite. Die Ausstattung mit einem offenen Kamin ist für eine Waaghalle untypisch. Deren lichte

---

232 Vgl. Zeichnung der Waage von Monnickendam und ihrer Umgebung von H. Tavenier von ca. 1796 (Rijksarchief Haarlem). Freundlicher Hinweis L. Appel (Warnsveld).
233 Anhand der dahingehend aber nicht eindeutigen Zeichnung von C. Schoon von 1764 stellt A. P. Bruigom (1979, 50) die Frage, ob die heutigen Fenster in der Mitte der Schmalseite über dem Erdgeschoss ursprünglich sind. Eine Klärung anhand der Bausubstanz kann in Anbetracht der durchgreifenden Restaurierung des Gebäudes hier nicht gegeben werden.
234 Auch Philips Vingboons konnte bei Stadthäusern nicht immer eine ideale quadratische Proportion erreichen. Vgl. Ottenheym 1989, 161 ff.
235 Während die Neigung des Daches bis heute in etwa gleich geblieben ist, wurde der Giebel im 19. Jahrhundert durch einen Frontispiz und 1905 durch einen Walm ersetzt. Bei der letztgenannten Maßnahme ist das Gebälk mit einem Triglyphenfries versehen worden. Vgl. Bruigom 1979, 51.
236 Nach dem Magistratsbeschluss vom 13. Juli 1666 sollte die neue Waage auf den Fundamenten des Vorgängergebäudes gebaut werden. Vgl. Streekarchief Waterland, Purmerend, Oud-archief Monnickendam, Invnr. 84; Freundlicher Hinweis M. A. van der Eerden-Vonk (Purmerend), Transkription Piet Balhuizen (Rotterdam).

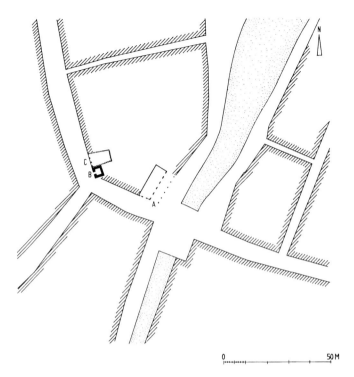

67   Waage von Monnickendam, Lage um Mitte 19. Jahrhundert;
A = Waage, B = »Spielturm«, C = Rathaus

Höhe ist mit knapp vier Metern eher moderat bemessen. Bei dem Obergeschoss handelt es sich um einen ungeteilten Raum, der ebenfalls mit einem offenen Kamin ausgestattet ist. Es diente soweit bekannt der Schützengilde als Lager- und Versammlungsraum.[237] Bei beiden Geschossen sind die gebogenen Kopfbänder mit geschnitzten Sattelhölzern geschmückt.

Mit seinen fünf Torachsen bietet der Grundriss der Waage von Monnickendam grundsätzlich Platz für die Unterbringung einer entsprechenden Zahl von Balkenwaagen. Die noch in situ befindlichen Laufkatzenkonstruktionen zeigen aber, dass nur in den beiden südlichen der fünf Torachsen Wiegeeinrichtungen untergebracht waren.[238] Das Vorhandensein von Pseudomezzaninfenstern in diesen beiden Achsen, beziehungsweise das Fehlen bei den übrigen drei Achsen, weist ebenfalls auf die beschriebene ursprüngliche Anordnung der Balkenwaagen hin. Es darf deshalb angenommen werden, dass der von den Bal-

---

237   Van Agt 1953, 89. Im Vorgängergebäude waren ebenfalls die Schützengilde und die Wache untergebracht. Für diese Einrichtungen wurde nach dem Brand der alten Waage auf dem Grundstück ein provisorisches Zelt errichtet. Vgl. Magistratsprotokoll vom 16. Oktober 1666. Streekarchief Waterland, Purmerend, Oud-archief Monnickendam, Invnr. 8; Freundlicher Hinweis M. A. van der Eerden-Vonk (Purmerend), Transkription Piet Balhuizen (Rotterdam).
238   Die kleine Balkenwaage trägt die Inschrift »G(eorg?) G(roengraft?) 1688«.

Der funktionale Laubentyp 107

68 Waage von Monnickendam von Süd, Photo 1949

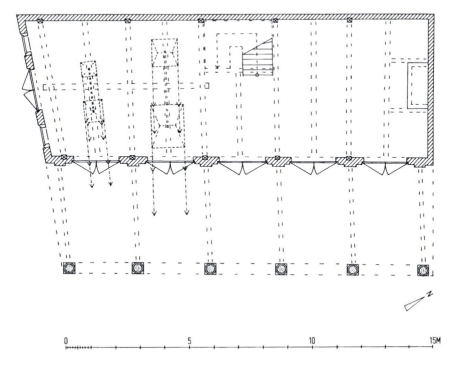

69 Waage von Monnickendam, Rekonstruktionsversuch Grundriss Erdgeschoss

kenwaagen nicht in Anspruch genommene Teil, in Anbetracht der Einrichtung des offenen Kamins, zum dauernden Aufenthalt von Menschen genutzt wurde. Dieser Teil diente wahrscheinlich als Wache, deren Einrichtung in der Waage belegt ist.[239]

Der Neubau der Waage von Monnickendam war 1666 beschlossen worden, nachdem das Vorgängergebäude abgebrannt war.[240] Sie wurde dann 1669 errichtet.[241] Ihre Fassade mit den Halsgiebeln ist offensichtlich von den Amsterdamer Grachtenhäusern beeinflusst, wie sie Philips Vingboons (1607–1678) in vielfacher Abwandlung vor allem in Amsterdam gebaut hat.[242] Da das sechs Jahre zuvor, also 1660 entstandene Rathaus von Monnickendam ebenfalls einen Halsgiebel hat, darf angenommen werden, dass diese Eigenart dem eingeschränkten Gestaltungsrepertoire des örtlichen Stadtarchitekten zugrunde liegt. Als Entwurfsverfasser der Waage von Monnickendam kommen der Stadtmaurer Willem Lubbertsz. und der Stadtzimmermann Jan Jacobsz. Boodt in Frage. Deren Mitwirkung bei der Errichtung des Gebäudes ist auf jeden Fall belegt.[243]

Rotterdam, 1703 (–1827): Die Langversion

Die Waage von Rotterdam wurde 1827 abgerissen. Zur Rekonstruktion ihrer ursprünglichen Gestalt liegen alte Zeichnungen vor.[244] Die Abmessungen des Gebäudes lassen sich anhand einer maßstäblichen Zeichnung der Fassade des alten Rotterdamer Rathauses ermit-

---

239 Die leichte Trennwand, die den Grundriss etwa auf der halben Länge teilte, wurde bei der genannten Restaurierung von 1904/05 entfernt. Das Alter dieses Einbaus ist unklar. Vgl. Begrooting van kosten wegens het restaureeren van het Waaggebouw te Monnickendam, vom 29. Juli 1904. Gemeentearchief Monnickendam, Invnr. 507.
240 Im Archiv des Vereins Oud-Monnickendam (inzwischen im Streekarchief Waterland, Purmerend) befindet sich noch eine Planung, die den Neubau der Waage zusammen mit einer Fleischhalle an zwei gegenüberliegenden Seiten eines Platzes vorsieht, wobei beide Gebäude durch einen Flügel auf der dritten Seite verbunden sind. Dieses Waaggebäude war ebenfalls fünfachsig und zweigeschossig, hatte aber ein Walmdach. Bei einer Größe von 20 auf 40 Fuß (in Waterland = 0,302 Meter, also 6,04/12,08 Meter) wäre es kleiner als die ausgeführte Waage geworden. Die Aussage von Berrevoets (1990, 67), letztere wäre vergleichsweise bescheiden, stimmt also nicht. Pia Oud (Monnickendam) gilt herzlicher Dank für die Suche nach Zeichnungen, genauso wie Herrn Oskar Hennar (Purmerend) für die Überlassung von Kopien.
241 Van Agt (1953, 89) hatte die Waage von Monnickendam nach ihren Bauformen in das 3. Viertel des 17. Jahrhunderts datiert. Anhand der Zeichnung des Gebäudes von C. Schoon aus dem Jahre 1764 mit der wiedergegebenen inschriftlichen Datierung konnte durch A. P. Bruigom (1979, 50) dem Gebäude das genaue Entstehungsjahr 1669 zugewiesen werden. Diese Datierung stimmt mit den Magistratsbeschlüssen überein, in deren Protokoll mit dem Datum des 17. April 1669 ein Entwurf zur Ausführung bestimmt wird. Vgl. Streekarchief Waterland, Purmerend, Oud-archief Monnickendam, Invnr. 84. Freundlicher Hinweis M. A. van der Eerden-Vonk Purmerend), Transkription Piet Balhuizen (Rotterdam).
242 Vgl. Ottenheym 1989, 75 ff.
243 Stadtrechnungen von Monnickendam des Jahres 1669 im Streekarchief Waterland, Purmerend, Oud-archief Monnickendam, u. a. Invnr. 212 u. 229. Die transkribierten Texte wurden von M. A. van der Eerden-Vonk freundlicherweise zur Verfügung gestellt.
244 Wichtige Darstellungen von Rathaus und Waage in Rotterdam stammen von E. Maaskamp, 1790 (Invnr. RI 1068), Chr. Meijer, um 1807 (Invnr. RI IX 1503 b) und D. Moens, 1827 (Invnr. RI 943), alle im Gemeentearchief Rotterdam.

teln. Sie stammt von R. van Kempen und zeigt im Ansatz auch noch eine Achse der Waage.[245] Weitere Hinweise zur Rekonstruktion des Grundrisses liefert der Plan des Urkatasters, auf dem die Waage noch eingezeichnet ist.[246]

Die Waage von Rotterdam lag neben dem Rathaus. Von diesem war sie durch eine Gasse (Waagsteeg) geschieden. Ihre beiden Fassaden waren in die Flucht des Blocks eingebunden, dessen nordöstliche Ecke sie bildeten. Die Längsseite der Waage war nach Norden auf den Straßenmarkt (Melkmarkt) ausgerichtet. Dieser war durch die Überdeckung einer Gracht mit Balken und Brettern sowie einer Pflasterung entstanden. Im Bereich vor der Waage waren in diese Konstruktion Luken zum Entladen von Booten eingelassen.[247]

Der Grundriss des Erdgeschosses hat zur Straße hin fünf Toröffnungen für ausfahrbare Balkenwaagen. Ihre Breite lässt sich nach der genannten Zeichnung von Van Kempen mit etwa 9 »Rijnlands« Fuß bestimmen (á 0,314 Meter = 2,826 Meter), während das entsprechende Maß der vier dazwischen gelegenen Pfeiler um die 8 Fuß (= 2,51 Meter) beträgt. Für die seitlichen Pfeiler bleiben jeweils 2 1/2 Fuß (= 0,785 Meter). Zusammen ergibt sich so die stattliche Gebäudelänge von 82 Fuß (= 25,748 Meter). Diese Länge stimmt ungefähr mit den Abmessungen der in dem genannten Katasterplan dargestellten Waaggebäude überein. Die Bestimmung der Tiefe des Waagraumes ergibt 9,60 Meter. Dieses Maß reicht aus, um die zweiflügeligen Tore nach innen zu öffnen, während die Balkenwaagen ganz nach hinten geschoben sind. Bei dieser Anordnung bleibt auf der Rückseite noch ein etwa 2,50 Meter breiter Gang, der von Osten durch ein weiteres Tor erschlossen war.

Die fünf Toröffnungen an der Vorderseite boten jeweils die Möglichkeit zur Unterbringung einer verschiebbaren Balkenwaage. Da aber auf allen alten Abbildungen an dem westlichen Tor niemals eine ausgefahrene Wiegevorrichtung zu sehen ist, darf angenommen werden, dass es sich bei dieser Öffnung um einen Zugang handelt. Hinter diesem könnten die beiden kleinen fest installierten Balkenwaagen am westlichen Ende der Waaghalle untergebracht gewesen sein.[248] Unter diesen Voraussetzungen ergeben sich in der zeichnerischen Rekonstruktion die in den Schriftquellen genannten sechs Balkenwaagen.[249]

Auf der Ostseite hatte die Waaghalle nach Süden hin einen Fortsatz. Dieses Bauteil diente als Aufbewahrungsraum für die mobilen Balkenwaagen und für das Schafott.[250] Darüber hinaus befanden sich an der Rückseite noch weitere Nebenräume, die auf Grund des Feh-

---

245 Piet Balhuizen (Rotterdam) gilt für die Bereitstellung von Archivmaterial und die Entwicklung von Rekonstruktionsvorschlägen zur Waage von Rotterdam herzlicher Dank.
246 »Sectie K, genaamt Rotte«, aufgemessen durch J. van Campen, Maßstab 1/1250 (Gemeentearchief Rotterdam). Dieses Aufmass wurde 1889 fertig gestellt.
247 Vgl. Krans 1991, 189.
248 Vgl. Krans 1991, 190.
249 Krans (1991, 190) berichtet von sechs verschiebbaren Balkenwaagen. Infolge der großzügigen Bemessung der Länge des Waaggebäudes wäre die Anordnung der beiden kleinen Balkenwaagen zwischen den großen denkbar. Allerdings würde diesen dann beim Betrieb aller großen Balkenwaagen eine Zugangsöffnung fehlen.
250 Die von Krans (1991, 190) genannten Tür- und Toröffnungen sind baulich nicht eindeutig zu bestimmen.

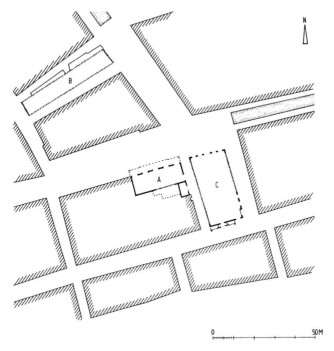

70 Waage von Rotterdam, Rekonstruktionsversuch Lage um 1703;
A = Waage, B = Fleischhalle, C = Rathaus

lens zuverlässiger Quellen nicht mehr zeichnerisch rekonstruiert werden können. Aus den Schriftquellen ist jedenfalls bekannt, dass die Waage im Erdgeschoss auch noch über einen Personal- und einen Verwaltungsraum verfügte.[251] Ein Keller zum Lagern von Torf und eine interne Treppe sind ebenfalls schriftlich belegt.[252]

Der außergewöhnlichen Länge des Grundrisses der Waage von Rotterdam entspricht die für diesen Bautyp einmalig hohe Zahl von neun Fensterachsen. Die mittleren fünf Achsen waren durch einen leichten Risalit zusammengefasst, während die mittlere Achse im Obergeschoss durch ein großes Relief mit verschiedenen Wappen betont war. Im Erdgeschoss befand sich in jeder zweiten Achse ein rundbogig überdecktes Tor und in jedem Mauerpfeiler dazwischen ein vergittertes Fenster. Das Vordach nahm die ganze Längsseite der Fassade ein und war an dieser aufgehängt. Die Traufhöhe der Waage entsprach dem Maß der umgebenden Wohnhäuser und überstieg die des Rathauses um das Mezzaningeschoss. Dagegen wurden die Höhen der beiden Hauptgeschosse von dem benachbarten Rathaus

---

[251] Krans, 1991, 190.
[252] Die Unterbringung der Nebenräume wäre, denkt man sie sich nur klein genug (vgl. Haarlem), auch innerhalb des Gevierts der Waaghalle möglich gewesen.

Der funktionale Laubentyp   111

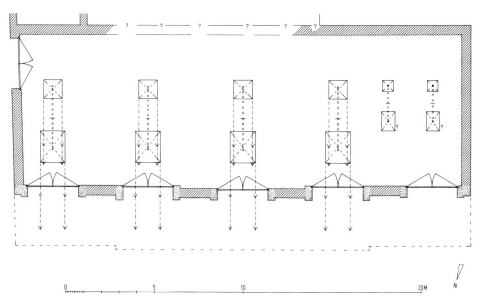

71 Waage von Rotterdam, Rekonstruktionsversuch Grundriss Erdgeschoss

72 Waage von Rotterdam, Zeichnung E. Maaskamp 1790

112　Monofunktionale Waaggebäude mit verschiebbaren Balkenwaagen

73　Rathaus und Waage von Rotterdam, kolorierte Zeichnung D. Moens 1827

übernommen. Die weitgehend schmucklose Fassade entsprach dem Stil der Zeit (strakke stijl).[253]

Die Waage von Rotterdam war bis um das Jahr 1700 im Rathaus untergebracht. Im genannten Jahr wurde dann der Beschluss zu ihrer Auslagerung in ein eigenständiges Gebäude gefasst. Im Februar 1703 wurde der Waagbetrieb in dem Neubau aufgenommen. Schon 1709 erhielten die Obergeschosse der Waage einen Verbindungsgang zum Rathaus.[254] Zur Schaffung von zwei weiteren Räumen wurde dieses Bauteil in den Jahren 1790/91 bis etwa auf die Maße des Waaggebäudes verbreitert.[255] Als Architekt des Waaggebäudes ist der von 1694 bis 1714 im Amt befindliche Stadtbaumeister Jan Jansz. de Ridder genannt.[256]

Die besondere Bedeutung der Waage von Rotterdam innerhalb des Spektrums des Bautyps liegt in ihren besonders großen Abmessungen. Mit ihrer Dreigeschossigkeit reichte sie in der Höhe an den oben beschriebenen Turmtyp heran. Und mit ihren neun Fensterachsen ist sie die längste Waage. Das Motiv für diese ungewöhnliche Ausdehnung ist zumin-

---

253　Vgl. Ter Kuile 1948, 154 ff.
254　Krans 1991, 189.
255　Krans 1991, 192.
256　Moquette 1922, 118.

dest partiell in dem Umstand zu vermuten, dass die Waage von Rotterdam hauptsächlich für das Wiegen von Hanf ausgelegt wurde, welcher in der Gegend um die Stadt in besonders großen Mengen angebaut wurde. Es darf davon ausgegangen werden, dass für dieses Wiegegut mit seiner geringen spezifischen Masse seitlich der Waagschalen eine großzügige Bedienungsfläche notwendig war. In der nahegelegenen Hanfwaage von Rotterdam, zu der die Fleischhalle 1626 umgebaut worden war, finden sich dieselben ungewöhnlich großen Achsabstände bei den Toren.

Synthese zwischen Funktionalität und Monumentalität

Mit dem eher von der monumentalen Erscheinung bestimmten Turmtyp (Haarlem) und dem vorrangig von der Reihung verschiebbarer Balkenwaagen geprägten Laubentyp (Hoorn) zeigen sich in der Provinz Holland zunächst zwei Subtypen des monofunktionalen Waaggebäudes. Die typologische Entwicklung ist dann von dem Bestreben gekennzeichnet, die Vorteile der jeweiligen Subtypen miteinander zu verbinden und ihre Nachteile zu vermeiden. Es ging also um ein Waaggebäude mit einer monumentalen Erscheinung und gut funktionierenden verschiebbaren Balkenwaagen. Auf Grund der genannten Eigenschaften soll dieser neue Subtyp hier im folgenden als Synthesetyp bezeichnet werden. Mit ihm ist die Typenentwicklung der monofunktionalen Waage abgeschlossen. Die Urheberschaft des Synthesetyps liegt bei dem berühmten holländischen Architekten Pieter Post (1608–1669), der sowohl den Prototyp des Synthesetyps in Leiden als auch die einzig existierende Variante in Gouda entworfen hat.[257]

In gewisser Weise kann die Waage von Amsterdam als Vorläufer des Synthesetyps verstanden werden. Bei ihr findet sich nämlich bereits die Verbindung von u-förmiger Anordnung verschiebbarer Balkenwaagen in Verbindung mit einem turmförmigen Baukörper und Vordächern. Der entscheidende Schritt hin zu dem Synthesetyp erfolgt in dem Verzicht auf ein Vordach an der Hauptfassade beziehungsweise die vorrangige Anordnung der verschiebbaren Balkenwaagen mitsamt den Vordächern an der Seite. Wie bei allen monofunktionalen Waaggebäuden dient das Obergeschoss auch bei dem Synthesetyp in erster Linie zur Überhöhung der Waagfunktion im Erdgeschoss, die auf Grund des Fehlens des Vordaches an der Hauptfassade mit Reliefs plakativ zur Schau gestellt werden kann.

Wie tastend sich der Architekt Pieter Post in der Entwicklung des Synthesetyps bewegte, zeigt sein erster Entwurf für die Waage von Gouda. Dort kehrte er zunächst nicht nur mit der Anbringung eines Vordaches an der Vorderfassade, sondern auch mit der Ausweisung eines speziellen an der Rückseite angeordneten, unter anderem zur Erschließung des Obergeschosses vorgesehenen Bauteiles im Prinzip wieder zu dem bifunktionalen Vorbild Ams-

---

257 Zum Gesamtwerk des Architekten Pieter Post vgl. Ottenheym u. Terwen 1993.

terdam zurück. Erst mit dem überarbeiteten Entwurf zeigt sich dann die entscheidende typologische Weiterentwicklung.

Mit der freistehenden Lage erscheint bei dem Synthesetyp auch ein Merkmal der mittelalterlichen Handelshalle wieder. In jedem Fall erreichte die Entwicklung des Bautyps Waage mit dem Synthesetyp ihren Höhepunkt. Die nach der Waage von Gouda entstandenen monofunktionalen Waaggebäude fallen in typologischer Hinsicht hinter den bereits erreichten Entwicklungsstand zurück.

Leiden, 1658: Der antikisierende Prototyp

Bei der Leidener Waage handelt es sich um ein weitgehend eigenständiges monumentales Gebäude mit einer Halle als untergeordnetem Annex. Die unterschiedliche Bedeutung der beiden Bauteile kommt auch in ihrer Lage zum Ausdruck. Die Waage befindet sich an prominenter Stelle der Stadt am südlichen Kai des Rijn am Zusammenfluss des sogenannten alten und des neuen Flussarms. An dieser Stelle bildet der Rijn ein breites dreieckförmiges Becken, in das der Kran mit seiner Plattform hineinragte.[258]

Die Waage von Leiden ist zwar in die Straßenflucht eingebunden, behält aber seitlich zu den benachbarten Häusern einen Abstand. Darüber hinaus wird die Waage durch ihre die benachbarten Gebäude ursprünglich überragende Höhe, die Ausführung der Fassaden in Naturstein und die differenzierte Gestaltung der Einzelformen zusätzlich aus der Umgebung herausgehoben. Die Butterhalle liegt dagegen auf dem rückwärtigen Teil des Grundstücks.[259] Auf drei Seiten weitgehend eingebaut kann sie sich überhaupt nur an einem kleinen Gässchen, dem Mandenmakersteeg, in voller Länge zeigen: eingeschossig und mit einer relativ schlichten Backsteinfassade.

Der Grundriss der Waage von Leiden ist als Quadrat mit einer Seitenlänge von 31 »Rijnlands« Fuß (9,734 m) angelegt. Die Einteilung in ein mittiges Tor und je ein seitliches Fenster erlaubt auf jeder der drei freien Seiten die Unterbringung von je einer verschiebbaren Balkenwaage: »inschuivende, zoals dat in Amsterdam geschiedde«.[260] Die große Balkenwaage an der Vorderseite war, nach dem Umbau des hier gelegenen Laufbalkens zu urteilen, ursprünglich für die Unterbringung an der südöstlichen Seite vorgesehen. Diese blieb aber bis 1904 ungenutzt.[261] Das Treppenhaus der Waage und der Wiegemeisterraum wur-

---

258 Der Kran an der Waage von Leiden wurde im 19. Jahrhundert durch eine Wippe ersetzt.
259 Seit 1935 wird die Waage von Leiden von einem anschließenden fünfgeschossigen Kaufhaus überragt.
260 Jesse 1909, 137.
261 Kooiman 1956, 6. Der nicht genutzte Platz unter dem westlichen Vordach ist noch heute durch einen Zaun zur Strasse hin abgeschlossen. Die entsprechende Bauzeichnung (Gemeentearchief Leiden, Invnr. 20008 M) stammt vermutlich aus der ersten Hälfte des 19. Jahrhunderts. Wenn also K. A. Ottenheym u. J. J. Terwen (1993, 189) von einem Beschluss zur Aufhängung von zwei kleinen Balkenwaagen an den seitlichen Toröffnungen berichten, so scheint dieser nicht unbedingt vollständig durchgeführt worden zu sein.

Synthese zwischen Funktionalität und Monumentalität 115

74   Aalmarkt Leiden mit Waage (links) und Kraan (mittig), Zeichnung J. de Beijer 1750

den in der Butterhalle angeordnet. Damit konnte das Erdgeschoss der Waage ausschließlich dem Wiegen vorbehalten bleiben.

Das Obergeschoss der Waage von Leiden bestand ursprünglich aus einem einzigen saalartigen Raum, der bis in das 19. Jahrhundert hinein für Versammlungen aller Art benutzt wurde.[262] Hinter dem großen Relief der Vorderfassade liegt der offene Kamin. Er ist seitlich von zwei ionischen Pilastern begrenzt, die ein Ölgemälde einrahmen, und nach oben durch einen segmentbogigen Giebel abgeschlossen.[263]

Die Waage von Leiden hat eine hoch aufragende Gestalt. Der Baukörper ist in zwei hohe Geschosse gegliedert und hat ein Dach in der Form eines Pyramidenstumpfes. Das untere Geschoss ist als Sockel aus Quadermauerwerk behandelt, mit dem Tor als Mittelrisalit und

---

262 Im Jahr 1896 erhielt das Obergeschoss der Waage von Leiden eine neue Nutzung als Telephonzentrale. Zu diesem Zweck wurde von dem Eingang am Mandenmakersteeg eine Treppe nach oben geführt und die alte interne Treppe entfernt. Ab 1920 diente das Obergeschoss dem Markt- und Hafendienst als Büro. 1956 erhielt die Treppe wieder ihre ursprüngliche Lage. Damals erfolgte auch der Einbau einer Zentralheizung. Vgl. Loosjes 1918, 104; sowie Kooiman 1956, 6–7.
263 Der offene Kamin im Obergeschoss der Waage von Leiden entstand 1704 und stammt von Antonij van Leeuwen. Das dazugehörige Gemälde kam von dem Maler Jacob van der Sluys. Es zeigt eine Allegorie auf die Chirurgie, in Anspielung auf die Chirurgengilde, die ihren Sitz seit 1669 im Obergeschoss der Waage hatte. Vgl. Thiels 1980, 223.

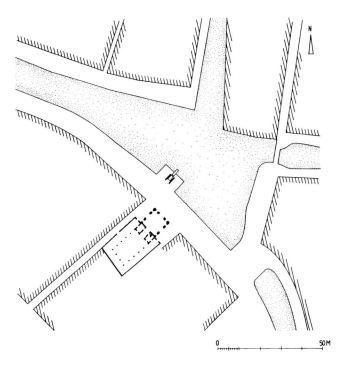

75 Waage von Leiden, Lage um Mitte 19. Jahrhundert

seitlichen Lisenen. Das obere Geschoss hat dagegen eine dorische Ordnung. Die entsprechenden Pilaster sind auf Podeste gestellt und tragen einen Triglyphenfries und darüber einen Frontispiz. Diese ausgeprägte vertikale Gliederung wird von den schmalen und verkröpften Gesimsen, den Pseudomezzaninfenstern und den waagerecht auskragenden seitlichen Vordächern nur geringfügig unterlaufen.[264]

In der mittleren Achse des Obergeschosses befindet sich ein Relief, das die ganze Höhe des Geschosses einnimmt. Es besteht aus Marmor und stellt eine Wiegeszene dar. An der Seitenfassade befinden sich weitere Reliefs mit Darstellungen von Balkenwaagen und mit Gewichten bestückten Girlanden. Die Wappen der Regentenfamilien auf den vier Postamenten der Pilaster liefern einen Hinweis auf die zeitgenössischen Machtverhältnisse in Leiden.[265]

Der beschriebenen Fassadeneinteilung liegt ein kommensurables Proportionssystem zugrunde. So sind die einzelnen Geschosse im Verhältnis fünf zu drei eingeteilt. Dieses Ver-

---

[264] Die ursprünglichen Knäufe an den Vordächern sind im Lauf des 18. Jahrhunderts entfernt worden. Vgl. Zeichnungen o. V., o. J. , Invnr. 20015 K und 20016 aK, Gemeentearchief Leiden.
[265] Die ursprünglichen Wappen der Bürgermeister wurden wahrscheinlich wie andernorts in der sogenannten Patriotenzeit (Ende 18. Jahrhundert) entfernt. Vgl. Loosjes 1918, 104.

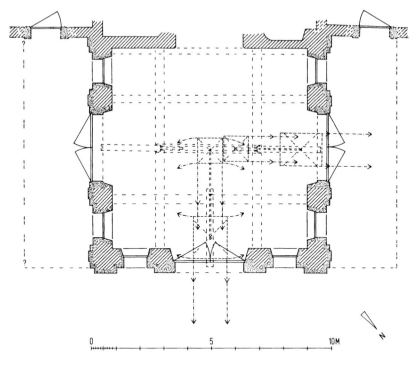

76   Waage von Leiden, Rekonstruktionsversuch Grundriss Erdgeschoss

hältnis gilt als Näherung an den Goldenen Schnitt und bildet in der Musik die große Sexte. Beide Geschosse ergeben dann zusammen ein Verhältnis sechs zu fünf, also eine kleine Terz. Im einzelnen folgen auch das Eingangstor, der Mittelrisalit und die weitere Stockwerksunterteilung diesen Maßverhältnissen.

Der Magistrat der Stadt Leiden hatte am 21. August 1657 den Bau einer neuen Waage beschlossen.[266] Der Entwurf des Architekten Pieter Post wurde dann am 5. September zur Ausführung angenommen.[267] Genau zwei Monate später legte Philips, der Sohn des Bürgermeisters Van Buytevest, den ersten Stein. Während der Ausführung entschied man sich zur Erhöhung des Erdgeschosses um zwei Fuß.[268] Im Jahr 1658 erhielt der Bildhauer Rombout Verhulst den Auftrag zur Herstellung der Reliefs.[269] Mit dieser Jahreszahl ist dann

---

266   Ter Kuile 1944, 53.
267   Ter Kuile 1944, 54. G. A. C. Blok (1937, 43) setzt die Annahme des Planungsauftrages durch Pieter Post einen Tag früher an.
268   Ottenheym u. Terwen 1993, 186.
269   Notten 1907, 20.

77 Waage von Leiden, Photo Vorderfassade 1923

Synthese zwischen Funktionalität und Monumentalität 119

78 Waage von Leiden, Entwurf Vorderfassade von Pieter Post mit ausgeführter Dachvariante vom 21.9.1657

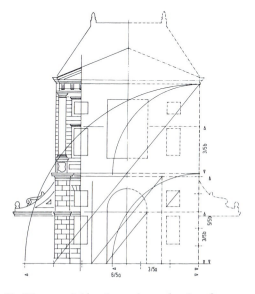

79 Waage von Leiden, Proportionsanalyse Fassade

80 Waage von Leiden, ausgeführter Entwurf der Seitenfassade von Pieter Post vom 29.8.1657

auch die inschriftliche Datierung der Waage von Leiden im Tympanon erfolgt. Allerdings wurde das Gebäude erst am 16. Juli 1659 abgenommen.[270]

Offensichtlich hat sich Willem van der Helm (um 1625–1675), der spätere Stadtarchitekt von Leiden, in die Diskussion um die Planung der Leidener Waage eingemischt.[271] Von seiner Hand ist ein Alternativentwurf erhalten, der an der Fassade ohne eine architektonische Ordnung auskommt. Außerdem muss es eine Diskussion um die Form des Daches gegeben haben. Es sollte zunächst ein Pyramidendach werden. Später kam dann die ausgeführte Form mit der stumpfen Pyramide und der nach innen verlaufenden Entwässerung hinzu.[272] In Anbetracht des ausgeführten Gebäudes darf also angenommen werden, dass sich der Magistrat von Leiden im Zweifelsfall zugunsten der antikisierenden Form ent-

---

270 Ter Kuile 1944, 54.
271 F. A. J. Vermeulen (1941 (b), 163) gibt an, dass der Anteil von Pieter Post an der Leidener Waage nur die Verbesserung der Pläne Willem van der Helms beinhaltete. Diese Behauptung basiert auf der falschen Datierung des Planes von Van der Helm.
272 Jesse 1909, 137. Beide Dachformen kommen im vorangegangenen Werk des Architekten Pieter Post vor. Vgl. Ottenheym u. Terwen 1993.

schieden hat.²⁷³ Diese Bevorzugung beruhte vermutlich auf den Vorlieben des klassisch gebildeten Bürgertums in der Universitätsstadt.²⁷⁴

Die beschriebene Fassade der Waage von Leiden bildet mit ihrer dezidierten architektonischen Ordnung eine typologische Ausnahme. So kann die Fassade der Waage von Leiden im Erdgeschoss als Triumphbogen und im Obergeschoss als verflachter Tetrastylos verstanden werden. Damit zeigt die Waage von Leiden eine Wendung des ansonsten eher von ausgeprägten Nützlichkeitserwägungen bestimmten Bautyps ins Prächtige. In diesem Zusammenhang darf die Entstehung des beschriebenen Alternativentwurfes von Willem van der Helm vielleicht auf zeitgenössische Bedenken bezüglich der für eine Waage ungewohnten und teilweise wohl auch als unangebracht erachteten Formensprache zurückgeführt werden. Im reichen architektonischen Apparat dürfte aber schließlich die Ursache liegen, warum E. H. ter Kuile das Gebäude zum Besten erklärte, was der nicht eben unbedeutende Architekt Pieter Post (1608–1669) zustande brachte. Er stellte jedoch die Behauptung auf, die Waage von Leiden wäre besonders gefühlvoll durchgearbeitet.²⁷⁵

Gouda, 1668: Die Vervollkommnung

In Gouda ist die Herkunft des Bautyps Waage vom Rathaus beziehungsweise von der mittelalterlichen Handelshalle städtebaulich zum Ausdruck gebracht worden.²⁷⁶ Das Gebäude ist nämlich nicht nur in der Achse des frei auf dem Marktplatz gelegenen Rathauses errichtet worden, sondern führt auch dessen Breite fort, so dass beide Bauwerke einen unübersehbaren Zusammenhang bilden.²⁷⁷ Darüber hinaus bildet die Waage einen Teil der Wand des Marktplatzes. Dort nimmt das Gebäude ebenfalls eine Sonderstellung ein, indem sie einerseits im gedachten Schnittpunkt der östlich und südlich verlaufenden Platzwand liegt und sich andererseits durch einen Abstand zu den benachbarten geschlossenen Reihen aus Wohnhäusern abhebt. Indem die Waage nur ein Viertel der Blocktiefe einnimmt, entsteht auf dem rückwärtigen Teil des Grundstücks ein Vorplatz.

---

273 H. J. Jesse (1909, 137) reklamiert das steile Dach für den »holländisch fühlenden« Willem van der Helm. Pieter Post hätte ihm das gekappte Dach darüber gezeichnet, wobei letzteres eigentlich von dessen Lehrer Jacob van Campen aus Italien importiert worden wäre.
274 Die Zeichnung der ausgeführten Fassade (Gemeentearchief Leiden. Vorderfassade, Invnr. 20002 M) ist zwar nicht signiert, aber der Ratsbeschluss zum Bau der Waage von Leiden nennt eindeutig Pieter Post als Entwurfsverfasser. Vgl. Vermeulen 1941, 384. Die entsprechende Seitenfassade (Invnr. 20003 M) ist von Pieter Post mit dem Datum vom 29. August 1657 signiert.
275 Ter Kuile 1957, 140.
276 Die Waage von Gouda ist weitgehend ursprünglich erhalten. Zur Restaurierung von 1956–59 vgl. Joosten 1962.
277 Als 1670 der Umbau des vom Markt aus gesehen rechts der Waage gelegenen Hauses »De Oude Zalm« bevorstand, wurde vom Magistrat streng darauf geachtet, dass das Waaggebäude in seiner dominierenden Stellung nicht beeinträchtigt wurde. Vgl. die einzelnen dem Besitzer zur Vorschrift gemachten Artikel bei Putte 1940, 56.

122 Monofunktionale Waaggebäude mit verschiebbaren Balkenwaagen

81 Rathaus und Waage von Gouda, Stich Arend Lepelaar um 1713

Synthese zwischen Funktionalität und Monumentalität 123

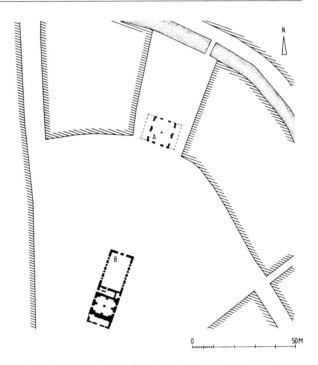

82 Rathaus (unten) und Waage (oben) von Gouda, Rekonstruktionsversuch Lage um 1668

Der Grundriss der Waage von Gouda ist im Erdgeschoss auf allen vier Seiten für die Unterbringung von ausfahrbaren Balkenwaagen angelegt – vorne und hinten je eine und seitlich jeweils zwei. Die seitlichen Toröffnungen sind durch ein Vordach geschützt, die vorderen von je einem Fenster flankiert. Die von den Balkenwaagen nicht in Anspruch genommenen Ecken dienen an der Ost- beziehungsweise Rückseite der Unterbringung der Treppe und des Raumes des Waagpächters während an der West- beziehungsweise Vorderseite der Wiegemeisterraum untergebracht ist.[278]

Die Abmessungen der Waage von Gouda betragen in der Breite 36 und in der Länge 42 »Rijnlands« Fuß (11,30 und 13,19 Meter). Die Deckenbalken werden in der Mitte von einem quer verlaufenden Unterzug getragen, der wiederum in der Mitte von einer hölzernen Säule toskanischer Ordnung und an der Außenwand jeweils von einem hölzernen Pfosten abgetragen wird. Die Decke wird in der Längsrichtung durch drei Mutterbalken und zwei Streichbalken in vier Felder geteilt. Die Anordnung der Laufbalken für die verschiebbaren Balkenwaagen ist vollkommen in die beschriebene Deckenkonstruktion integriert, so dass

---

278 Van der Aa 1715, ›Gouda‹, 4.

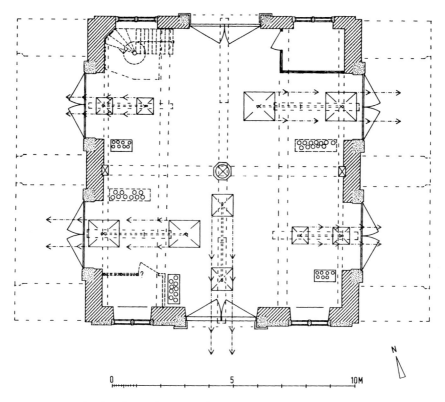

83   Waage von Gouda, Rekonstruktionsversuch Grundriss Erdgeschoss

deutlich wird, dass die Unterbringung des Ausbaus schon bei der Konstruktion des Gebäudes vollständig berücksichtigt worden ist.

Das Obergeschoss der Waage von Gouda enthält einen Saal. Er verfügte ursprünglich über keine Heizmöglichkeit. Der Zugang zur Treppe ins Obergeschoss erfolgt über die Waaghalle. So diente das Obergeschoss lange Zeit als Waffenlager der Schützengilde und wurde darüber hinaus gelegentlich für unterschiedliche Zwecke vermietet.[279]

Die Fassade der Waage von Gouda zeigt deutliche Ähnlichkeiten mit der ebenfalls von Pieter Post entworfenen Waage in Leiden. Dies gilt für die dreiachsige Gliederung mit der verbreiterten Mittelachse, den oberen Abschluss durch ein dorisches Gebälk und den darüber gelegenen Dreiecksgiebel sowie das gekappte Pyramidendach. Entsprechendes gilt auch für die Verblendung mit einer als Quadermauerwerk gestalteten Natursteinschale, die Unterbringung eines großen Reliefs in der Mittelachse des Obergeschosses und den Verzicht

---

279   Van der Aa 1715; sowie Joosten 1962.

84 Waage von Gouda, Photo 1960

126 Monofunktionale Waaggebäude mit verschiebbaren Balkenwaagen

85 Waage von Gouda, zweiter Entwurf der Vorderfassade von Pieter Post

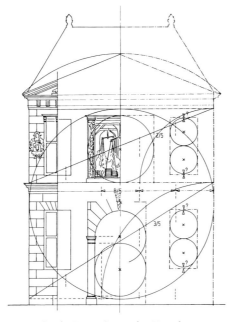

86 Waage von Gouda, Proportionsanalyse Fassade

auf das Vordach an der Front. Die Gesimse liegen bei beiden Gebäuden sogar exakt auf derselben Höhe und das Giebeldreieck sowie das Dach haben die gleiche Neigung. Nur bei der Ausstattung mit Reliefs, wie den Wappenschildern, dem Frontispiz, der Wiegeszene an der Vorderfassade und den hohen schmalen Reliefs mit einzelnen Wiegeutensilien an den Seitenfassaden zeigt sich bei den beiden Waagen von Pieter Post eine etwas unterschiedliche Interpretation, die offensichtlich den einzelnen Bildhauerpersönlichkeiten Rombout Verhulst (Leiden) und Bartholomeus Eggers bzw. Pieter van Luyck (Gouda) zuzuschreiben ist.[280] Die Ursachen für den Verzicht auf eine Pilastergliederung und die Verwendung von Steinkreuzfenstern, die in ihrer Bauzeit längst überholt war, wird unten noch zu diskutieren sein.

Die Proportionierung der Fassade im Verhältnis eins zu eins führt bei der Waage von Gouda zu einer ausgeglichenen Wirkung. Von dem entsprechenden Quadrat nimmt das Erdgeschoss drei Fünftel und das Obergeschoss zwei Fünftel ein. Das Tor (bis zum Kämpfer) und das Relief sind ebenfalls quadratisch eingeteilt. Die Bemessung im Verhältnis eins zu eins gilt im Prinzip auch für die Fenster, deren Größe von zwei übereinander gestellten Quadraten bestimmt ist. Die ausgeglichene Wirkung der Fassade wird von der gleichmäßigen Behandlung der seitlichen Achsen als Quadermauerwerk und der Zurücksetzung der seitlichen Vordächer unterstützt.

Der Magistrat der Stadt Gouda hatte zum Bau der neuen Waage am 23. Mai 1667 erst einmal eine Kommission eingerichtet. Diese wählte dann Pieter Post als Architekten aus. Am 31. Oktober 1667 wurde der Kauf und Abbruch von zehn Häusern an der Stelle der geplanten Waage und die Errichtung eines hölzernen Provisoriums beschlossen.[281] Der Bau der neuen Waage konnte dann am 5. April 1668 begonnen werden.[282] Die Inbetriebnahme der Waage erfolgte schließlich im Mai 1670.

Die Planung der Waage von Gouda durch den Architekten Pieter Post erfolgte in zwei Schritten.[283] Der erste Entwurf zeigt sich noch in hohem Maße von der Waage in Leiden

---

280 Die Wappenschilder wurden wie in Leiden in der sogenannten Patriotenzeit weggeschlagen (Putte 1940, 56), aber bei der Restaurierung 1956–59 neu gehauen und an der alten Stelle angebracht. Vgl. Joosten 1962, 16.
281 Die Interpretation der in den Quellen als »loose waeg« bezeichneten Holzkonstruktion wechselt in der Literatur regelmäßig zwischen provisorischem Waagschuppen für die Zeit der Bauarbeiten (Joosten 1962, 14; Smink 1998, 67) und modellhafter Fassade des zukünftigen Waaggebäudes in wahrer Größe (Blok 1934, 106; sowie Terwen u. Ottenheym 1993, 190). Die verbale Analyse lässt beide Möglichkeiten offen: »loos« als »nicht fest mit der Erde verbunden« oder »loos« als »falsch«, »scheinbar«, »ohne Verpflichtung« (vgl. Verdam 1981, 338 und 1983, 204). Die Untersuchung der Stadtrechnungen lässt hinsichtlich der »loose waeg« eher an einen provisorischen Waagschuppen denken, denn noch im Mai 1670 entstehen der Stadt Kosten im Zusammenhang des Abbruchs dieses Bauwerks, also zu dem Zeitpunkt, an dem die neue Waage in Betrieb genommen wird. Damit kann die »loose waeg« auch nicht direkt auf der Baustelle gestanden haben. Gegen ein Modell der zukünftigen Waage ausschließlich als Fassade spricht auf jeden Fall der Umstand, dass die »loose waeg« rundherum ein Vordach hatte und dass an dem Bauwerk Scharniere und Schlösser angebracht waren (Smink 1998, 67). Vgl. Peters 1908, 192; sowie Blok 1934, 105 u. 106. Die »loose waeg« darf also als provisorischer Waagschuppen betrachtet werden.
282 Blok 1934, 106; sowie Putte 1940, 53 u. 54.
283 Van der Aa 1715.

87 Waage von Gouda, erster Entwurf der Vorderfassade von Pieter Post

abhängig. Der wesentliche Unterschied zu dieser besteht darin, dass für die Waage von Gouda bei etwa denselben Abmessungen seitlich anstelle von einer nun zwei Toröffnungen untergebracht sind, während die Fenster entfallen. Darüber hinaus sind bei dieser Planung wie in Leiden sogar der Waagemeisterraum und das Treppenhaus in einem abgesonderten Bauteil auf der Rückseite des Gebäudes untergebracht, so dass sich eine u-förmige Anordnung der Balkenwaagen ergibt.

Die Fassade des ersten Entwurfes von Pieter Post für die Waage von Gouda ist auch mit ihren wesentlichen Abmessungen auffallend von der Waage von Leiden abhängig. Allerdings zeigt diese Planung bereits das ausgeführte einheitliche Quadermauerwerk und die ebenfalls ausgeführten Steinkreuzfenster. Das Vordach sollte sich auch an der Vorderseite erstrecken.

Der zweite Entwurf für die Waage von Gouda entspricht dann dem ausgeführten Gebäude. Die 10 Fuß größere Breite gegenüber dem ersten Entwurf darf auf die Vorgabe der Breite des

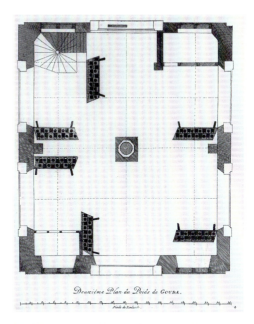

88 Waage von Gouda, ausgeführter Grundriss von Pieter Post

Rathauses (11,76 Meter) zurückgeführt werden.²⁸⁴ Der Grundriss ist nun nach allen vier Seiten orientiert, so dass sechs verschiebbare Balkenwaagen untergebracht werden können.

Die Beurteilung der beiden Waaggebäude von Leiden und Gouda machte sich bisher isoliert an der äußeren Erscheinung der Gebäude fest. Georg Galland gab 1890 der »jüngeren Schwester« Gouda noch den Vorzug: »Sie ähnelt der Leidener Waag, übertrifft jene aber durch die einfachen, glücklichen Stockwerksverhältnisse der vier Fassaden …«.²⁸⁵ C. H. Peters dagegen wusste dann 1908 beide Waagen gleich zu würdigen: »es sind tatsächlich völlig ihren Zweck zeigende, elegante Gebäude, glücklich in der Form und Auffassung«.²⁸⁶ Und zehn Jahre darauf kam A. Loosjes und sprach sein bis heute immer wieder vorgetragenes Urteil.²⁸⁷ Er empfand die Waage von Gouda reicher, aber nicht schöner verziert, und damit als »eine durch materiellen Überfluss erschlaffte Zwillingsschwester«.²⁸⁸

---

284 C. H. Peters (1908, 192) unterstellt, dass der Magistrat an der Vorderseite breitere Mauerpfeiler zur besseren Unterbringung seiner Wappen haben wollte. Dieses Motiv kann zwar nicht ausgeschlossen werden. Aber die zentimetergenaue Übereinstimmung der Breite bei der Waage und dem Rathaus weist darauf hin, dass die Gleichheit dieses Maßes das entscheidende Ziel der Planungsänderung war.
285 Galland 1890, 422.
286 »… 't zijn werkelijk, volkomen hun bestemming aangevende, sierlijke gebouwen, gelukkig van vorm en opvatting …«. Vgl. Peters 1908, 207.
287 Vgl. Ter Kuile 1957, 140. Zuletzt Kuyper 1980, 87.
288 »… een door weelde verslapte tweelingsuster …«. Vgl. Loosjes 1918, 104.

Die Analyse der Waagen von Leiden und Gouda zeigt aber, dass die unterschiedliche Gestaltung in der jeweiligen Berücksichtigung der Umgebung erfolgte. Tatsächlich passt die auf ältere lokale Vorbilder zurückgreifende eher bodenständige und ruhige Gestaltung der ausgeführten Waage von Gouda genauso gut zu der Landstadt, wie die eher auf die Antike zurückgreifenden Bauformen der Waage von Leiden zu der Universitätsstadt. In typologischer Hinsicht bedeutet die Waage von Gouda den Höhepunkt der Entwicklung der monofunktionalen Waage, bei dem nun alle wesentlichen typologischen Merkmale in optimaler Weise zusammengeführt sind.

Zur Ausstattung von Waaggebäuden

Zu einem funktionierenden Waaggebäude gehörte eine Zahl von Einrichtungsgegenständen, die mehr oder weniger mit dem Gebäude verbunden waren. Es handelte sich bei ihnen in der Regel um einfach ihre Funktion erfüllende handwerklich hergestellte Bauteile. Erst mit diesen zusammen kann ein Waaggebäude heute noch ein anschauliches Bild von seiner ursprünglichen Funktion vermitteln.

Wiegeeinrichtung

Die für touristische Zwecke noch in Gebrauch befindlichen Waagen von Alkmaar und Gouda haben heute noch eine umfassende Ausstattung mit Einrichtungsgegenständen zum Wiegen. Daneben blieb die Waage von Enkhuizen als Museum und mit Abstrichen auch die Waage von Edam als Käseladen bisher von einem schwerwiegenden Verlust seiner Wiegeutensilien verschont. In Monnickendam sind trotz der Umnutzung der Waage zu einer Gastwirtschaft mit den Laufkatzen und den Balkenwaagen zumindest die wesentlichen Teile der Wiegevorrichtung erhalten geblieben, wie in Hoorn, wo darüber hinaus wenigstens exemplarisch wesentliche Teile, wie die Waagschalen, belassen wurden.

In Anbetracht des beschriebenen Befundes ist die vollständige Darstellung der Entwicklung und Bandbreite der ursprünglichen Ausstattung von Waaggebäuden heute nicht mehr möglich. Bei den schwergewichtigen Waagbalken mit ihren Laufkatzen ist die Quellenlage noch relativ günstig. Deshalb können hier zur Darstellung der Funktion und Entwicklung dieser Einrichtungsgegenstände einige typische Beispiele angeführt werden. Dagegen müssen bei den übrigen Teilen der Ausstattung einige mehr oder weniger zufällig erhaltene oder zumindest photographisch dokumentierte Beispiele exemplarisch herangezogen werden.

Laufkatzen

In einigen der holländischen Waaggebäude sind die großen Balkenwaagen wie oben beschrieben verschiebbar aufgehängt. Zu diesem Zweck werden Laufkatzen eingesetzt. Sie er-

89 Waaghalle in Hoorn mit noch vollständig erhaltener ursprünglicher Ausstattung, Photo 1982

möglichen es, mit der Balkenwaage auf einem Laufbalken so weit bis an das Tor zu fahren, dass einer ihrer Arme nach außen ragt. Der Laufbalken ist gewöhnlich mit eisernen Schienen beschlagen, an der Deckenkonstruktion befestigt und liegt in der Torachse. Die Wegstrecke der Laufkatze ist in der Regel so bemessen, dass die Balkenwaage inklusive der Schalen einfach in das Gebäude hineinfahren und dort in Längsrichtung verbleiben kann. Die Laufkatze ist üblicherweise aus geschmiedetem Eisen hergestellt. Sie besteht aus einem u-förmigen Bügel, der sich in einem gewissen Abstand um den Laufbalken legt. In den oberen Enden des Bügels befinden sich Öffnungen, in denen sich die Achse eines Bolzens oder einer Walze drehen kann.

Die Vorform der verschiebbaren Balkenwaage darf in der festen Unterbringung einer Balkenwaage über einem Türsturz gesehen werden. Eine solche Konstruktion ist nirgends mehr in situ erhalten, zeigt sich aber auf einer Zeichnung der Waage von Utrecht von Pieter Saenredam aus dem Jahr 1636. Bei diesem Gebäude ist der permanent nach außen ragende Teil des Waagbalkens durch ein Vordach geschützt.

Der Nachteil einer solchen Unterbringung der Balkenwaage besteht darin, dass die Waagschalen zusammen mit den Ketten oder Seilen nach Betriebsschluss zu ihrer sicheren Un-

90 Fischmarkt Utrecht mit (von links) sogenannter Waage, Rathaus, Dom und Kran, Gemälde Pieter Saenredam 1636

terbringung jeweils vom Waagarm entfernt werden mussten. Zudem setzte die mittige Beanspruchung des Torsturzes durch eine Punktlast dem Gewicht einer Balkenwaage enge Grenzen.

In statischer Hinsicht ist die Befestigung des Laufbalkens bei den Waagen von Leiden und Gouda ebenfalls nicht unproblematisch. Während er nämlich an der Innenseite an die Deckenkonstruktion angehängt ist, stützt er sich nach außen hin auf dem zwischen dem Tor und Oberlicht gelegenen Kämpfer ab. Die Ableitung der Kraft wird hier von einer kleinen schmiedeeisernen Stütze mit verschnörkelten bugartigen Verstrebungen übernommen. Der Vorteil dieser Konstruktion ist, dass eine Beeinträchtigung der Rollstrecke durch eine Hängesäule entfällt und der Laufbalken sogar unter den Sturz des Tores bis direkt an das bündig zur Außenwand gelegene Tor geführt werden kann. Der Nachteil besteht darin,

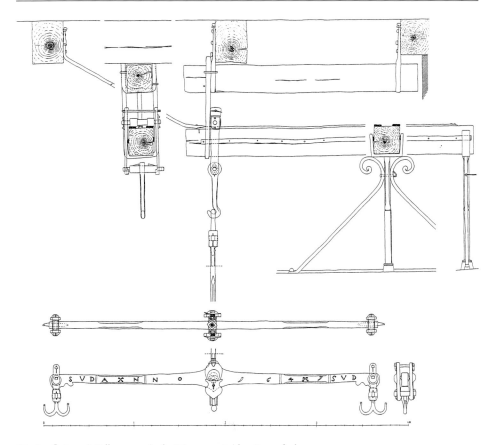

91 Laufkatze mit Balkenwaage in der Waage von Leiden, Bauaufnahme

dass die größte Kraft bei ausgefahrenem Waagbalken und beladenen Waagschalen mittig in ein schmales horizontal verlaufendes Profil des Ausbaus eingeleitet wird.

Die Wegstrecke der Laufkatze beträgt in Leiden am vorne gelegenen Tor 2,66 Meter. Diese Länge war aber offensichtlich ursprünglich nicht vorgesehen. Der Eisenbügel, der den unteren Laufbalken an der Innenseite hält, ist nämlich an einem zweiten darüber gelegenen kürzeren Laufbalken befestigt, und nicht direkt am Deckenbalken. So darf angenommen werden, dass die Aufhängung der Laufkatze zunächst am oberen Balken vorgesehen war, wobei die kürzere Wegstrecke wegen des auf dieser Seite sowieso fehlenden Vordaches anfänglich als ausreichend erachtet wurde. Die beiden großen Balkenwaagen müssen dann für die mit einem Vordach überdeckten Seiten vorgesehen gewesen sein. Offensichtlich wurde bei der späteren Änderung der schon vorhandene Laufbalken einfach belassen. Jedenfalls stammen die beiden in der Waage untergebrachten Balkenwaagen aus dem Jahr 1664, so dass deren notwendige Lauflänge beim Bau des Waaggebäudes bekannt gewesen sein muss.

Wiegeeinrichtung 135

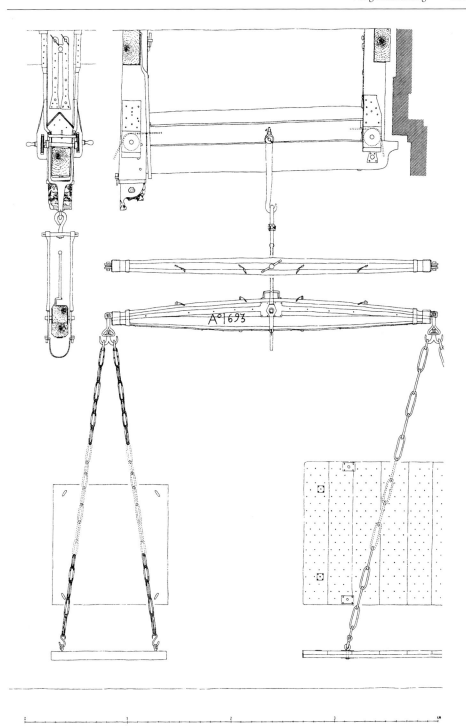

92 Laufkatze mit Balkenwaage in der Waage von Hoorn, Bauaufnahme

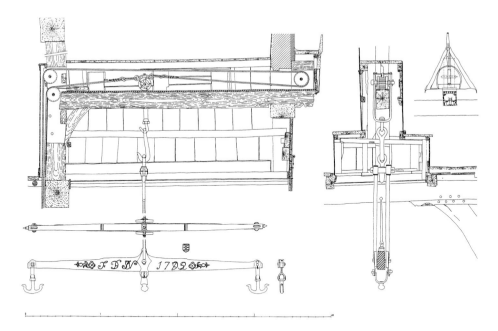

93 Laufkatze mit Balkenwaage in der sogenannten Waage von Enkhuizen, Bauaufnahme

Bei der Waage von Hoorn wurde die Lauflänge dagegen zugunsten einer statisch einwandfreien Konstruktion eingeschränkt.[289] Hier sind die Laufbalken an beiden Enden durch Hängesäulen an der Decke befestigt. Damit bleibt der Laufkatze eine 2,08 Meter lange Strecke. Diese ist, einmalig bei einer Waage, durch ein aus zwei Brettern zusammengesetztes Gebilde in der Art eines Satteldaches vor Verunreinigungen geschützt. Die Hängesäulen sind oben in Wechselbalken eingekämmt und unten in den Laufbalken eingezapft. Der Kopf der inneren Hängesäule reicht etwas über den Laufbalken hinaus und endet in einer geschnitzten Maske. Deren manieristische Formensprache weist darauf hin, dass der Laufkatzenbock zusammen mit dem Waaggebäude 1608 entstanden ist.

Die Besonderheiten der Laufkatzen in der Waage von Enkhuizen erklären sich aus den Bedingungen des Umbaus des Gebäudes zur Waage (1636). Es hatte nämlich eine zu niedrige Geschossdecke, um darunter noch Laufbalken anzubringen. Daher wurden sie im Obergeschoss untergebracht. Dort konnten sie eine der unterschiedlichen Länge der Balkenwaagen entsprechende voneinander abweichende Höhenlage einnehmen. Für diese Unterbringung der Balkenwagen im Obergeschoss musste dort ein Teil des Saales abgetrennt werden.

---

289 Joost Buchner vom Stadtbauamt Hoorn und den Pächtern der in der Waage von Hoorn eingerichteten Gaststätte darf für die freundliche Duldung der Aufmassarbeiten herzlich gedankt werden.

Wiegeeinrichtung 137

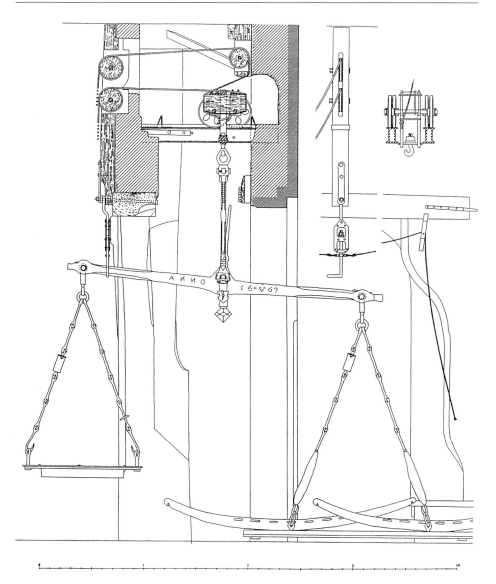

94 Laufkatze mit Balkenwaage in der sogenannten Waage von Alkmaar, Bauaufnahme

Da die Laufbalken bei der Waage von Enkhuizen auf die Deckenkonstruktion aufgelegt wurden, konnten die Zugseile einfach mittig über dem Laufbalken geführt werden. Damit die Scheren bis ganz an die Außenwand gelangen, ist die vordere Umlenkrolle vor der Außenfassade angebracht, wo sie mit einem kleinen satteldachartigen Wetterschutz gedeckt ist. In der Vertikalen verläuft das Zugseil im Obergeschoss vor der Trennwand zu dem Chirurgenzimmer genannten Saal in je einem abnehmbaren hohlen hölzernen Pilaster.

95 Waage von Hoorn, Deckenbereich mit Laufkatzen und Balkenwaagen, Photo 1982

Bei der Waage von Alkmaar ist die Laufkatze zwischen den Außenwänden des ehemaligen Heilig-Geist-Hospitals und der sogenannten Waage untergebracht. Hier kann sich die Balkenwaage nur um 40 Zentimeter hin- und herbewegen. Die Laufkatzenkonstruktion besteht jeweils aus einem kleinen vierrädrigen Wagen, der auf zwei gekoppelten Doppel-T-Profilen rollt. Zur Verkürzung des Abstandes der beiden Achsen des Wagens ist dessen vordere Spur verbreitert. Damit können sich die Räder auf jeder Seite fast bis zur Hälfte überlappen. Ein Kantholz dient dem Wagen als Rahmen. Es ist an den Achsen der Räder vertikal mit eisernen Bügeln verschraubt. In der Mitte des Kantholzes ist eine Schere befestigt, die an ihrem unteren Bügel einen Haken trägt. Die beiden Schienen sind mit einem zwischen die gekoppelten Doppel-T-Profile geschobenen Flacheisen getrennt. Aufgesetzte, aus Flacheisen gekantete Dreiecke markieren als Prellböcke die Enden der Wegstrecke.

Mit den beschriebenen Merkmalen erweist sich die Laufkatze der Waage von Alkmaar als eindeutig dem 19. Jahrhundert zugehörig. Die gusseisernen Räder des beschriebenen kleinen Wagens gab es schon ab 1830/40 im Handel.²⁹⁰ Aber die für die Führung verwendeten Doppel-T-Profile sind erst ab etwa 1880 in nennenswertem Umfang produziert worden. Darüber hinaus ist der ältere hölzerne Laufbalken noch in der Mitte des 19. Jahrhunderts nachweisbar.²⁹¹ So darf angenommen werden, dass die neuartige und aufwendige Laufkatzenkonstruktion in Zusammenhang mit der eingreifenden Restaurierung von 1884/85 entstanden ist. Da bei dieser Maßnahme auch die Außenfassade erneuert wurde, war dem alten Laufbalken sowieso zeitweilig ein Auflager abhanden gekommen.

Zur Bewegung der Laufkatze in einem Waaggebäude gibt es unterschiedliche Lösungen. Die einfachste Form findet sich in Leiden (1658) und Gouda (1668). Dort wird die Übertragung der Kraft auf die Laufkatze nur durch das Ziehen am Waagbalken oder an der Aufhängung der Waagschalen bewerkstelligt. Damit sich die Schere beim Ziehen am Waagbalken nicht allzu schräg stellt und mit dem Balken verkantet, ist der Haken an ihr beweglich um den Bolzen aufgehängt. Es darf vermutet werden, dass es sich bei dieser Lösung um die älteste ihrer Art handelt, die in Antwerpen (1547) und in Amsterdam (1565) mit den Gebäuden verloren gegangen ist. Die Vorbildfunktion der Waage von Amsterdam ist im Zusammenhang mit den verschiebbaren Balkenwaagen von Leiden in einem zeitgenössischen Bericht jedenfalls ausdrücklich genannt.²⁹²

Mit einem äußerst geringen baulichen Aufwand verfügt die Waage von Ijsselstein über den Vorteil eines seilzuggeregelten Verstellmechanismus. An dem Laufbalken ist hier nämlich an beiden Enden vertikal ein durchgehendes Loch gebohrt, welches oben zur Laufkatze hin ausgerundet ist. Durch diese Öffnung ist ein Seil gezogen, das am oberen Ende der Laufkatze an einem Riegel befestigt ist. Entsprechende Löcher finden sich auch an den Laufbalken der Waage von Edam. Der Nachteil dieser Konstruktion gegenüber einer Seilführung über Räder ist der größere Reibungsverlust.

Bei der Waage von Hoorn funktioniert der Seilzug zur Verstellung der Laufkatze mit Umlenkrollen. Da die Hängesäule eine mittige Führung des Seiles nicht gestattet, sind in jeder der beiden Richtungen seitlich zwei Seile angeordnet, so dass die Laufkatze mit dem Laufbalken nicht verkantet. Damit das eine der beiden Seile nicht mitten in den Raum und das andere nicht mitten in der Toröffnung hängen, sind sie zu je zwei kleinen hölzernen Doppelgriffen an die Außenwandpfeiler zusammengeführt. Ihre Verknotung führt dort zur Fixierung der Laufkatze.

→ 92

Die genannten Umlenkrollen sind zusammen mit den Seilen in dem kastenartigen Ausschnitt eines hölzernen Klötzchens geführt, das jeweils an der Seite des Laufbalkens befestigt ist. Es verjüngt sich über der Aussparung in der Form eines abgeschnittenen Keiles nach oben, um dort zur Verbindung mit dem Hängebalken mittels einer Zahl von unregel-

---

290 Die Datierung der Eisenteile erfolgt nach Auskünften von C. L. Temminck Groll.
291 Vgl. Stich von R. de Vries aus der Mitte des 19. Jahrhunderts (Stadtarchiv Alkmaar).
292 Kooiman 1956, 5.

96 Waage von Monnickendam, Laufkatze und äußere Umlenkrolle, Photo 1994

mäßig eingeschlagenen Nägeln zu dienen. Darunter erfolgt die Fixierung der Achse für das Rad durch einen konisch zulaufenden Stab mit einem gedrechselten Griff.

Bei der Waage von Monnickendam (1669) ist die Seilführung optimal geregelt. Die Seile verlaufen hier mittig über dem Laufbalken und sind vertikal an einer Stelle zusammengefasst. Diese Lösung war technisch möglich, weil der Laufbalken nicht jeweils an einzelnen Hängebalken befestigt, sondern vielmehr an einem durchgehenden, an die Mutterbalken angehängten Unterzug eingezapft ist und zur Außenseite hin über ein Kantholz auf den Sturz der Toröffnung abgetragen wird. Über ihm bleibt bis zum Kinderbalken genügend Platz zur Führung des Seiles. Zur Außenseite hin konnte die Umlenkrolle über dem Stützholz angeordnet werden, und die zweite Umlenkrolle passte hinter den Unterzug.

In der Waage von Alkmaar führten die besonderen Bedingungen des Umbaus des Heilig-Geist-Hospitals zur Waage auch bei der Unterbringung der Führung des Seilzuges zu einer besonderen Lösung. So wird die äußere Umlenkrolle in der Waage von Alkmaar in einem kastenartigen Ausschnitt eines Kantholzes gehalten, das von unten gegen den Deckenbalken diagonal verstrebt und oben mit diesem verzapft ist. Die Führung um die abgerundete Unterseite des Kantholzes hält das Seil immer in einem spitzen Winkel zu der Laufkatze. Da die entsprechende Kraft an dem nach innen gerichteten Ende der Laufkatze einwirkt, kann die Laufkatze sogar vollständig unter die Umlenkrolle fahren.

Die beiden Seile werden bei dieser Laufkatze horizontal nach innen und an der Innenseite der ehemaligen Chorwand nach unten geführt. Die entsprechenden Umlenkrollen sind unmittelbar übereinander angeordnet und in ein Kantholz eingelassen. Es trägt an seinem unteren Ende noch einen Haken, mit dem der Waagarm auf der Gewichtsseite oben gehalten werden kann, so dass die aufzulegenden Waren nicht in die Höhe gehievt werden müssen, wenn die Gewichte zwischen den Wiegungen auf der Schale belassen werden.

In Edam kann die bei einer Waage einmalige Führung des Seilzuges über einen Flaschenzug und eine Winde am Laufbalken der einseitigen Setzung des Gebäudes und der Durchbiegung des Laufbalkens der großen Balkenwaage zugeschrieben werden. Aus diesem Grund muss die Wiegevorrichtung nämlich beim Ausfahren eine schiefe Ebene hoch bewegt werden. Für diesen Vorgang ist ein hoher Kraftaufwand notwendig. Die Benutzung der Unterzüge der Deckenkonstruktion als Laufbalken ist bei der Waage von Edam ebenfalls einmalig. Möglich ist dies nur, weil sich über der Waaghalle nur der Dachraum befindet.

Mit den Laufkatzenkonstruktionen von Leiden und Monnickendam ist die Bandbreite der entsprechenden technischen Möglichkeiten des 17. und 18. Jahrhunderts beschrieben. Sie lassen sich in Bezug auf die Anordnung der Laufbalken und die Ausführung der Verstellkonstruktion für die Laufkatze in Typen einordnen, die entsprechend der Situation oder der Gewohnheit und der Erfahrung des ausführenden Handwerkers variieren.

Große Balkenwaagen

In den hier untersuchten Waaggebäuden wurden ausschließlich gleicharmige Balkenwaagen als Wiegevorrichtungen vorgefunden. Die meisten dieser Instrumente sind aus Eisen, wenige aus Holz.[293] Sie erstrecken sich bis zu 4 Meter Länge und gehören damit zu den großen Vertretern ihrer Bauart. Sie sind oft für einen ganz bestimmten Platz in der Waage vorgesehen. Die Grenze des Wiegevermögens liegt bei etwa 10 Zentnern (500 Kilogramm), ein Gewicht das durch die Beförderung der Waren zu und von der Waage durch die menschliche Kraft bestimmt ist.[294] Dieses Gewicht gilt nicht nur für die üblichen aus Schmiedeeisen hergestellten Balkenwaagen, sondern auch für die in der Waage von Hoorn vorhandenen Balkenwaagen aus Eichenholz.[295]

Bis um das 16. Jahrhundert waren die großen Waagen für Marktzwecke noch vorwiegend aus Holz gebaut. Sie hatten gewöhnlich sehr einfache Gelenke, die ein hohes Maß an Reibung erzeugten und damit der Genauigkeit der Wiegung enge Grenzen setzten. Daher sind solche schlichten Balkenwaagen aus Holz heute so gut wie nicht mehr erhalten. Von der 1386 in den Hallen von Paris befindlichen großen Waage können wir uns immerhin noch durch eine schriftliche Überlieferung ein gewisses Bild machen. Demnach waren die Schalen bei dieser Waage an Seilen aufgehängt, die sich nach Art einer Winde um ein Rad drehten.[296]

---

293 Vgl. zur Terminologie der hier im folgenden behandelten Eisenkonstruktionen: Schreber 1769, 475 ff.
294 Haeberle 1967, 51.
295 Bei der Annahme einer 60%-igen Tragfähigkeit ergibt sich bei den aus Eichenholz hergestellten Balkenwaagen in der Waage von Hoorn eine Tragfähigkeit von 495 kg. Für die entsprechende Berechnung gilt Chuanzeng Zhang von der Universität Siegen herzlicher Dank.
296 Enlart 1929, 372.

97 Waage von Leeuwarden, hölzerner Waagbalken im linken Tor der Südseite, Photo 1986

In der Waage von Leeuwarden ist ein 3,96 Meter langer hölzerner Waagbalken aus dem 16. Jahrhundert bis heute erhalten geblieben.[297] Im schlesischen Nysa (früher Neisse) hatte unter der Laube der sogenannten Waage (1606) eine große Balkenwaage gestanden, die bis auf einige schmiedeeiserne Applikationen ganz aus Holz gebaut war. Ihr Aussehen ist durch ein Photo dokumentiert.[298] Der Waagbalken lag danach auf einer im Boden eingespannten Säule mit quadratischem Querschnitt. Sie hatte oben eine Art würfelförmiges Kapitell und darüber zur Führung des Waagbalkens seitliche Wangen.

Der Waagbalken der Waage von Nysa war auf der Unterseite nach außen hin verjüngt. Er wurde in der Mitte durch ein profiliertes Sattelholz verstärkt. Die Köpfe des Waagbalkens waren seitlich durch einen Reif eingefasst, an dem sich unten jeweils ein starr befestigter Haken für die Aufhängung der Schalen befand. Die beiden in der Mitte um den Waagbalken geführten schmiedeeisernen Bänder dienten vermutlich der Fixierung der Drehachse. Eine Zunge fehlt.

---

297 Vgl. Eekhoff 1846, Bd. 2, 19.
298 Lutsch 1894, 109.

98 Stehende hölzerne Balkenwaage unter der Laube der sogenannten Waage im schlesischen Nysa (früher Neisse)

Die beschriebene Konstruktion der Wiegevorrichtung von Nysa hatte den großen Nachteil, dass nahezu die gesamte Masse des Waagbalkens oberhalb der Drehachse lag, so dass sich ein labiles Gleichgewicht ergab. Darüber hinaus müssen die Gelenke ein erhebliches Maß an Reibung erzeugt haben, weshalb die Waage kleinere Gewichtsunterschiede nicht messen konnte. Mit diesen Merkmalen erinnert die große Balkenwaage von Nysa etwas an die bis in die Zeit des mittleren Pharaonischen Reiches zurückreichenden altägyptischen Darstellungen von Balkenwaagen.[299]

Ab dem ausgehenden 16. Jahrhundert führte die Verwendung von Eisen zur Entwicklung von Balkenwaagen mit einem bis dahin ungekannten hohen Maß an Messgenauigkeit. Der entscheidende Vorteil des Eisens lag in der Möglichkeit zur Differenzierung der einzelnen Bauteile. D. h. es ließen sich sehr kleinteilige und passgenaue Werkstücke herstellen. Mit Zapfen und Pfannen konnten sie einfach zusammengesetzt und durch Splinte fixiert

---

299 Vgl. Haeberle 1967, 21; sowie Kisch 1965, 28.

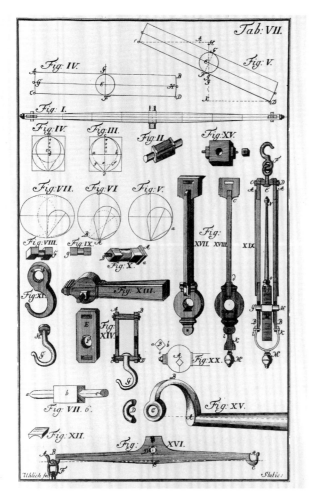

99 Bauteile einer eisernen Balkenwaage des 17. Jahrhunderts

werden. Solche Balkenwaagen wurden hinsichtlich ihrer Genauigkeit bis ins 20. Jahrhundert hinein als ausreichend erachtet.[300]

Die grundlegende Neuerung beim Bau eiserner Balkenwaagen wurde im ausgehenden 16. Jahrhundert mit der Einführung scharfer Achsen geschaffen. Bei dieser Lösung erhielten die Achsbolzen einen herzförmigen Querschnitt. Damit konnte die Last um den mittleren Pendelbereich über eine äußerst kleine Fläche abgeleitet werden, so dass die Feinfühligkeit der Waage von keiner nennenswerten Reibung beeinträchtigt wurde. Die hohen Druckkräfte im Lager wurden durch eine spezielle Härtung des Eisens kompensiert. Die Ent-

---

300 Vgl. Haeberle 1967, 63.

100 Balkenwaagen in der Waage von Haarlem, Photo 1993

wicklung dieser reibungsarmen Drehlager ging mit einer neuen Konzeption des Waagbalkens einher. Er erhielt seinen Schwerpunkt nun unterhalb der mittleren Drehachse. Damit pendelte sich der Waagbalken bei ausgeglichener Last ohne äußeres Zutun von selbst in der Horizontalen ein. Der Schwerpunkt durfte aber nicht zu tief angeordnet werden, weil die Waage sonst deutlich an Empfindlichkeit verlor.

Die Kunst eines Waagenmachers bestand seit dem ausgehenden 16. Jahrhundert auch in der vorteilhaften Positionierung der Auflager, damit für den jeweiligen Verwendungszweck der Waage die angemessene Charakteristik erzielt wurde. Bei großen Marktwaagen war zum Beispiel eine geringfügig höhere Lage des mittleren Aufhängepunktes gegenüber den beiden äußeren Lagern von Vorteil, weil sich der Waagbalken dann leichter austarieren ließ. Die mit dieser Maßnahme verbundene Einbuße an Empfindlichkeit war bei dieser Art von Waagen von untergeordneter Bedeutung.

Die Länge des Waagbalkens spielte für die Charakteristik einer Waage ebenfalls eine wichtige Rolle. Je länger der Hebelarm ist, desto empfindlicher arbeitet das Gerät nämlich, denn die Reibung kann dann leichter überwunden werden. Zur Reduktion des Eigengewichts wurde der Waagbalken seinem Ende zu verjüngt. Er erhielt ab dem 18. Jahrhundert einen konischen Querschnitt. Die Feinjustierung des Gleichgewichts der beiden Waagarme erfolgte durch den Aufsatz eines eisernen Knopfes, dem Feilen an einem Waagarm oder dessen Kürzung.

Die Verwendung von Eisen führte auch zur Differenzierung der Enden des Waagarmes. Die Haken zur Aufhängung der Waagschalen wurden nun mit dem Waagbalken in der Vertikalen drehbar verbunden. Damit konnte bei der Neigung des Waagbalkens keine das Messergebnis deutlich verfälschende Reibung entstehen. Darüber hinaus wurde auch die Schalenaufhängung in der Horizontalen beweglich gehalten. Damit gehen von den Waagschalen keine Torsionskräfte aus, die den Waagbalken zum Ausschwingen bringen und das Messergebnis verfälschen können.[301]

Zu einer modernen Waage, wie sie sich seit dem ausgehenden 16. Jahrhundert entwickelte, gehört auch eine sogenannte Schere. Sie besteht aus zwei vertikal verlaufenden Profilen, den Blättern. Diese nehmen den Waagbalken in die Mitte und übertragen die anfallenden Kräfte über dessen Achsen mit einer kreisrunden oder ovalen Öffnung. Zum Aufhängepunkt hin werden diese mittels eines Querriegels zu drehbaren Haken weitergeführt. Ein Querriegel verhindert das Auseinanderklappen der Schere, genauso wie am anderen Ende der Blätter das sogenannte Schloss. Letzteres wird in der Regel mit einem zumeist polygonal geschmiedeten Gewicht in der Vertikalen gehalten.

Mit Einführung der mittleren Schere als Bauteil einer Balkenwaage wurde die Anbringung einer sogenannten Zunge auf dem Waagbalken sinnvoll. Deren Empfindlichkeit steht in direktem Zusammenhang mit ihrer Länge. Deshalb empfahl Jacob Leupold 1726 für die Länge der Zunge das Maß von zwei Dritteln des Waagarmes.[302]

Die in den hier untersuchten Waaggebäuden vorgefundenen Balkenwaagen entsprechen in der Regel der beschriebenen modernen Technologie des Waagenbaus des 17. und 18. Jahrhunderts. Dies zeigt sich zum Beispiel in der Waage von Haarlem. Die dort untergebrachte große Balkenwaage stammt von 1623 und wurde, nach den Initialen C und I zu urteilen, wahrscheinlich von dem in Haarlem bisher nur als Gewichtemacher bekannten Jan Willem van Coppenol gebaut. Sie hat einen Waagbalken von einer Rute Länge (= 14 Fuß = 3,92 Meter) Länge. Die Höhe des Waagbalkens nimmt zu seinem Ende hin kontinuierlich ab, um dort in der Art eines Höckers abzuschließen.

Die Konstruktion der großen Balkenwaage in der Waage von Haarlem ergab eine für Marktzwecke ideale Charakteristik mit einer geringfügigen »Faulheit« und einer guten Rückstellkraft. So befindet sich der mittlere Aufhängepunkt geringfügig über der Verbindungslinie der äußeren Drehpunkte. Die Hauptmasse des Waagbalkens liegt unter dieser Achse. Mit der großzügigen Verteilung von vergoldeten Zwiebelformen, je drei über den äußeren Scheren und je eine am Balkenende, verfügt diese Waage nicht nur über ein besonderes Instrumentarium zu ihrer Austarierung, sondern auch über eine ungewöhnlich malerische Erscheinung. Auch das Schild mit dem Wappen der Stadt vor dem Schloss der mittleren Schere geht über die konkret funktionalen Anforderungen einer Balkenwaage hinaus.

---

301 Haeberle 1967, 61.
302 Leupold 1726, 28.

Die große Balkenwaage in dem Waaggebäude von Leiden aus dem Jahr 1647 ist nicht optimal konzipiert worden. Weil sich bei ihr die drei Achsbolzen auf einer Linie befinden, wurde hier vielleicht eine Waage mit einer ausgeglichenen Charakteristik angestrebt. Da die mittlere Aufhängung unten angreift, die äußeren aber oben, entsteht eine sogenannte schnelle, das heißt labile Tendenz. Durch die gleichmäßige Verteilung der Masse des Waagarmes zwischen der genannten Achslinie werden auch keine selbständigen Rückstellkräfte entwickelt. So hat diese Balkenwaage einen wenig ausgeglichenen, empfindlichen Charakter, der bei großen Waagen nicht günstig ist. Diese konzeptionelle Schwäche ist wohl auf die Tatsache zurückzuführen, dass die Ausführung der großen Balkenwaage in Leiden nicht einem spezialisierten Waagenmacher, sondern dem örtlichen Schmiedemeister Samuel van Dam anvertraut wurde.[303]

→ 91

Das Besondere der großen Balkenwaagen in der Waage von Hoorn ist die Verwendung von Holz für die Waagbalken. Mit diesem Material wirken sie gegenüber den beschriebenen eisernen Beispielen von Haarlem und Leiden erheblich älter, tatsächlich stammen sie aber von 1693.[304] In der Ausführung der Details zeigen sie sich aber durchaus auf dem Stand der Technik ihrer Entstehungszeit. So sind die Lager geschärft. Der Nachteil der geringeren Festigkeit des Holzes gegenüber dem Eisen wird durch verzapfte eiserne Bänder in zwei Ebenen und entsprechende Reifen an den Enden in Grenzen gehalten. Der Grund für die Wahl des Materials Holz für die Waagbalken darf wohl in der Gewichtsersparnis gesehen werden, die bei der Waage von Hoorn in Anbetracht der Vielzahl der parallel aufzuhängenden Balkenwaagen eine Rolle spielte.

→ 92

Die konzeptionelle Qualität der großen Balkenwaagen in der Waage von Hoorn darf als sehr hoch bewertet werden. So liegt der mittlere Achsbolzen bei den Waagbalken so weit über der Achse der äußeren Achsbolzen, dass die Drehpunkte genau auf eine Linie kommen. Die darunter liegende Schwerlinie des Waagbalkens bewirkt damit eine selbsttätige leichte Rückstellkraft in die Horizontale. Seine Länge beträgt 3,23 Meter. Die örtlichen Längenmaße zugrunde gelegt ergibt dieses Maß ungefähr eine Rute.

Die großen Balkenwaagen in der Waage von Alkmaar sind aus Eisen und stammen ebenfalls von 1693. Bei ihnen liegen die Drehpunkte ebenfalls auf einer Linie. Aber die Masse des Waagbalkens befindet sich fast vollständig unter ihr. So kann die Zunge in keinem Fall ein Übergewicht bilden. Der Waagarm verjüngt sich der Statik angemessen seinem Ende zu. Die Aufhängung der Schalen befindet sich in einem kastenartigen Ausschnitt des Waagarmes. Dessen vergleichsweise geringe Länge von 3,04 m ist offensichtlich den oben beschriebenen beschränkten Platzverhältnissen zwischen den Mauern des Chors und der sogenannten Waage geschuldet. Bei dem Hersteller und Lieferanten dieser qualitativ hervorragenden Balkenwaagen handelt es sich um den Amsterdamer Generaleichmeister Johan Groengraft.[305]

→ 94

---

303 Kooiman 1956, 99.
304 Wittop Koning u. Houben 1980.
305 Bruinvis 1889, 41; sowie Wittop Koning u. Houben 1980, 172.

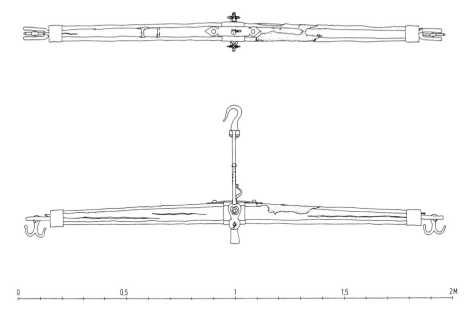

101 Kleine hölzerne Balkenwaage in der sogenannten Waage von Enkhuizen, Bauaufnahme

Kleine Balkenwaagen

Neben den noch vielfach in situ befindlichen großen Balkenwaagen sind in den öffentlichen Waagen auch kleine und mobile Waagen zum Einsatz gekommen. Die kleinen Exemplare wurden unter anderem zum Wiegen besonders wertvoller Stoffe benötigt. In Amsterdam ist zum Beispiel für das Jahr 1612 die Einrichtung einer kleinen Waage für Farbstoffe mit einem Gewicht von unter einem Pfund schriftlich nachgewiesen.[306] Anhand der wenigen Exemplare der in öffentlichen Waaggebäuden erhalten gebliebenen mobilen Waagen darf davon ausgegangen werden, dass diese meistens als Balkenwaagen konstruiert waren.[307] Die Herstellung der mobilen Waagen erfolgte gewöhnlich durch den örtlichen Schmiedemeister und nicht durch einen speziellen Waagenmacher.[308] Ein im Waagmuseum Enkhuizen erhaltenes Exemplar hat einen hölzernen Waagbalken.

---

306 Noordegraaf 1990, 22.
307 In dem Waaggebäude von Haarlem ist eine kleine 1,03 Meter lange Balkenwaage an einem Laufeisen befestigt. Auch die im Museum für Eichwesen in Delft aufbewahrten Stative für den mobilen Einsatz tragen Balkenwaagen.
308 Die 344 Pfund schwere große Balkenwaage von Workum wurde 1650 von dem Waagenmacher Guilliaume de Neeve aus Amsterdam hergestellt. Dagegen vertraute man die Herstellung der kleinen Balkenwaage dem Workumer Schmied Lieven Jansen an, der auch die Eisenarbeiten an dem Neubau der Waage ausgeführt hatte. Vgl. Siemelink 1978 ed. 1903, 144.

Wenn auch von den einarmigen Balkenwaagen, den sogenannten römischen Schnellwaagen (auch Bismar genannt), keine einzige mehr in einem öffentlichen Waaggebäude erhalten ist, so darf doch davon ausgegangen werden, dass diese dort früher eingesetzt wurden. Eine solche Annahme wird durch Reliefs mit Darstellungen solcher Instrumente an den Seitenfassaden der Waagen von Leiden und Gouda gestützt. Der Nachteil einer weniger genauen Messung wurde bei der römischen Schnellwaage mit dem Vorteil eines geringeren Eigengewichtes kompensiert. Deshalb darf davon ausgegangen werden, dass sie vor allem für Wiegungen außerhalb des Waaggebäudes benutzt wurde.[309]

Für den mobilen Einsatz wurden Stative benutzt, an denen die Wiegeinstrumente aufgehängt werden konnten.[310] Die Höhe eines solchen Stativs beträgt etwa 2 Meter. Es hat drei Beine, die oben an einem Scharnier zusammengeklappt werden können. An ihm ist der Haken zum Aufhängen der Waage befestigt. Die Enden der Beine sind für die Benutzung auf weichem Untergrund als eiserne Spitzen ausgebildet. Auf harten Böden konnten kleine an Zugstangen befestigte Näpfchen das Verrutschen des Gestells verhindern. Die Kettenglieder für die Aufhängung der Schalen waren länger als bei den stationären Waagen, damit sie für den Transport zu einem handlichen Paket zusammengeklappt werden konnten.

Waagschalen und ihre Aufhängung

Waren die großen Waagbalken wegen ihres enormen Gewichts weitgehend an den Ort ihrer Unterbringung gebunden, so konnten die an ihnen hängenden Schalen mitsamt ihren Ketten oder Seilen leicht entfernt werden. Daher ist dieses Zubehör heute nur noch in wenigen Fällen erhalten. Da es sich bei ihm um handwerklich hergestellte schmucklose Bauteile handelt, muss in der Regel die Bestimmung ihrer Entstehungszeit offen bleiben. Aus den heute noch greifbaren Beispielen lässt sich ableiten, dass zur Aufhängung der Schalen in den meisten Fällen Ketten und eher selten Seile benutzt wurden.[311] Als Richtwert für die Bestimmung der Länge der Aufhängung für die Waagschalen galt das Doppelte von deren Durchmesser.[312]

Die Waagschalen sind bei großen Balkenwaagen immer viereckig und verfügen über eine entsprechende Zahl von Aufhängepunkten. Auf derjenigen Seite, wo die Waren aufgelegt wurden, sind sie meistens größer und deshalb wegen der geringeren spezifischen Masse aus Holz gebaut. Es handelt sich bei ihnen in der Regel um Platten, die aus zwei Lagen kreuzweise vernagelter Bretter bestehen. Dagegen sind die kleineren Schalen zur Auflage der Gewichte in der Regel als Eisenplatten ausgebildet und gelegentlich mit Holz unterlegt.

---

309 In Brügge führte die Kritik an der Ungenauigkeit der Römischen Schnellwaagen im Jahr 1282 zu deren Ersatz durch zweiarmige Balkenwaagen. Vgl. Houtte 1982, 200.
310 Vgl. Houben 1990, 113.
311 Vgl. Leupold 1726, 21 ff.
312 Kisch 1965, 41; nach Pierre Jaubert: Dictionnaire raisonné universel des arts et métiers. Paris 1773.

Die Seitenlänge der Waagschale für die Gewichte beträgt in Alkmaar 1,15 Meter. Die Waagschale für die Waren ist 2,23 Meter lang und 1,30 Meter breit. Auf dieses Maß ging man 1887, damit eine zweite Käsetrage auf der Waagschale Platz hatte.[313] Dagegen sind die Waagschalen für die Waren in Gouda mit 1,20 auf 1,30 Meter auf beiden Seiten nahezu gleich groß. Diese Eigenschaft darf auf die für Gouda typischen großen Käselaibe zurückgeführt werden, die direkt, das heißt ohne die Benutzung einer Tragbahre auf die Waagschale kamen. Das unten beschriebene Relief an der Waage von Gouda zeigt eine solche Wiegung.

Die Ketten der Schalenaufhängung sind bei der Waage von Alkmaar in ihren Details erstaunlich geschickt hergestellt. Bei den einzelnen Gliedern der geschmiedeten Kette handelt es sich um Stäbe, die an ihren Enden zu kleinen Ösen geformt sind. Diese sind gerade so groß, um das anschließende Kettenglied umgreifen zu können. Damit die Ansicht jeder Verbindung gleich bleibt, sind die beiden Ösen an jedem Glied um 90 Grad gedreht. Kleine dosenförmige Behälter auf jeder Seite dienen zur Austarierung der gesamten Wiegeeinrichtung. Gepolsterte Lederumhüllungen schützen das Wiegegut. Die kleine Scheibe in der Mitte des zweituntersten Gliedes über der Schale mit den Gewichten ist vielleicht als Abstandhalter zu verstehen.

Bei der Waage von Hoorn haben die Ketten der Schalenaufhängung geschmiedete Glieder mit einer langgezogenen ovalen Form. Der Querschnitt des Materials ist je nach Waagschale quadratisch oder rund. Durch ein Photo sind noch Abstandhalter dokumentiert, welche die Ketten auf der Höhe des viertobersten Gliedes quer zum Waagbalken auseinanderhielten, so dass die zu wiegenden Waren einfacher be- und entladen werden konnten. Wahrscheinlich hat es diese einfachen und nützlichen Abstandshalter früher auch an anderen Waagen gegeben.

Die Aufhängung der Waagschalen mit Seilen ist in Edam noch vorhanden und für die Waage von Leiden durch ein altes Photo dokumentiert. In beiden Fällen werden je zwei Aufhängepunkte einer Schale von einem Seil gehalten. In der Folge des außergewöhnlich breiten Hakens an dem entsprechenden Waagarm stehen in Edam die Seile in der Querrichtung sehr steil und können daher kaum mit dem Wiegegut in Konflikt kommen. In seiner Mitte legt sich das Seil um eine Seite des Doppelhakens. Breit geschnürte Kordeln halten es zu Schlaufen zusammen und fixieren es dazwischen mehrmals. Verstärkungen aus Blech verhindern ein Aufscheuern des Seils an den Reibungspunkten mit dem Wiegegut.

Anstelle der Waagschale konnte an dem Waagarm auch ein hölzerner Käfig zum Wiegen von Tieren angebracht werden. In Enkhuizen war eine solche Vorrichtung noch erhalten. Es handelt sich bei ihr um eine Bodenplatte, in welche die seitliche Absperrung eingesteckt ist. Letztere besteht an der Längsseite aus zwei Pfosten, die mit zwei Brettern auf Abstand beplankt und oben durch einen Balken abgeschlossen sind. Die Vorderseite ist durch ein zweiflügeliges Gittertor zugänglich. Die Grundfläche des Käfigs beträgt 1,62 auf 0,94 Meter.

---

313 Bruinvis 1887, 41.

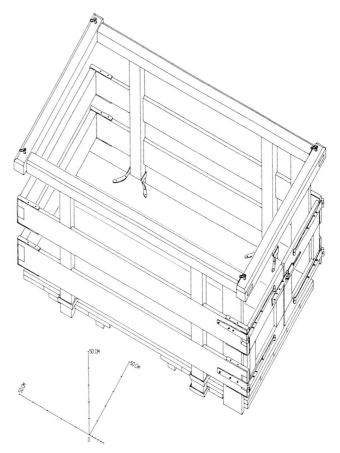

102 Hölzerner Käfig zum Wiegen von Schweinen in der Waage von Enkhuizen, Bauaufnahme

Käsetragen

Zum Transport von Käse zur Waage und zurück wurden nur für diesen Zweck konstruierte Tragen verwendet. Sie verblieben während der Wiegung auf der Waagschale. Daher musste bei der Aufnahme des Waagbetriebes eine Austarierung stattfinden. Damit diese auch für die folgenden Wiegungen Gültigkeit besaß, durften an einer bestimmten Waage immer nur dieselben Tragen verwendet werden. Um Verwechslungen auszuschließen, waren die Tragen in unterschiedlichen Farben gestrichen.

In Alkmaar bestehen die Käsetragen aus zwei seitlichen Rahmenhölzern, in die Bretter eingezapft sind. Diese sind in der Mitte angeordnet und auf Abstand angebracht, so dass sie einen Rost bilden. Damit findet der Käse seinen Platz, während unerwünschte Kleinteile, die das Messergebnis stören würden, herausfallen können. Die beiden äußeren Bretter sind breiter und enden in einem der Körperform angemessenen korbbogigen Aus- → 94

152 Zur Ausstattung von Waaggebäuden

103 Käseträger an der sogenannten Waage von Alkmaar, Postkarte

104 »Malle Jan« (rechts), Käsebahre auf Rädern für ältere Käseträger, Photo 1967

schnitt. Vorne und hinten über den Rost hinausreichend dient die Verlängerung der Rahmenhölzer als Handgriff für die Träger.

Mit dem segmentbogigen Längsschnitt bildet die Trage in der Mitte eine Mulde, so dass der Halt des aufgestapelten Käses verbessert wird. Kerben an den Enden der Rahmenhölzer dienen zum Einhängen von Tragegurten. Damit kann der Käse knapp über dem Boden transportiert werden. Die so gebauten Käsetragen haben in Alkmaar die Abmessungen von ca. 0,85 Meter Breite und 2,44 Meter Länge, womit sie Platz für etwa 80 Käselaibe bieten.[314] In anderen Städten Hollands sind an der Waage ähnliche Käsetragen verwendet worden.

Speziell für ältere Käseträger wurde der »Malle Jan« entwickelt. Diese Bezeichnung gilt einem zweirädrigen Handkarren mit einem Behälter zum Transport der Käselaibe.[315]

Gewichte

Die in den hier untersuchten Waaggebäuden verwendeten Gewichte waren meistens aus Eisen.[316] Mit der Umstellung auf das metrische System wurden nach 1820 die meisten dieser Gewichte ausgemustert und eingeschmolzen. Ihre meist prosaische Form ließ sie nur selten zu Objekten des Sammelns werden. So geben heute die Reliefs an einigen Waaggebäuden (u. a. Delft, Gouda u. Leiden) das beste Bild von den in vorindustrieller Zeit benutzten Gewichten.

→ 111, 112

Bei den Gewichten aus Metall finden sich zahllose formale Varianten. In Frankreich ist für das Mittelalter eine für jede Stadt individuelle Form nachweisbar, die sich nach einem typischen Symbol der Stadt richtet.[317] Für die Städte in England war in dieser Zeit dagegen die Glockenform typisch. Im 18. Jahrhundert wurden dann in Europa die reinen Zylinder- und Kegelstumpfformen vorherrschend. Unabhängig von der Form trugen die schweren Metallgewichte einen Handgriff, der auch als Ring ausgeformt oder als Oval angegossen sein konnte.

Von der Kölner Stadtwaage sind noch drei eiserne Klotzgewichte von jeweils 100 Pfund (Centipondium) in gutem Zustand erhalten. Sie weisen die Form eines Ziegelsteins auf. An den beiden Seiten tragen sie je einen ovalen Handgriff, der an einer Nase um einen Zapfen drehbar ist. Eines der genannten Klotzgewichte trägt die Jahreszahl 1749.[318] In Frankreich gab es zu dieser Zeit ähnliche Gewichte. In Wien ist ein vergleichbares Objekt aus Messing erhalten.

---

314 Koolwijk 1972, 40.
315 Postema 1940, 64.
316 Vgl. Witthöft 1982, passim. Cord Meckseper (Hannover) gilt herzlicher Dank für den Hinweis auf diese Literatur.
317 Kisch 1965, 101.
318 Kisch 1965, 95.

105 Ausstellung des Kölner Stadtmuseums im Zeughaus mit u. a. einer großen Balkenwaage (mittig), eisernen Klotzgewichten zu jeweils 100 Pfund (unten) und Hohlmaßen aus Messing (rechts)

Die Sammlung des Museums De Waag in Deventer gibt eine Übersicht über die kleineren Gewichte, die in öffentlichen Waagen benutzt wurden. Darunter befinden sich sieben eiserne Griffgewichte, die aus dem 18. und frühen 19. Jahrhundert stammen. Sie haben die Form schlichter Kegelstümpfe mit gebrochener oberer Kante und angegossenem ovalem Handgriff.[319] Ihre Anpassung an das metrische System erfolgte mit aufgesetztem Blei. Die Masse dieser Gewichte reichte von 2 bis 10 Pfund. Von der vollständigen Anzahl und Größe der in einer öffentlichen Waage verwendeten Gewichte gibt die Stadt Köln ein Beispiel. In dieser Stadt waren in der Waage im Kaufhaus am alten Markt folgende Gewichte vorgeschrieben: 19 Stück von einem Zentner, 4 von einem halben, 2 von einem viertel und 2 von einem achtel Zentner sowie jeweils 2 Stück zu sechs, drei, einem und einem halben Pfund und 2 Gewichte zu je einer halben Mark.[320]

Zur Herstellung von Standardgewichten dienten harte korrosionsbeständige und teure Materialien, vor allem Bronze und Messing.[321] Für die Wahrung des Standards war ein ge-

---

[319] Houben 1990, 28.
[320] Kisch 1960, 30.
[321] Kisch 1965, 84.

schworener Eichmeister zuständig. Zur Kontrolle des Verschleißes an den Gewichten verfügte dieser über zwei Serien von Standardgewichten.[322] Bei der einen handelte es sich um die städtischen sogenannten Muttergewichte, die in der Regel auf dem Rathaus aufbewahrt wurden. Mit ihnen wurde einmal im Jahr die zweite Serie geeicht. Diese diente dann als Vorgabe für die Gewichte der Gewichtemacher und der Bürger. In Amsterdam hatte die Eichung der Gewichte jedes halbe Jahr an der Waage zu erfolgen.[323]

An den öffentlichen Waagen war in den Niederlanden zunächst im Mittelalter als Gewichtseinheit die Kölner Mark (ab 15. Jahrhundert 233,60 Gramm) vorherrschend. Die Versuche der burgundischen Landesfürsten zur Vereinheitlichung der unterschiedlichen Systeme führten zunehmend zur Verwendung der Mark von Troyes (244,75 Gramm), die bereits von der zweiten Hälfte des 14. Jahrhunderts an das Kölner Vorbild als Münzgewicht verdrängt hatte. Gegen Ende des 16. Jahrhunderts wuchs dann aber die Bedeutung der Kölnischen Mark als Handelsgewicht wieder, vor allem in den südlichen Niederlanden. Nach der Handelsmetropole Antwerpen wurde sie dann als brabantisch bezeichnet und mit einer die Stadt versinnbildlichenden Hand gekennzeichnet.

Im 17. und 18. Jahrhundert erfolgte die Benennung der Gewichte in den Niederlanden dann nach den einzelnen Städten. Die kleinen lokalen Unterschiede in der Masse der Gewichte müssen in erster Linie der Ungenauigkeit der einzelnen Standardgewichte zugeschrieben werden. Nur das besonders schwere Amsterdamer Pfund (494,09 Gramm) darf als eigene Einheit betrachtet werden, denn die Stadt konnte es sich ab dem 17. Jahrhundert leisten, in ihrer Umgebung einen eigenen Standard vorzugeben. Von anderen wichtigen Handelsstädten hatte man in Amsterdam Normgewichte eingeholt. Davon besaß man gegen Ende des 18. Jahrhunderts 32 an der Zahl, darunter die Pfundstücke von München (560,06 Gramm), Stuttgart (467,73 Gramm) und »Moschcau« (409,51 Gramm).[324]

Gewichtsablagen

Damit der Wieger sich nicht zu weit nach den Gewichten bücken musste, wurden sie vielfach auf eine schemelartige Unterlage gestellt. In der Regel handelte es sich bei dieser um eine Holzkonstruktion. Ihre Anordnung erfolgte im Allgemeinen längs der Waagbalken. Jede Balkenwaage bekam gewöhnlich eine eigene Gewichtsablage.

In Alkmaar ist die Gewichtsablage aus den besonderen baulichen Gegebenheiten des erhaltenen Chorteiles der ehemaligen Heilig-Geist-Kapelle entwickelt. Dort legt sich das Ablagebrett u-förmig um den Strebepfeiler. Über der Ablage befanden sich auf Augenhöhe kleine Bretter, auf denen Flaschen und Krüge abgestellt werden konnten.

---

322 Kisch 1960, 31; ders. 1965, 6; sowie Leupold 1726, 74.
323 Zevenboom u. Wittop Koning 1970, 33.
324 Zevenboom u. Wittop Koning 1970, 18 u. 31.

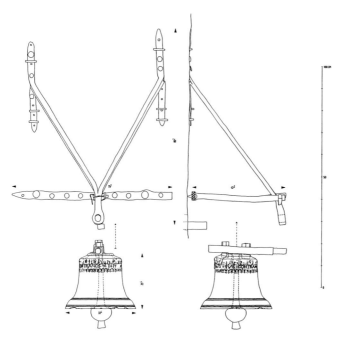

106 Glocke an der sogenannten Waage von Enkhuizen, Bauaufnahme

Die Gewichtsablagen in der Waage von Hoorn sind dagegen mobil. Es handelt sich bei ihnen um Kästen, die aus dicken Bohlen gezimmert sind. Ihre Breite wurde von dem Maß des Pfeilers bestimmt und ihre Lage durch die Pflasterung markiert.

Glocken

Zu einem Waaggebäude gehörte eine Glocke. Mit ihr wurde unter anderem der Anfang und das Ende der Betriebszeit der Waage bekanntgegeben. Soweit die Glocke fest installiert war, befand sie sich meistens an der Außenseite des Gebäudes. In einigen Fällen wurde die Waagglocke in einem speziellen auf das Gebäude aufgesetzten Türmchen untergebracht (zum Beispiel Dokkum, Edam, Makkum).

In Enkhuizen hing die Glocke ungeschützt an der Vorderseite des Waaggebäudes. Sie wurde von einer schmiedeeisernen zweizinkigen Gabel gehalten. Der kurze Stiel der Gabel ist an seinem Ende zu einer Pfanne abgebogen, die als Lager für die Glockenachse diente. Da diese auf der anderen Seite in das Mauerwerk hineinreicht, ist davon auszugehen, dass sie ursprünglich ganz durch die Wand ging und der Hebelarm zu ihrer Drehung, beziehungsweise zum Läuten der Glocke sich ursprünglich im Inneren des Waagraumes befand. Die Achse ist abgetrennt und zusammen mit der Glocke abgenommen worden, so dass nur noch ein kurzes Stück von ihr aus der Mauer ragt.

107 Butterfässer an der Waage von Leeuwarden, Gemälde von C. F. Frank, kurz nach 1796

Das Alter der beschriebenen Konstruktion ist mit ihrer schmucklos zeitlosen Form schwer zu bestimmen und nur allgemein der vor- oder frühindustriellen Zeit zuzuordnen. Es kann deshalb nicht ausgeschlossen werden, dass sie so alt ist, wie die Glocke, die mit dem Jahr 1677 datiert ist. Diese trägt noch den Schriftzug: SI DEUS PRONOBUS QUIS CONTRA NOS.

In Hoorn hängt die Waagglocke außen an dem mittleren Pfeiler der Schmalseite, wo sie durch das Vordach geschützt ist. Die Halterung besteht aus zwei dreizinkigen Gabeln, deren mittlerer Stab dicker und länger ist und als Pfanne für die Drehzapfen der Glocke endet. Der Glockenzug war durch einen außen an der Wand befestigten, oben durch eine profilierte Leiste abgeschlossenen Schacht nach unten geführt.

In Leiden hängt die Glocke im Innern der Waaghalle an der Kreuzung eines Deckenbalkens mit einem Unterzug. Die Drehachse ist nach oben gebogen, so dass die Mittelachse der Glocke näher an die Drehzapfen heraufreicht, damit zum Läuten ein geringerer Kraftaufwand erforderlich ist. Der Glockenzug wird mittels eiserner Stangen bewerkstelligt.

Butterfässer

Auf Grund ihrer weichen Konsistenz wurde Butter zum Lagern und Transport in Fässer gegeben. Zur Feststellung des Gewichts der Butter bedurfte diese Verpackung einer Eichung, so dass das Gewicht des Butterfasses als Tara von dem Messergebnis abgezogen werden konnte. Zum Eichen mussten die Fässer zunächst in der Waage leer gewogen werden. Danach wurden sie mit dem Wappen der Stadt und meist auch mit dem Namen des Eigentümers versehen. In Leiden wog das ganze Butterfass 40, das halbe 22 und das viertel 11 Pfund.[325] Diese Festlegung galt ab 1508.

Rekordtafeln

In den Waaggebäuden erinnerten Rekordtafeln an besonders gewichtige Güter. Auf den schönen Exemplaren ist auch das gewogene Objekt abgebildet. Ein entsprechendes Ölgemälde zeigt eine Kuh, die in Leeuwarden im Jahr 1806 in einem Alter von vier Jahren 1082 Pfund Fleisch und 283 Pfund Fett auf die Waage brachte.

Für die wichtigsten Handelsgüter wurden an der Waage die erzielten Höchstpreise ausgehängt. Die Bekanntgabe erfolgte auf einfachen schmucklosen Brettern, die oben rundbogig abgeschlossen sein und an einem Nagelloch aufgehängt werden konnten.

Obergeschosse

Die oberen Geschosse der hier untersuchten Waaggebäude weisen kaum nennenswerte spezifische bauliche Merkmale auf.[326] In der Regel haben sie keine Unterteilung durch Zwischenwände. Meistens waren sie durch einen offenen Kamin heizbar.

Die Ausgestaltung der Säle im Obergeschoss hat oft einen repräsentativen Charakter. Dieser Eindruck kommt vor allem von den reich verzierten Balkenkonsolen und den entsprechend bearbeiteten Sattelhölzern. Dieser Schmuck darf in Zusammenhang mit der gelegentlichen Funktion dieser Säle als Versammlungsort für Feste angesehen werden. In jedem Fall waren die Obergeschosse für Zwecke unterschiedlicher Art geeignet, auch wenn sie de facto nur eine einzige Bestimmung gehabt haben sollten.

Bei der Waage von Hoorn ist die multifunktionale Nutzung des Obergeschosses eindeutig belegbar. So weist eine Lastenklappe in der Decke über dem Erdgeschoss darauf hin, dass Waren nach oben geschafft wurden. Aus den Schriftquellen sind für das Obergeschoss konkrete Nutzungen bekannt, wie zum Beispiel die Unterbringung der Bürgerwehr bei der Ankunft des Prinzen im Jahr 1617. In demselben Raum fand dann 1720 die Einschreibung für die neu gegründete »Compagnie van Commercie en Navigatie« statt. Und 1754 bezog

---

325 Kooiman 1956, 8.
326 Bei der in der Literatur vielfach anzutreffenden eindimensionalen Bestimmung multifunktional genutzter Räume handelt es sich in der Regel um zufällig für eine bestimmte Zeit in den Schriftquellen gefundene Angaben, die dann auf einen enormen Zeitraum vor und zurück projiziert werden.

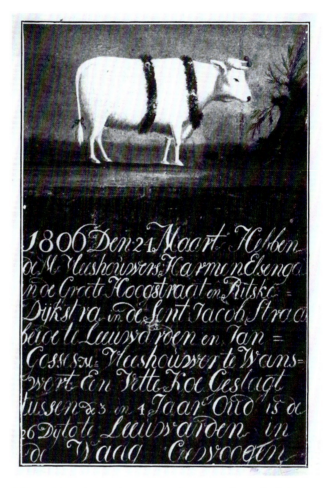

108 Gedenktafel an die Wiegung einer besonders schweren Kuh (1365 Pfund), Gemälde 1806

der Kapitän Cornelis Gallis mit seiner Nachtwache das Geschoss über der Waaghalle. Schließlich wurde dort 1777 eine Lotterie abgehalten.[327]

In Alkmaar und in Delft diente das Geschoss über der Waaghalle den Zusammenkünften der Gilden. In Leiden gehörte dieser Raum ausschließlich der Chirurgengilde. Für sie wurde nicht nur der offene Kamin erneuert und mit einem Gemälde versehen, das eine Allegorie auf die Medizin darstellt, sondern um 1682 auch eine Trennwand eingezogen, so dass ein als Küche bezeichneter Feuchtraum geschaffen werden konnte.[328] Die Waagen von

---

327 Kerkmeyer 1911, 243 f.
328 Thiels 1980, 217.

Arnhem und Groningen spielen mit der Einrichtung einer Waagmeisterwohnung im Obergeschoss eine Sonderrolle.

Reliefs

Hinsichtlich der ornamentalen Ausstattung sind die hier untersuchten monofunktionalen Waagen im Allgemeinen ausgesprochen zurückhaltend. Eine architektonische Ordnung der Fassade durch Säulen oder Pilaster kommt selten vor (Arnhem, Groningen, Leiden und Monnickendam). Die relative Strenge der Fassaden wird durch die Anbringung von Reliefs und auch die Aufstellung von Skulpturen manchmal etwas unterlaufen.

An einigen Waagen ist die Funktion des Gebäudes inschriftlich als ›Waage‹ angegeben (Brouwershaven, Monnickendam, Rhenen, De Rijp, Schiedam). Darüber hinaus gab es eine Vielzahl von Möglichkeiten, die Bedeutung des Waaggebäudes nonverbal zum Ausdruck zu bringen. In diesem Zusammenhang spiegelt die Ausstattung mit Skulpturen und Reliefs in ihrem obrigkeitlichen Bezug die politische Entwicklung und gibt einen Hinweis auf die Besitzer der Einkünfte aus dem Waagrecht. So finden sich bei den sogenannten Waagen von Deventer (1528) und Enkhuizen (1559) noch die Verweise auf den Landesherrn, bei ersterer eine Statue Kaiser Karls V., bei letzterer das Wappen von Philipp II. Bei den Waagen von Amsterdam (1563), Haarlem (1598) und Monnickendam (1669) sind nur noch die Provinz Holland und die jeweilige Stadt durch Reliefs versinnbildlicht. In Leeuwarden (1595) und Hoorn (1609) ist es nur die Stadt, auf die durch das Wappentier an der Waage verwiesen wird.

Die Oligarchisierung der holländischen Republik des 17. und 18. Jahrhunderts lässt sich an der zunehmenden Ausstattung der Waaggebäude mit den Wappen der städtischen Ratsfamilien ablesen. In Leiden bilden die entsprechenden Wappen (1659) noch ein zurückhaltendes Motiv, während sie ein knappes Jahrzehnt später in Gouda (1668) visuell eine erheblich größere Rolle spielen. An den Waagen von Franeker (1657), Makkum (1698) und Rotterdam (1702) kommt die Macht der Ratsfamilien durch deren Wappen ebenfalls deutlich zum Ausdruck. In Dokkum (1754) und Workum (1650) werden die Regenten der Stadt durch huldvolle Inschriften noch zusätzlich verherrlicht.[329] Das Ende der Macht der Regenten durch den ab 1795 erfolgten Import der französischen Revolution lässt sich wiederum an der Entfernung von Regentenwappen und entsprechenden Teilen der genannten Inschriften ablesen.

---

329 »De E (del) Agtbare Magistraat en Vroetschap deser stede heeft den 1. December 1752 op het voorstel van de Hoogweledelgeboren Heer Jr Epo Sjuk van Burmania Presiderende Burgermeester besloten dit gebouw in Plaatze van het oude tot een Publiken Waag en Wagthuis van Nieuws te stigten; en is het selve door bestieringe onder het opsigt, vlijt en sorge der Regerende Burgermeesters geluckig voltrocken, als Duco de Haan, Douwe Ruimsadelaar, Harmen Harmens Potter, Benjamin Rudolf Verucci, Mr. Gerhardus Brantsma, Johannes Tadama, Jacob Jetses de Vries etc. Secretaris Jan Lolkes Suiderbaan« (unterstrichene Teile erhalten).

109 Einhorn an der Waage von Hoorn, Skulptur von Hendrik de Keyser, Photo 1984

Statuen mit Sinnbildern der Tugenden sind offensichtlich multifunktionalen Handelshallen vorbehalten (Alkmaar, Enkhuizen und Steenwijk). Die sogenannte Waage von Zaltbommel (1798) zeigt eine Tugend abseits der klassischen Attribute, eine Art sehende Justitia ohne Schwert, die mit einer Hand eine Balkenwaage hochhält, während die andere Hand ein Gewicht trägt und sich auf einer Art Bock abstützt. Bei monofunktionalen Waaggebäuden kommen Darstellungen von Tugenden nicht vor.

Bei den Reliefs an den Fassaden der monofunktionalen Waaggebäude spielt die Darstellung von Wiegeinstrumenten, Handelswaren und Wiegeszenen eine vorrangige Rolle. Diese Motive können an der Fassade und gegebenenfalls im Giebeldreieck untergebracht sein. Der Höhepunkt der Ausstattung durch Reliefs wurde in Leiden mit den Werken von Rombout Verhulst erreicht und wenig später in Gouda mit der Wiegeszene von Bartholomeus Eggers und den übrigen Bildhauerarbeiten von Pieter van Luyck variiert.[330] Bei die-

---

330 Vgl. allgemein zur Bildhauerei der Zeit sowie zu den Reliefs der Waagen von Leiden und Gouda: Neurdenburg 1948; sowie Ottenheym u. Terwen 1993, 185 ff.; und speziell zu den Reliefs der Waage von Leiden: Notten 1907.

110 Relief an der Nürnberger Waage, Adam Kraft

sen beiden Waaggebäuden finden sich Wiegeszenen, Wiegeinstrumente, Stadtwappen und Regentenwappen großzügig über das Gebäude verteilt. Diese Art der Ausstattung mit Reliefs strahlt auf später entstandene Waaggebäude aus.

An der Waage von Nürnberg befand sich ein frühes Beispiel einer Wiegeszene (Adam Kraft, 1497). Auf einer rechteckigen Reliefplatte ist dort in der Mitte der Wiegemeister dargestellt, umrahmt oben von einer Balkenwaage, links von einem Knecht beim Aufsetzen der Gewichte und rechts von einem Kaufmann. Dieser steht neben der anderen Waagschale, auf der ein verschnürter Ballen liegt, und greift in seinen Beutel. Die beiden oberen Ecken des Reliefs sind jeweils von einem Wappen besetzt. Ein Sinnspruch fordert zur Ehrlichkeit auf: »Dir als einem anderen«.[331]

Das Relief mit der Wiegeszene ist bei der Waage von Leiden 2,80 Meter breit und 3,54 Meter hoch. Es wird durch eine korbbogig überdeckte Öffnung gerahmt. Sie gibt den Blick auf eine große Balkenwaage frei, die im Vordergrund an einem auf zwei Stützen gestellten

---

331 Vgl. Boockmann 1986, 105.

111 Relief an der Waage von Leiden, Rombout Verhulst 1658, Photo 1982

verstrebten Kantholz hängt. Im Hintergrund folgt ein kreuzgratgewölbter Saal. An dessen Stirnarkade ist die inschriftliche Datierung »1658« auf einer Kartusche angebracht. Vorne rechts steht der Wiegemeister, der an seinem Habitus und an seiner Gestik zu erkennen ist. Seine vornehme Kleidung weist auf seinen Stand als Patrizier hin. Der Blick des Wiegemeisters ist auf die beiden Träger gerichtet, die den verschnürten Ballen auf der Waagschale umfassen. Die rechte Hand des Wiegemeisters weist auf den an der anderen Waagschale beschäftigten Gewichtaufsetzer, während seine linke Hand ein Buch hochhält, das ihn sowohl als des Lesens und Schreibens kundig, als auch mit den Regeln des Wiegens vertraut ausweist. Die beiden Figuren im Hintergrund zu Füßen des Wiegemeisters sind anhand ihrer schlichten Kleidung als bürgerliches Ehepaar zu betrachten. Die Träger sind jeweils in ein schlichtes wallendes Tuch gehüllt.

Das beschriebene Relief ist aus mehreren Schichten zusammengebaut. Der Fugenschnitt zeigt nämlich, dass die seitlich rahmenden Pfeiler teilweise über dem eigentlichen Relief liegen. An der entsprechend unterschiedlichen Materialfärbung wird deutlich, dass sowohl das linke Ende des Waagbalkens als auch das an diesem angebrachte vordere Seil aus Bronze gefertigt sind. Sowohl der Träger auf der linken Seite als auch der Wiegemeister auf der rechten treten aus der durch den vorderen Torbogen vorgegebenen Reliefebene hervor. Sie sind nicht ganz in Lebensgröße dargestellt.

Das zentrale Relief der Waage von Gouda zeigt die Wiegung der für den Ort typischen großen radförmigen Käselaibe. Die Balkenwaage ist hier in der Mittelachse des Reliefs angeordnet. Die Tiefe des dargestellten Raumes wird durch die abwechselnde Schichtung von Bogen und Balken entwickelt. Der Wiegemeister steht wiederum vorne rechts während ihm zur Linken ein Schreiber gegenübersitzt. Das übrige Personal entspricht bei variierter Aufstellung in etwa dem der beschriebenen Wiegeszene an der Waage von Leiden.

Bei der Waage von Leiden spielt bezüglich der Ausstattung mit Reliefs auch das Giebeldreieck eine wichtige Rolle. Auf diesem ist neben dem zentral angeordneten Stadtwappen jeweils exemplarisch der Umgang mit Handelsgütern dargestellt: links ein Böttcher, der an einem Fass den Deckel aufschlägt, rechts eine Frau, die einen Ballen beschriftet. Dagegen zeigt das Giebeldreieck der Waage von Gouda nur das Stadtwappen, das auf jeder Seite von einem Löwen gehalten wird.

Bei der Waage von Gouda sind die Seitenfassaden ebenfalls mit Reliefs ausgestattet. Das mittlere zeigt exemplarisch einzelne Wiegegüter und -geräte. Bei den äußeren Reliefs handelt es sich um klassische Festons mit Blumen und Früchten. Bei der Waage von Leiden sind dagegen auf der Seitenfassade Festons angebracht, die allerlei Waagzubehör darstellen. Über dem Seiteneingang der Waage von Leiden ist dann noch ein weiteres Relief angebracht, das den Butterhandel darstellt.[332]

Im Vergleich der Ausstattung mit Reliefs bei den Waagen von Leiden und Gouda zeigt die letztere eine einfachere Gestaltung. Diese korrespondiert mit der schlichteren architektonischen Formensprache der Waage von Gouda. Die unterschiedliche Darstellung des Innenraumes auf den Wiegeszenen der beiden genannten Waaggebäude entspricht den jeweiligen baulichen Gegebenheiten, denn in Leiden schließt sich an die Waage wie oben beschrieben eine Handelshalle an. Dieser Unterschied ist vielleicht auch der Grund, weshalb das Relief auf dem Frontispiz der Waage von Gouda keine Handelswaren zeigt, die bearbeitet werden.

Umgebung

Ein Waaggebäude wurde zum Transport und zur Lagerung des Wiegeguts in der Regel an einer verkehrsgünstigen Stelle und vorzugsweise an oder in der Nähe zu einem Platz angelegt. Bei der Einfügung von Waaggebäuden in enge Stadtkerne mussten die entsprechenden Freiflächen oft durch den Abriss von Wohnhäusern gewonnen werden (Amsterdam, Alkmaar, Gouda). Die Einteilung des vor der Waage gelegen Platzes durch Pfähle ist für einige Städte überliefert (Arnhem, Groningen). An die Waaggebäude angelehnte, einfach zu-

---

332 Vgl. Notten 1907, 22.

112   Relief an der Waage von Gouda, Bartholomeus Eggers 1668, Photo 1985

sammengezimmerte Wachhäuschen dienten der Beaufsichtigung der auf die Wiegung bereitgestellten Ware. Sie sind vereinzelt auf alten Zeichnungen zu sehen.[333]

Mit der großen Bedeutung der Wasserwege in Holland haben dort viele Waaggebäude auch eine Anbindung an eine Gracht. Zum Entladen der Wasserfahrzeuge standen in diesem Fall am Kai vor der Waage gewöhnlich eine Wippe und ein Kran (Haarlem, Leeuwarden, Leiden, Utrecht). In den Fällen, in denen die Wasserwege nicht an dem Markplatz heranreichten, mussten bei der Lage des Waaggebäudes Prioritäten gesetzt werden (zum Beispiel Haarlem u. Hoorn). Die Aufstellung eines monofunktionalen Waggebäudes erfolgte immer frei oder an einer Blockecke. Der beidseitige Anbau einer Waage in einer Straßenwand kommt nicht vor.

Die Höhenentwicklung eines Waaggebäudes diente in erster Linie dem Ausdruck seiner großen Bedeutung. So überragen die Waaggebäude in der Regel die umgebende Wohnbe-

---

333   Vgl. Abb. 62.

bauung. Das Obergeschoss diente in erster Linie diesem Zweck und wurde zur Erfüllung der Funktion des Wiegens nicht benötigt. Die im wahrsten Sinne des Wortes überragende Bedeutung der Waage wurde in Gouda durch eine besondere Verordnung festgeschrieben. Nach dieser hatten sich alle später in der Nachbarschaft errichteten Gebäude in ihrer Höhenentwicklung der Waage unterzuordnen.[334] Wie oben beschrieben wurde in Hoorn nach dem Bau der Waage sogar daran gedacht, die bereits bestehenden Wohnhäuser in der Nachbarschaft zu verkleinern.

---

334 Blok 1934, 107.

Zur Funktion der öffentlichen Waage

Die öffentliche Waage als Einrichtung zur Bestimmung und Erhebung des Marktzolls

Die öffentliche Waage diente zunächst dem Zweck, für die beiden Seiten der an einem Warenaustausch Beteiligten eine verlässliche Feststellung der Masse der Handelsware zu gewährleisten. Darüber hinaus wurden mit dieser Einrichtung Wiegeinstrumente zur allgemeinen Verfügung gestellt, deren Anschaffung für Einzelne unrentabel und deren Transport für reisende Kaufleute umständlich und in einer Zeit von Ort zu Ort variierender Gewichtseinheiten nur von eingeschränktem Nutzen gewesen wäre. Für die Inanspruchnahme einer öffentlichen Waage sind Gebühren erst ab der spätrömischen und byzantinischen Zeit durch schriftliche Quellen nachweisbar.[335] Es darf aber vermutet werden, dass es sie schon vorher gab.

Spätestens seit dem Mittelalter spielte die öffentliche Waage auch eine wichtige Rolle bei der Erhebung der Marktsteuer (bzw. Zoll) für den Großhandel.[336] Diese war nach Waren-

---

335 Dölger 1964. Die Regelung der Gebühren für die Bereitstellung und den Betrieb einer öffentlichen Waage ist für die Zeit des Altertums wegen der unzureichenden Quellenlage nicht deutlich. Im alten Griechenland musste für die Dienstleistung an der Waage vielleicht ein kleines Entgelt (Eukyklia) entrichtet werden (Bochs 1985, 108). Jedenfalls erzielten die Metronomoi, die in Athen in römischer Zeit für die Überwachung der Maße und Gewichte, die Eintreibung des Zolls und die Instandhaltung des Marktes zuständig waren, Überschüsse, die sie an die Staatskasse abzuliefern hatten (Wissowa 1894, 884). Dagegen sind für die Benutzung des römischen Ponderariums keine Gebühren bekannt (Corbier 1991, 226). Sofern also im Altertum keine Wiegegebühren veranschlagt wurden, darf die Einrichtung und der Unterhalt der öffentlichen Waage aus Steuermitteln vorausgesetzt werden. Im alten Griechenland kommt als entsprechende Finanzierung vor allem die für die Benutzung des Marktes am Eingang erhobene Abgabe von einem Prozent des Warenwertes (Eponia) in Frage (Boochs 1985, 108). In römischer Zeit können die unter Kaiser Valentinian im Jahr 375 eingeführten städtischen Ein-, Aus- und Durchfahrtszölle (Teloneum) für die Einrichtung und den Unterhalt der öffentlichen Waage verwendet worden sein. Entsprechendes gilt für die noch unter Valerian III. um 444 bis 445 n. Chr. auf den Märkten eingeführte Verkaufssteuer (Siliquaticum) (Karayannopoulos 1958, 149.). Bei dieser Abgabe musste der vierundzwanzigste Teil der verhandelten Summe jeweils zur Hälfte von Käufer und Verkäufer bezahlt werden (Valdeavellano 1931, 333).
336 Haeberle 1967, 65.

art pro Gewichtseinheit festgelegt und konnte deshalb erst nach einer Wiegung bestimmt werden. Das entsprechende Steueraufkommen wurde durch die im 12. Jahrhundert eingeführte sogenannte Stapelpflicht gefördert, die die durchreisenden Kaufleute dazu zwang, in den mit Stapelrecht ausgestatteten Städten bestimmte Warenarten auf die öffentliche Waage zu bringen und anschließend für eine gewisse Zeit in einer städtischen Handelshalle zum Verkauf anzubieten.[337] In ihrer am geringsten ausgeprägten Form konnte sich die Stapelpflicht auf die Waagpflicht beschränken.[338] Da die öffentliche Waage oft in einer Handelshalle untergebracht war, konnten die Bezeichnungen Waage und Handelshalle Synonyme sein, genauso wie die Waag- und die Marktsteuer.[339]

Das Recht zur Erhebung der Marktsteuer gehörte in karolingischer Zeit dem König (Regal).[340] Mit dem Abschluss der Entwicklung des Lehenssystems ab der zweiten Hälfte des 12. Jahrhunderts befand sich diese Einnahme dann allgemein in der Hand der Herzöge.[341] Ab dem 13. und 14. Jahrhundert erfolgte schließlich die zunehmende Verpfändung und Verleihung der Steuerrechte an die Territorialherren und Städte, wobei es letzteren nach und nach gelang, ihre eigene Steuerhoheit auszubauen. Die entsprechenden Besitzverhältnisse werden durch die Bezeichnung Fronwaage beziehungsweise Stadt- oder Ratswaage deutlich.[342] In Ländern mit einer starken Zentralgewalt wurde die Bedeutung dieser lokalen Steuer früh zugunsten einer direkten und einheitlichen Besteuerung zurückgedrängt.[343] Der entsprechende Versuch König Philipps II. spielte eine nicht zu unterschätzende Rolle beim Aufstand der Niederlande und führte in Holland im Lauf des 80-jährigen Krieges zur Bildung einer Stadtrepublik, in der die Städte nahezu vollständig in den Besitz des Waagrechts gelangten.[344]

Mit der Abschaffung des Partikularismus und der Liberalisierung des Handels im 19. Jahrhundert wurde die Waag- bzw. Marktsteuer allgemein abgeschafft. In Holland geschah

---

337 Die folgende Beschreibung ist, falls nicht anders vermerkt, für die Zeit des Mittelalters auf das Heilige Römische Reich und für das 17. und 18. Jahrhundert auf die Republik der Niederlande bezogen. Da sich die Regelungen zur Zollerhebung in vielen Städten sehr ähnlich waren, werden sie hier in der Regel nur pauschal beschrieben. Im Zweifelsfall ist der Bezug zu einem ganz bestimmten Ort über die Quellenangabe zu entnehmen.
338 Nagel 1971, 65.
339 Sneller 1936, 16.
340 Rietschel 1965, 30.
341 Schröder u. Von Künssberg 1932, 646.
342 Gelegentlich kam es zu einer Teilung der Waaggelder, wie 1522 in Antwerpen, wo die Stadt Kaiser Karl V. sein Drittel von diesen Einkünften für 40 000 Gulden abgekauft hat. Der übrige Teil befand sich im Besitz von zwei Adelsgeschlechtern (Soly 1977, 133 u. 135).
343 Jacques Le Goff (1980, 297) beschreibt die fiskalischen Unterschiede in Flandern und Frankreich. Bei Martin Wolfe (1972) ist bei der Beschreibung des französischen Steuersystems in der Zeit der Renaissance von Waaggeldern nicht die Rede.
344 Z. B. Rotterdam, 1576; Alkmaar 1581; Hoorn 1602. Im Übrigen glückte es gelegentlich auch Orten ohne Stadtrecht in den Besitz des Waagrechts zu kommen. Über die entsprechenden periodischen Versuche der Dörfer, beziehungsweise die Beschwerden der Städte gibt es unzählige Auseinandersetzungen. Vgl. Andreae 1975, 40; sowie Krans 1991, 186.

dies ab 1821. Seither dienten die öffentlichen Waagen dort nur noch der Gewichtsbestimmung.[345] Als solche sind viele Waagen noch bis weit ins 20. Jahrhundert hinein vor allem für die Käse herstellenden Bauern in Betrieb geblieben. Aber die Einkünfte der Waagen waren in dieser Zeit ohne die zusätzliche Steuererhebung auf ein niedriges Niveau gesunken.

Regelungen zur Zollerhebung

Die Erfüllung der Stapelpflicht wurde von den Städten sorgfältig überwacht. Bei der Ankunft der Kaufleute am Stadttor dokumentierten die Schreiber die Art und den Umfang der ein- und ausgeführten Waren und die Namen der mit ihnen reisenden Personen. Größere Gruppen von Kaufleuten verfügten über sogenannte Hauptleute, die für ihre Kollegen die Verantwortung übernahmen und die Formalitäten erledigten.[346] Bereits am Stadtrand wurden die Händler von den Torschreibern auf die Pflicht hingewiesen, die Handelswaren auf die öffentliche Waage zu bringen und dort versteuern zu lassen. Dieselben Belehrungen mussten auch die Wirte aussprechen, die fremde Kaufleute beherbergten.

Für den Transport der Handelswaren vom Tor zur Waage wurden Verordnungen erlassen, die eine Umgehung der Zollpflicht verhindern sollten. So musste in Köln zur Zurücklegung dieser Strecke die Ladung verplombt und von einem Soldaten begleitet werden. Darüber hinaus war das Handelsgut bei der Ankunft an der Waage anhand der Angaben des Torschreibers vom Wiegemeister zu kontrollieren. Die ordnungsgemäße Ankunft musste dann dem Torschreiber durch einen Soldaten mittels eines Dokuments bestätigt werden.[347] In Leipzig erhielten die Fuhrleute nach der Verzollung eine Bescheinigung, mit der sie an den Toren wieder aus der Stadt gelassen wurden.[348] Ohne ein solches Schriftstück durften die Wirte ihre Gäste nicht abreisen lassen.[349] In Städten mit Anschluss an ein Wasserstraßennetz gab es an der Stadtgrenze gewöhnlich eigene Zollstationen für Schiffe, wie zum Beispiel in Alkmaar das Zollhaus von 1622.

In wichtigen Handelsstädten konnten große Kaufmannsgesellschaften eine eigene Steuerhoheit und damit auch eigene Waagen besitzen.[350] Für einzelne Kaufleute gab es zudem die Möglichkeit, in ihren eigenen Lagerhäusern wiegen zu lassen. Diese Annehmlichkeit war dann allerdings etwas teurer, denn die Wiegevorrichtung musste mit zwei Pferden herangeschafft werden.[351] Bis zu einer nach Zeit, Region und Warenart unterschiedlich fest-

---

345 Vrankrijker 1969, 65.
346 Sneller 1936, 47.
347 Gönnenwein 1939, 314.
348 Kroker 1925, 38.
349 Kroker 1925, 34.
350 In Brügge wurde z. B. ab 1331 eine eigene Waage für Wolle aus England (Ingelsch weechhuus) eingerichtet. Vgl. Houtte 1982, 181.
351 Houben 1990, 34.

113 Zollturm in Alkmaar (1622), Photo o. D.

gelegten Grenze durften Waren auch selbst gewogen werden.[352] Aber auch wenn die Waren selbst gewogen wurden, musste an der Waage Zoll bezahlt werden.[353]

In Holland mussten seit der Gründung der Republik im Jahr 1583 und nach der Abschaffung der Durchfuhrstapelrechte die Waren auf den Märkten nur noch dann gewogen werden, wenn sie einen Käufer gefunden hatten. Andernfalls beschränkte sich die Gebühr auf ein Standgeld, das sonst in dem Waaggeld inbegriffen war.[354] Im übrigen wurden die bestehenden, aus der Zeit Kaiser Karls V. stammenden Regelungen für das Marktwesen übernommen und von den Ständen von Holland in eine einheitliche Form gefasst. Diese Verordnung war dann nur noch in kleinen Einzelheiten einer lokalen Abwandlung unterworfen.[355]

Die wichtigsten Handelsgüter, die in Holland im 17. und 18. Jahrhundert auf die Waage kamen, waren Butter und Käse. Aber auch Tabak, Taue, Eisen, Blei, Kupfer, Honig, Häute,

---

352 Houben 1990, 27.
353 Kroker 1925, 34.
354 Koolwijk 1972, 67; sowie Postema 1940, 72.
355 Krans 1991, 196.

Rosinen, Flachs, Wolle und Krapp(-farbstoff) mussten gewogen werden.[356] Sie waren in Listen mit entsprechenden Steuersätzen aufgeführt. Dem veränderten Konsumverhalten beziehungsweise dem neuen Angebot entsprechend wurden der Tarifliste 1749 in Rotterdam unter anderem Kaffee, Kakao und Orangenschalen hinzugefügt.[357]

Aus der Bezeichnung eines Waaggebäudes im Volksmund als Butterwaage oder Käsewaage kann keineswegs auf die Ausschließlichkeit der dort zur Wiegung gebrachten Warenart geschlossen werden.[358] Entsprechendes gilt auch für die in den Schriftquellen oft genannten Spezialwaagen (Salz, Fett, Eisen, Mehl, Kirschen etc.) die nicht von vorne herein in Verbindung mit einem eigenständigen Gebäude gebracht werden dürfen. Die gesonderte Erwähnung dieser unterschiedlichen Waagen erfolgt in der Regel im Zusammenhang mit der Verpachtung der Steuer für die entsprechenden Warenarten. Die im Einzelnen mit einer Waage zusammen genannte Warenart steht sowieso gewöhnlich für eine ganze Gruppe von Waren. So konnte die Fettwaage unter anderem für Milchprodukte, Früchte, Fleisch, Tabak und Stockfisch zuständig sein. Die Kornwaage bildete einen Sonderfall, denn bei dieser Einrichtung erfolgte die Gewichtsbestimmung nicht mit Wiegeinstrumenten, sondern mit Hohlmaßen. Dieser Vorgang konnte durchaus in einem Waaggebäude erfolgen, wobei dann in der Regel auch die Hohlmaße dort aufbewahrt wurden.

Manche Warenarten hatten aber auch ganz spezifische Ansprüche an die Wiegeeinrichtung und das Waaggebäude. Diese ergaben sich bei der Eisenwaage aus dem hohen spezifischen Gewicht des Wiegeguts und erforderten besonders robuste Wiegeinstrumente (Amsterdam, Antwerpen, Dordrecht). Aber auch das Gegenteil, das besonders niedrige spezifische Gewicht beziehungsweise das große Volumen, verlangte bei Hanf und Heu gelegentlich nach einem speziellen Waaggebäude (Rotterdam).[359] In Paris gab es im 18. Jahrhundert sogar eine spezielle Menschenwaage mit einem königlichen Wiegemeister (Peseur privilégé du Roi).[360] Falls die Wiegung der genannten Warenarten aus dem zentralen Waaggebäude ausgelagert wurde, konnte dieses als »Mutterwaage« bezeichnet werden (Nijmegen). Bei einer »kleinen Waage« handelte es sich dagegen lediglich um eine Einrichtung zur Bereitstellung genormter Gewichte für den Kleinhandel. In Nürnberg entstand 1598 ein entsprechendes »Waagheußlein« als eingeschossiges zweiachsiges Gebäude.[361]

---

[356] Noordegraaf 1990, 21.
[357] Krans 1991, 195.
[358] Noordegraaf 1990, 21.
[359] Krans 1991, 192.
[360] Küntzel 1894, 27.
[361] Vgl. Brem 1993, 29 ff. Aenne Ohnesorg (München) gilt herzlicher Dank für diesen Literaturhinweis.

172 Zur Funktion der öffentlichen Waage

114 Käsemarkt Alkmaar, Photo 1924

Käsemärkte

In den holländischen Landstädten ist die öffentliche Waage oft nach dem wichtigsten Wiegegut, dem Käse benannt. Die Wiegung war bei den entsprechenden Käsemärkten in einen traditionell festgelegten Ablauf eingebunden. Als typisches Beispiel darf hier Purmerend angeführt werden. Dort kam der Käse bereits am Tag vor der Wiegung auf den Marktplatz.[362] Der Boden wurde dafür zunächst mit Stroh oder Segeltuch belegt. Zum Schluss wurden die Käselaiber mit einem Segeltuch abgedeckt. In der folgenden Nacht musste der gestapelte Käse dann bewacht werden. Am nächsten Morgen wurde ein Käselaib als Zeichen für den Auftakt der Verkaufsverhandlungen oben auf einen Stapel gestellt. Nach der Einigung zwischen Käufer und Verkäufer hatte der Letztere eine Nummernkarte für die Wiegung zu besorgen.[363]

In Alkmaar gab es bis 1731 unter den vier wöchentlichen Markttagen freitags und samstags einen Käsemarkt.[364] Die Käselaibe durften hier erst morgens ab sieben Uhr auf den

---

362 Postema 1940, 63.
363 Postema 1940, 64.
364 Koolwijk 1972, 35 u. 61.

Marktplatz gebracht werden. Der Marktmeister bestimmte jeweils den Ort zur Lagerung des Käses. Sie erfolgte in Reihen von zehn Laiben und in zwei Lagen, mit einer Schicht Gras gegen das Austrocknen darüber. Dieser Schutz wurde um zehn Uhr entfernt, damit die Käufer die Käselaibe inspizieren konnten. Mittels eines hohlen Bohrers wurden kleine Proben zum Riechen und gelegentlich auch zum Schmecken des Käses entnommen.[365]

Betriebszeiten

Die Öffnungszeiten einer öffentlichen Waage waren im Sommer und Winter unterschiedlich. In Rotterdam war die Waage von Mai bis September von morgens sieben bis abends sechs Uhr in Betrieb. Dagegen genügte von Oktober bis Februar eine Öffnungszeit von acht Uhr morgens bis vier Uhr nachmittags. An Markttagen wurde die Betriebszeit verlängert. Die Waage war dann vom Anbruch des Tageslichts bis zur letzten Warenanfuhr geöffnet. Das Personal hatte an diesen Tagen morgens ab fünf Uhr anwesend zu sein.[366] In Amsterdam gab es zwischen zwölf und zwei Uhr eine Mittagspause. Aber für zwölf Stuivers extra bekam man auch zu dieser Zeit seine Waren gewogen.[367]

Gebühren

Die Waaggelder waren in Holland gegen Ende des 17. Jahrhunderts aus mehreren Bestandteilen zusammengesetzt. So gab es neben dem Wiegelohn unter anderem noch ein Schalengeld. Dieses musste für die Bestimmung der Menge eines Produkts entrichtet werden, das auf eine Waagschale passt.[368] Die Ausstellung der Gewichtsbescheinigung (Weegceeltje) durch den Wiegemeister kostete ebenfalls extra.[369] Zu diesen Gebühren kamen dann noch die Gelder für die Dienste der Gehilfen und die Steuer der Stadt und des Landes. Die Gesamtsumme hatten Käufer und Verkäufer zu gleichen Teilen zu tragen.[370] Wie wichtig die Einkünfte aus der Waage für eine Stadt sein konnten, zeigt das Beispiel Groningen, wo die Waaggelder ein Sechstel bis ein Siebentel der gesamten finanziellen Mittel der Stadt ausmachten.[371]

---

365 Koolwijk 1972, 64.
366 Krans 1991, 199.
367 Kruizinga 1983, 6.
368 Krans 1991, 197.
369 Kooiman 1956, 14.
370 Krans 1991, 184.
371 Feith 1903, 19.

Gehilfen

Im Jahr 1282 musste in Brügge der Verkäufer seine Waren selbst auf die Waagschale setzen, während der Käufer sie wieder herunterzunehmen hatte. Das Nehmen von Hebegeldern war den Waagpächtern damals verboten.[372] Dagegen finden sich in Holland im 17. Jahrhundert an allen wichtigen Orten vereidigte Träger, deren Dienste die Kaufleute in Anspruch zu nehmen hatten.[373] Diese Pflicht galt sogar für jeglichen außerhäusigen Transport von Waren, die der Wiegepflicht unterlagen, auch wenn sie gar nicht auf die Waage kamen.[374]

Die Waagträger konnten in Holland im 17. und 18. Jahrhundert in Mannschaften von fünf bis sieben oder manchmal auch mehr Personen gegliedert sein.[375] Jede dieser Gruppen war durch eine spezielle Farbe gekennzeichnet und in wöchentlichem Wechsel für eine bestimmte Balkenwaage und ein entsprechendes Feld auf dem Marktplatz zuständig.[376] Nach dem Reglement von 1773 gab es in Alkmaar 28 fest angestellte Träger und 16 bei Bedarf eingesetzte sogenannte Nothilfen. Letztere durften nach und nach auf frei werdende Plätze der fest Angestellten aufrücken. Jede Gruppe wurde von einem Anführer geleitet. Zu ihr gehörte auch jeweils ein sogenannter Taschenmann, der die Tragegelder kassierte.[377] Er war auch für das Aufsetzen der Gewichte zuständig.[378] Das Nummerieren und Markieren der Waren fiel ebenfalls in die Zuständigkeit der Taschenmänner, genauso wie das Notieren der Namen von Käufer und Verkäufer, sowie die auf Wunsch angefertigte Kopie einer Wiegebescheinigung.[379]

Bei der Zusammenarbeit der Träger wurden Altersunterschiede möglichst ausgeglichen, so dass zum Beispiel der Älteste mit dem Jüngsten zusammen eine Gruppe bildete. Nicht mehr arbeitsfähige alte und schwache Träger erhielten eine Unterstützung, die aus regelmäßigen Beiträgen der aktiven Träger finanziert wurde.[380] Die bauliche Unterbringung der Träger erfolgte im Allgemeinen in einem Raum in oder in der Nähe der Waage. In Franeker hatten sie sogar ein eigenes Häuschen.

Wiegemeister

Während des Waagbetriebes war die Feststellung des Gewichts die ausschließliche Angelegenheit des Wiegemeisters.[381] Verfügte ein Waaggebäude über mehrere Balkenwaagen, so

---

372 Houtte 1982, 200.
373 Krans 1991, 198.
374 Fokke Simonsz. 1808, 76.
375 Fokke Simonsz. 1808, 76.
376 Koolwijk 1972, 37.
377 Koolwijk 1972, 35.
378 Koolwijk 1972, 40.
379 Krans 1991, 198; sowie Koolwijk 1972, 68.
380 Fokke Simonsz. 1808, 70.
381 Krans 1991, 197.

115　Wiegemeister Willem Opperdoes, Stich Cornelis van Noorde 1774

brauchte man daher auch mehrere Wiegemeister. Unter diesen wurde dann ein Vorsitzender bestimmt. Das Ergebnis der Wiegung musste vom Wiegemeister deutlich ausgesprochen und dreimal aufgeschrieben werden.[382] Die entsprechenden Blätter wurden zu Büchern gebunden und aufbewahrt.[383] Während des 18. Jahrhunderts entwickelte sich das Amt des Wiegemeisters aber zunehmend zu einer Pfründe, die vom Magistrat an ein Familienmitglied oder einen guten Freund vergeben wurde. Die tatsächliche Arbeit wurde dann von einer anderen Person erledigt.

Gilbert van Schoonbeke, der gleichnamige Vater des Erbauers der Waage von Antwerpen, ist als besonders strenger Wiegemeister bekannt geworden. Er übte dieses Amt ab 1515 aus. Bei dieser Tätigkeit sah er sich unaufhörlich mit Betrügereien größten Ausmaßes konfrontiert. Seine scharfen Kontrollen und seine vielen gerichtlichen Auseinandersetzungen führten aber dazu, dass weniger Waren zur Waage gebracht wurden und damit das Aufkommen der Waaggelder innerhalb eines Jahres spürbar sank, weshalb Van Schoonbeke aus seinem Vertrag entlassen wurde. Mit seinem heftigen Misstrauen scheint Van Schoonbeke danach als Kassierer der Waaggelder, von denen er zehn Prozent einbehalten durfte, aber durchaus erfolgreich gewesen zu sein.[384] Auch der Sohn Gilbert van Schoonbeekes machte sich als Wiegemeister nicht unbedingt beliebt. Wegen Betrügereien beim Wiegen von Alaun hatte er sich mit dem mächtigen und einflussreichen Kaufmann Gaspar Ducci so heftig gestritten, dass dieser einen Mordanschlag auf ihn ausführen ließ. Gilbert van Schoonbeke jr. kam jedoch mit dem Leben davon.[385]

Das Amt eines Wiegemeisters konnte auch weniger aufreibend sein, wie das Beispiel des Willem Opperdoes aus Haarlem zeigt. Dieser war zur See gefahren, bevor er als Fünfzigjähriger im Jahr 1724 zum Wiegemeister bestellt wurde. Diese Tätigkeit übte er dann bis 1769 aus, bis er also 95 Jahre alt war. Er musste damals aufhören, als Wiegemeister zu arbeiten, weil er zu schwach war, die Feder zum Schreiben zu halten. Schließlich ereilte ihn 1775 der Tod. Vorher, im Alter von hundert Jahren hatte er sich noch zufrieden und selbstbewusst porträtieren lassen, im Hintergrund auf der einen Seite den Ausschnitt einer Seeschlacht, auf der anderen die Waage von Haarlem.[386]

Willem Opperdoes arbeitete als Wiegemeister für Dorothea van Beek, die das Wiegemeisteramt in Haarlem besaß. Sie hatte als Verwandte der Regentenfamilie Valckenburg diese Pfründe 1722 im Alter von 19 Jahren erhalten. Nach der Aufgabe der Erhebung der Waagsteuer durch die Stadt Haarlem erhielt Dorothea van Beek 1753 eine großzügige Entschädigung und eine lebenslange Rente.[387]

---

382 Koolwijk 1972, 67.
383 Krans 1991, 198.
384 Soly 1977, 134.
385 Soly 1977, 166.
386 Dijkstra 1968, 82 ff.
387 Dijkstra 1968, 96.

Pächter

Die Eintreibung der Waagsteuern erfolgte durch Pächter. Die Anteile der Stadt und der Provinz konnten an unterschiedliche Personen vergeben werden.[388] Die Dauer der Pacht betrug mindestens ein Jahr und höchstens drei Jahre.[389] Die Pächter durften keinen Handel mit Waren treiben, die der Wiegepflicht unterlagen, auch nicht indirekt durch die Beteiligung an einem entsprechenden Unternehmen.[390] Bei der Verfolgung von Betrügereien verfügten sie über landeshoheitliche Rechte.

Bis ins 17. Jahrhundert hinein war in Holland der jeweilige Pächter automatisch Wiegemeister. Nach den Steueraufständen von 1748 wurden zur Eintreibung der Waaggelder jedoch zunehmend Beamte eingesetzt.[391] Während die Pächter ihre geschäftlichen Angelegenheiten noch zuhause geregelt hatten, richteten sich die Steuerbeamten in den Waaggebäuden ein.[392]

→ Tafel 1

---

388 Dijkstra 1968, 95.
389 Feith 1903, 19.
390 Krans 1991, 185.
391 Krans 1991, 194.
392 Dijkstra 1968, 97.

Zur Entwicklung der öffentlichen Waage und ihrer baulichen Unterbringung

Antike

Im Alten Ägypten gab es in den Schatzhäusern der Tempel und in den Palästen große Waagen. Diese dienten hauptsächlich dem Wiegen von Metallen. In den seit dem Mittleren Reich (2040–1785 v. Chr.) belegten Stapelstationen und Märkten kann die Unterbringung einer öffentlichen Waage nur vermutet werden.[393]

Für das Alte Griechenland ist die öffentliche Waage als Einrichtung auf den Märkten durch schriftliche Nachrichten belegt,[394] und zwar zum ersten Mal im 6. Jahrhundert v. Chr. für die Stadt Kyzikos.[395] Die öffentliche Waage war damals Teil des Agoranomion, das als Marktbehörde unter anderem die Öffnungszeiten festlegte, die Marktstände und Läden vermietete und die Handelswaren einer Gütekontrolle unterwarf. In Athen spezialisierten sich innerhalb des Agoranomion spätestens seit dem 4. Jahrhundert v. Chr. die Metronomoi, die die staatliche Aufsicht über die Maße, Waagen und Gewichte führten. Es war festgelegt, für welche Waren die Wiegung zu erfolgen hatte.[396]

Die Römer übernahmen das Metronomion von den Griechen und nannten es Ponderarium. Zu diesem gehörte die Mensa Ponderaria, die im Freien aufgestellt war und die öffentlichen Längen- und Hohlmaße enthielt.[397] Die öffentliche Waage konnte unter anderem in Djemila, Pompeji und Ostia in einem Raum in der Handelshalle für die Waren des täglichen Bedarfs (Macellum) und auf dem Wochenmarkt (Nundium) nachgewiesen werden.[398]

---

[393] Vgl. Heck u. Westendorf 1986, 1082 f.
[394] Boochs 1985, 188; sowie Travlos 1971, 37.
[395] Vgl. Jones 1967, 216.
[396] Vgl. Böckh 1851, 368.
[397] Frayn 1993, 108.
[398] Frayn 1993, 113.

Mittelalter und Renaissance

Die öffentliche Waage befand sich auch im Mittelalter vorwiegend in der städtischen Handelshalle.[399] Diese konnte sich im Erdgeschoss eines Rathauses befinden.[400] Bei einer Aufteilung der Handels-, Versammlungs- und Verwaltungsfunktionen einer Stadt in verschiedene Gebäude ist im Mittelalter die Zusammenfassung unterschiedlicher Nutzungen und die Bereitstellung variabler saalartiger Räume weiterhin charakteristisch.[401] Für die Betrachtung der jeweiligen Funktion der genannten Gebäude ist deren Bezeichnung im Volksmund wenig hilfreich, da diese nur einen einzelnen Aspekt herausgreift. So ist beim Rathaus, Steuerhaus, Stapelhaus, Fleischhalle, Brothaus, Weinhaus, Tanzhaus, Lederhaus, Gewandhaus oder der Waage über das ganze Mittelalter hinweg auch noch mit anderen Funktionen in dem jeweiligen Gebäude zu rechnen. Nur umgekehrt kann aus der entsprechenden Benennung auf ein Fehlen der entsprechenden Funktion bei den weiteren Saalgeschossbauten einer Stadt geschlossen werden. Wenn also Ravensburg gegen Ende des 15. Jahrhunderts ein Rathaus, ein Waaghaus, ein Lederhaus und eine Brotlaube hatte,[402] so darf allenfalls davon ausgegangen werden, dass der Rat gewöhnlich nicht in der Waage tagte und im Rathaus nicht unbedingt gewogen wurde. Nur die großen Handelsstädte, wie u. a. Köln,[403] Venedig[404] oder Brügge[405] hatten im Mittelalter mehrere Waagen.

Gerhard Nagel hat bei allen von ihm näher untersuchten, im südwestdeutschen Raum gelegenen Handelshallen eine vielfältige Nutzung festgestellt, die in allen Fällen auch die Stadtwaage mit umfasste: Mainz (»Kaufhaus«, 1316/17)[406], Konstanz (»Kaufhaus«, 1388)[407], Ulm an der Donau (»Greth«, 1389)[408], Esslingen am Neckar (»Steuerhaus«, um 1430)[409] und Nördlingen (»Tanzhaus«, 1442–44)[410]. Bei dem sogenannten Weinhaus in Münster (1615)[411] und in Zutphen (1618, Edmond Hellenraadt)[412] ist die ursprüngliche Einrichtung der Waage

---

399 Vgl. Gruber 1943, 24; sowie Nagel 1971, 69.
400 Gruber 1943, 25.
401 Die Ableitung des Bautyps Rathaus erfolgt gewöhnlich von den mittelalterlichen Hallenbauten des Adels, so für Deutschland durch Schweisthal (1907, 52), Italien durch Paul (1987, 337) und für England durch Nagel (1971, 52). Es stellt sich aber die Frage, ob nicht auch die Handelshallen der Römer, wie z. B. die Horrea Epagathiana et Epaphroditiana in Ostia (2. Jahrhundert n. Chr.), als Vorbilder für das Rathaus in Frage kommen.
402 Meckseper 1982, 183.
403 Küntzel 1894, 26.
404 Calabi 1993, 82.
405 Van Houtte 1982, 200.
406 Nagel 1971, 85.
407 Nagel 1971, 135.
408 Nagel 1971, 150 u. 156.
409 Nagel 1971, 178.
410 Nagel 1971, 205 u. 207.
411 Geisberg 1934, 250.
412 Gimberg 1925, 132 ff.

Mittelalter und Renaissance   181

116   Kaufhaus in Konstanz (1388) von Südost, Postkarte um 1900

ebenfalls bekannt, während umgekehrt die sogenannte Waage von Deventer (1528) wahrscheinlich ein Weinhaus[413] und die sogenannte Waage von Doesbug (um 2. Viertel 16. Jahrhundert) in jedem Fall ein Stadtbierhaus[414] enthielt. Bezeichnend ist der Fall Nijmegen (1612, Cornelis Jansz. van Delft), wo die alte Fleischhalle über eine Waage verfügte, während dann der an derselben Stelle entstandene Neubau bis heute Waage genannt wird und eine Fleischhalle enthält.[415]

Bei den sogenannten Waagen von Frankfurt am Main (1503)[416], Ravensburg (1553–56)[417], Bremen (1586/88)[418], Osnabrück (um 1531/32)[419] und Braunschweig (1534)[420] zeigte sich ebenfalls eine vielfältige Nutzung, zu der im Erdgeschoss auch der Verkauf und das Lagern von Handelswaren gehörte. Der Vergleich des Rathauses von Melsungen (1565–66)[421] mit der sogenannten Waage von Deventer (1528) zeigt, wie ähnlich sich diese unterschiedlich benannten Gebäude in ihrer baulichen Ausprägung sind. Für diese Feststellung spielt die Tatsache keine Rolle, dass sich bei dem Rathaus von Melsungen alle Handels,- Verwaltungs- und Versammlungsfunktionen unter einem Dach befinden, während sie bei der Waage von De-

---

413 Vgl. oben, S. 24 ff.
414 Ter Kuile 1958, 58.
415 Vgl. oben, S. 39 ff.
416 Nagel 1971, 111.
417 Eitel 1988, 31.
418 Stein 1962, 505 ff.
419 Fink u. Siebern 1907, 235 f.
420 Kablitz 1993, 17.
421 Fenner 1987, passim.

117 Sogenannte Waage von Braunschweig (1534), Photo um 1935

118 Rathaus von Melsungen (1566), Photo um 1960–1970

venter nur zum Teil zusammengefasst sind. Die Nutzung als multifunktionale Handelshalle ist im Zusammenhang mit dem 1609 erfolgten Bau der sogenannten Waage von Wolfenbüttel schriftlich belegt: »weill ... Wagehaus, Fleisch- und Brodtscharren in anderen Stetten gemeiniglich pflegen beieinander zu sein, dass solch vorhabendes Waghaus ... am fuegligsten und bequembsten verordnet werden könte, derogetalt, dass zugleich auch das Richthaus, wie dan im gleich Haus unden das Waghaus, also dass man darein fahren und ankommende frembde Wahren drein abladen und verwahren kondte, und dann zur Seiten auch die Fleisch- und Brodtscharren und oben auff das Wanthaus, dass man auff denselben in den Jahrmerkden in vorfellenden Regenwetter einstehen und Wahren feilhaben konne ...«.[422]

Die Auslagerung eines Teils der Funktionen einer Handelshalle in einen Neubau geschah in vielen Fällen in der unmittelbaren Umgebung. In Wolfenbüttel entstand der Neubau der sogenannten Waage direkt neben dem Rathaus und wurde diesem so angepasst, dass ein einheitlich wirkender Baukörper entstand. Bei Kapazitätsausweitungen der Handelshalle kam es aber nicht immer zu gleichwertigen Neubauten. Dies zeigt sich u. a. bei dem Rathaus von Den Briel (ab 14. Jahrhundert),[423] wo im rückwärtigen Bereich des Grundstücks nach und nach Kleinbauten errichtet wurden. Dort brachte man die Waage zusam-

---

422 Thöne 1954, 89.
423 Don 1992, 92 ff.

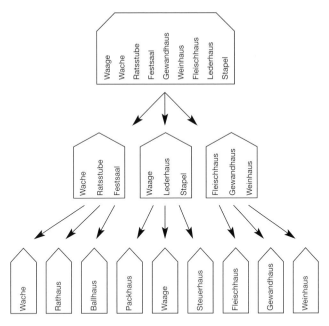

119 Entwicklung vom multifunktionalen Hallengeschossbau zur monofunktionalen Waage

men mit dem Gefängnis in einem Gebäude unter. In Lübeck erhielt die Waage einen Platz hinter der Erdgeschosslaube des an das Rathaus angefügten sogenannten Kriegsstubenbaus (1442–1444).[424] Die Waage konnte aber auch unabhängig von einer Handelshalle beim Wiegemeister zuhause oder temporär in einem Sakralraum untergebracht sein.

Die oben anhand von deutschen und niederländischen Beispielen gewonnenen Feststellungen können grundsätzlich auf das übrige Europa übertragen werden. So findet sich die öffentliche Waage (Bilanca publica) auch in I t a l i e n im Mittelalter gewöhnlich im Rathaus (Palazzo comunale, Palazzo del Popolo) oder in einer Handelshalle (Fondaco, Loggia dei Mercanti). Auch in diesem Land schreitet die bauliche Aufteilung der Handels- und Verwaltungsfunktionen mit der Zunahme des Handelsvolumens voran.

Die beschriebene Entwicklung zeigt sich zum Beispiel in Florenz. Dort wurde die Waage aus dem Palazzo Vecchio (urspr. Palazzo dei Priori, ab 1299) in den 1495 errichteten, die ganze Breite des Blockes einnehmenden, in Material und Form angepassten Anbau eines Zollhauses (Dogana) verlagert.[425] In Venedig war die öffentliche Waage auf der Rialtoinsel in einem in der Nähe der gleichnamigen Brücke gelegenen unregelmäßig zusammenge-

---

424 Rahtgens 1974, 130.
425 Bargellini 1968, 26. Nikolaus Pevsner (1984, 28) schließt aus der Geschlossenheit des Erdgeschosses bei dem Palazzo Vecchio von Florenz eine ursprüngliche Marktfunktion aus. Eine solche Folgerung ist jedoch nicht zwingend.

120 Rathaus von Cremona (13. Jahrhundert) mit offener Handelshalle im Erdgeschoss, links die Wache, Photo 1994

121 Casa dei Mercanti in Verona (14. Jahrhundert), Photo 1994

122 Lonja von Valencia (1482–1548), Photo 1995

123 Sogenannte Waage von Edinburgh (1352)

würfelten Komplex von Handelshäusern in dem Gebäude der Zollverwaltung (Dogana Terra) untergebracht. Es brannte 1513 ab und wurde anschließend für den gleichen Zweck unter dem Namen Palazzo dei Dieci Savi (Antonio Abbondio, gen. Scarpagnino) neu errichtet.[426]

In Spanien finden sich vor allem im Südosten des Landes bedeutende Handelshallen (Alhóndiga; auch Lonja, Almudí, Alholí, Alfondega): Barcelona (1352–1357),[427] Palma de Mallorca (1. Hälfte 15. Jahrhundert), Valencia (1482–1548)[428] und Zaragoza (1541–1551).[429] Diese Gebäude sind oft eingeschossig und haben Innenräume, die an Hallenkirchen erinnern.[430] Manuel Basas beschreibt für die Alhóndiga von Bilbao die ursprüngliche Unter-

---

426 Calabi 1993, 82.
427 Torres Balbás 1952, 249.
428 Aldana 1991, 46. Margarita Fernandez Gomez (Valencia) gilt herzlicher Dank für die Führung zu den Handelshallen von Valencia.
429 Lampérez y Romea 1993, 213 ff. Nikolaus Pevsner (1984, 194) zählt die spanischen Handelshallen fälschlicherweise zu den Börsen.
430 Aldana 1991, 36.

124 Marktplatz von Monpazier mit Handelshalle (links), Photo 1995

125 Eiserne Hohlmaße in der Handelshalle von Monpazier, Photo 1995

126 Mensa Ponderaria in der Handelshalle von Crémieu, Photo 1995

127 Steinerne Hohlmaße an der Brüstungsmauer des Pont du Marché in Billom, Photo 1995

bringung einer Waage (Peso Público oder Peso Real) und weist diese Einrichtung auch allen anderen Vertretern des Bautyps Handelshalle in Spanien zu.[431] Leopoldo Torres Balbás berichtet von der Einrichtung einer Waage in der Alhóndiga von Sevilla.[432]

In den spanischen Städten, die ohne eine Handelshalle auskommen mussten, darf die öffentliche Waage im Erdgeschoss des Rathauses angenommen werden.[433] Wie im übrigen Europa kann jedenfalls auch bei den spanischen Handelshallen aus der Bezeichnung (de Legumbres, del Carbon, del Vino) nicht auf eine entsprechende ausschließliche Nutzung für das Gebäude geschlossen werden.[434]

In England kann die Einrichtung der öffentlichen Waage ebenfalls allgemein in den städtischen Handelshallen (Town Hall, Moot Hall, Market House, Council House oder Toll Booth) nachgewiesen werden.[435] Infolge des Fehlens selbstverwalteter Städte und des allgemein freien inländischen Handels sind englische Handelshallen aber im Allgemeinen relativ klein und schlicht geblieben.[436] Von dieser Regel sind diejenigen Städte ausgenommen, die mit einem Hafen ausgestattet waren und von der Zentralgewalt zur Erhebung der königlichen Ausfuhrsteuer betraut wurden.[437] So entstanden in der ersten Hälfte des 15. Jahrhunderts in einigen größeren Städten Ostenglands ausgesprochen große und schöne Han-

---

431 Basas 1970, 8.
432 Torres Balbás 1946, 470.
433 Auch in Spanien ist das Rathaus (Ayuntamiento) von der Handelshalle (Alhóndiga) oft nicht baulich, sondern nur durch die verbale Bezeichnung zu unterscheiden. Vgl. Ricón García 1988, passim.
434 Torres Balbás 1946, 451.
435 Titler 1991, 28 u. 133 f.
436 Nagel 1971, 53.
437 Gönnenwein 1939, 372.

128 Rathaus Michelstadt (1458), Erdgeschosslaube mit Balkenwaage in situ, Photo 2008

delshallen: u. a. Norwich, King's Lynn und York.[438] Die größte englische Handelshalle steht in London (Guildhall, 1411 – um 1430, John Croxtone).[439] Im schottischen Edinburgh gab es ein als Waage bezeichnetes Gebäude (Wheigh House, 1352, abgerissen vor 1820).[440] Es ist allerdings typologisch der beschriebenen Handelshalle zuzurechnen.[441]

Auch in Frankreich hielt sich die Entwicklung des Bautyps der städtischen Handelshalle in Anbetracht der starken Zentralgewalt in engen Grenzen. Das entsprechende Gebäude findet sich in den französischen Städten deshalb meist in seiner einfachsten Form, nämlich als einfaches Schutzdach ohne feste seitliche Umschließung. Dort war gewöhnlich auch die öffentliche Waage untergebracht (Ponds Public, Ponds du Roi).[442] In Crémieu und Mon-

---

438 Schofield 1984, 107.
439 Die Nennung von »Häusern« im Zusammenhang mit der Londoner Guild Hall darf vermutlich nicht im wörtlichen Sinne als Gebäude, sondern eher als Einrichtung verstanden werden, wie entsprechendes hier an vielen deutschen und holländischen Beispielen nachgewiesen wurde. Vgl. Barron 1974, 31.
440 Archiv Avery, Birmingham. Das Tor der Waage von Edinburgh dürfte, seiner Formensprache nach zu urteilen, dem 17. Jahrhundert zuzuordnen sein, das Dach dem 18. Jahrhundert. Hinweise C. L. Temminck Groll (Driebergen).
441 Eine Waage kommt bei David Daiches (1978, 27 f.) in der Geschichte von Edinburgh nicht vor. Dafür ist dort aber von einem Zollhaus (Tolbooth) die Rede. Es soll aus dem 15. Jahrhundert stammen und 1817 abgerissen worden sein. Falls die Ortsangaben jeweils stimmen (Waage an der Verbindung von Castle Hill/Lawn Market und Zollhaus High Street, nordwestlich von St. Gilles) und es sich nicht um die unterschiedliche Benennung ein- und desselben Gebäudes handelt, so standen beide Gebäude nah beieinander. Für das Zollhaus gibt der Autor die für Handelshallen typische multifunktionale Nutzung mit dem repräsentativen Versammlungssaal im Obergeschoss an.
442 Enlart 1929, 371 f.

pazier ist unter dem Schutzdach noch die Mensa Ponderaria erhalten. In Crémieu sind drei genormte Hohlmaße in Stein gemeißelt, wobei heute nur die wohl aus Metall hergestellten Ausflussöffnungen fehlen. In Monpazier dagegen bestehen die Hohlmaße wie in Deventer aus eisernen Zylindern, von denen drei in unterschiedlicher Größe jeweils drehbar auf ein Gestell montiert sind, so dass die Füllung ausgekippt werden kann. In Billom (bei Clermont-Ferrand) sind die Hohlmaße ähnlich wie in Cremieu in Stein gehauen. Die Mensa Ponderaria ist dort allerdings im Freien auf der Brüstung der Notre-Dame-Brücke angebracht.[443]

Monumentale Rathausbauten, wie in Compiègne (Anfang 16. Jahrhundert), blieben im mittelalterlichen Frankreich Ausnahmeerscheinungen.[444] Erst in der Zeit der Renaissance ist in den französischen Städten bei diesem Bautyp eine größere Zahl von nennenswerten Neubauten festzustellen.[445] Die wenigen in Frankreich anzutreffenden zweigeschossigen Saalbauten mit einem Markt im Erdgeschoss und darüber gelegenem Versammlungssaal (Ghialle, Guyale, Entrepot, Entrepotdok, Maison de'l Etape, Douane) sind in der Regel vor der Einverleibung des entsprechenden Territoriums in die französische Krone entstanden.[446]

Im Gegensatz zu der beschriebenen Situation in England und Frankreich sind die Handelshallen in den südlichen Niederlanden außergewöhnlich groß.[447] Sie übertreffen in ihren Dimensionen das Rathaus der jeweiligen Stadt oft mehrfach. Vereinzelt gilt eine solche herausragende Stellung der Handelshalle auch für den Osten Europas. Bei dem Beispiel Thorn handelt es sich nach Cord Meckseper um »die monumentalste Handelshalle des Mittelalters«.[448] Die Waage ist bei diesem Gebäude ohne besondere bauliche Ausprägung in der Nordwestecke untergebracht. Dagegen hat die große Balkenwaage bei dem ausgedehnten Hallenkomplex von Breslau (nach 1242) ein kleines eigenständiges, vor der Halle gelegenes Gebäude erhalten. Es war an drei Seiten weitgehend offen und durch ein mit einer Laterne versehenes Zwiebeldach gedeckt.[449] Die kleine Waage und die Zollverwaltung waren dagegen in der Handelshalle untergebracht.

Die öffentliche Waage gehörte also allgemein zur Ausstattung der europäischen Stadt des Mittelalters. Die bauliche Unterbringung dieser Einrichtung unterscheidet sich vor allem nach den regionalen politischen, kulturellen und ökonomischen Gegebenheiten. In keinem Fall

---

443 Brunet u. a. 1991.
444 Bonnet-Laborderie u. Callais 1993, 50; sowie Cattois u. Verdier 1972, 134.
445 Cattois u. Verdier 1972, 136.
446 Die Etape aux laines (15. Jahrhundert) von Calais (seit 1558 französisch) ist also der englischen, die Maison de'l Etape von St. Omer (1678 französisch) der flandrischen, die Loge von Perpignan (seit 1659 französisch) der katalanischen, die Kaufhäuser (15. Jahrhundert) von Metz (seit 1552 französisch), Straßburg (1358) und Colmar (1480) der deutschen Entwicklung zuzuordnen.
447 Schröder 1914, 55. Im einzelnen ist dort nur die alte Waage von Brügge in der Waterhalle genannt (S. 24). Darüber hinaus ist aber die Halle des Consaus von Tournai mit einer Balkenwaage in der Öffnung unter der Freitreppe abgebildet (S. 34, Abb. 25).
448 Meckseper 1982, 177.
449 Vgl. Nagel 1971, Abb. 177 u. 208.

kann jedoch innerhalb des betrachteten Terrains und Zeitraumes die Unterbringung der öffentlichen Waage in einem monumentalen monofunktionalen Gebäude festgestellt werden. Vielmehr findet sich die Funktion Waage in erster Linie in einem Saalbau, der oft zweigeschossig ist, mit einer Markthalle im Erdgeschoss und einem Saal im Obergeschoss. Die baulichen Spuren der Nutzung durch die Waage sind in diesen Gebäuden mit der Entfernung der Wiegevorrichtung im Laufe des 19. Jahrhunderts meistens verloren gegangen. Von dieser Regel bildet das Rathaus von Michelstadt (1458) eine der wenigen Ausnahmen, denn die Balkenwaage ist in der Erdgeschosslaube dieses Gebäudes bis heute in situ erhalten geblieben.[450]

17. und 18. Jahrhundert

Zur weiteren Bestimmung der Bedeutung der oben näher untersuchten, hauptsächlich in den Provinzen Holland sowie Friesland gelegenen und in der ersten Hälfte des 17. Jahrhunderts entstandenen monofunktionalen Waaggebäude werden diese im folgenden mit den zeitgenössischen Handelsbauten in den umgebenden Ländern verglichen. Als Maßstab werden vor allem die als Prototypen bezeichneten Waagen von Haarlem, Hoorn, und Leiden herangezogen. Für diesen Vergleich sind vor allem Städte von Interesse, die in diesem Zeitraum im Handel eine wichtige Rolle spielten.[451]

In Deutschland ist die Bautätigkeit im 17. Jahrhundert von dem 30-jährigen Krieg und dessen Folgen erheblich eingeschränkt. In Augsburg entstand kurz vor dessen Ausbruch in der Epoche des Stadtbaumeisters Elias Holl (1573–1646) neben dem Zeughaus und dem neuen Rathaus (1616–20), eine nennenswerte Zahl von Handelsbauten: das Beckenhaus[452] (1602, EG Brothalle, OG Lederhalle), das Siegelhaus (1604–6), die Metzig (1606–09, EG Fleischhalle, OG Tuchhalle), das Tanzhaus (1608) und das Reichsstädtische Kaufhaus (1611).[453] Diese Gebäude gehören allerdings dem aus dem Mittelalter überkommenen Bautyp des multifunktionalen Saalgeschossbaus an. Bei dem Neuen Bau (1613–14) zeigt sich mit der sechsachsigen Front im Erdgeschoss eine Arkatur, ähnlich wie bei der Waage von Hoorn. Aber der Neue Bau in Augsburg diente dem Einzelhandel und war daher in kleine Ladenräume eingeteilt, die über jeweils eine kleine Treppe mit dem Obergeschoss verbunden waren.[454]

---

450 Gruber 1943, 45.
451 Die Lage der Waage in einer Stadt ist, wenn das Gebäude nicht nach dieser Funktion benannt ist, oft nur nach ausgiebigen lokalhistorischen Untersuchungen zu ermitteln.
452 Ausgebrannt im Jahr 1944 und 1950 abgebrochen. Vgl. Beseler u. Gutschow 1988, 1337.
453 Baum (1908) gibt, indem er die Aufzeichnungen von Elias Holl zitiert, vereinzelt einen partiellen Einblick in den ursprünglichen Gebrauch der jeweiligen Gebäude. Ansonsten wird in der Literatur im Allgemeinen eine aus dem Gebäudenamen abgeleitete monofunktionale Nutzung unterstellt. Vgl. z. B. Roeck 1985 (a).
454 Die Unterbringung der Waage in Augsburg ist bisher noch nicht näher untersucht worden. Freundliche Auskunft Jürgen Zimmer (Berlin).

129 Neuer Bau in Augsburg (1614), Photo um 1960

130 Kaufhaus in Mannheim (ab 1698)

131 Neuer Packhof in Berlin (1831)

Es dauerte etwa hundert Jahre, bis sich die Bautätigkeit in Deutschland nach dem Ende des 30-jährigen Krieges vollständig erholt hatte. Als frühes Beispiel für die zunehmende wirtschaftliche Wiederherstellung darf der Bau der ab 1698 neu errichteten Residenzstadt Mannheim angeführt werden. Unter den öffentlichen Bauten dieser Stadt befand sich auch ein Kaufhaus (1724–46, Alessandro Bibiena).[455] Weil die Gelder der Landeskasse aber vorrangig für den Bau der kurfürstlichen Residenz verwendet wurden, dauerte es über zwanzig Jahre, bis das Gebäude fertig gestellt war.[456]

Das Kaufhaus von Mannheim lag an dem zentralen Platz der Stadt und nahm dort die Breite eines ganzen Baublockes ein. Die Mitte der barocken Fassade war durch einen belfriedartigen Turm betont. An der Seite schloss sich jeweils ein zweigeschossiges sechsachsiges Bauteil an, das im Erdgeschoss einen Laubengang hatte. Die Organisation des Kaufhauses entsprach noch der mittelalterlichen Tradition. So diente es in erster Linie der Durchsetzung der städtischen Stapelrechte, wozu unter anderem die Einrichtung der öffentlichen Waage gehörte. Darüber hinaus waren noch die Steuerverwaltung und ein typischer repräsentativer Versammlungssaal in dem Gebäude untergebracht. 1728 ist es als »Wag- oder Kaufhaus« genannt.[457]

In Leer ist 1714 ein Gebäude entstanden, das als Waage bezeichnet wird. Bautypologisch handelt es sich bei ihm ebenfalls um eine multifunktionale Handelshalle.[458] Die bereits im Mittelalter anzutreffende Zufälligkeit in der Bezeichnung dieses Bautyps reicht also bis in die Epoche des Barock.

Wie lange die Verwendung des Bautyps der multifunktionalen Handelshalle in Deutschland dauerte, zeigt sich an dem Neuen Packhof (1829–31) in Berlin.[459] Bei diesem Gebäude von Karl Friedrich Schinkel handelte es sich um eine Folge von Baukörpern, bei denen das Magazin in einem fünfgeschossigen Saalbau untergebracht war, während sich die Waage in einem eingeschossigen Flügel befand. Mit der Entwicklung des Deutschen Zollvereins war der Berliner Packhof aber kurz nach seiner Fertigstellung obsolet geworden und wurde ab 1896 bereits wieder abgerissen.

In der Schweiz findet sich in Schaffhausen ein Waaggebäude. Es diente im Erdgeschoss ausschließlich dem Wiegen und weist eine Turmform auf.[460] Das Gebäude trägt die Bezeichnung »Fronwaagturm«. Es hat zwei Achsen, ist viergeschossig und reicht mit seiner Höhe von 23 Metern fast an die holländischen Beispiele des Turmtyps in Haarlem und Makkum

---

455 Das Kaufhaus von Mannheim wurde 1943 zerstört, die Ruine 1965 abgetragen. Vgl. Beseler u. Gutschow 1988, 1200.
456 Perrey u. Walter 1910, 1 ff.
457 Perrey u. Walter 1910, 14.
458 Robra 1986, passim.
459 Gönnenwein 1939, 269, 326 u. 343; sowie Rave 1962, 107.
460 Frauenfelder 1951, 231 f. Die Herrenstube genannte Handelshalle befindet sich am Marktplatz von Schaffhausen direkt neben der Waage.

132 Fronwaagturm in Schaffhausen (1747), Photo 1995

heran.⁴⁶¹ Trotz der Lage an einer Ecke ist die Waage von Schaffhausen nur an der Platzseite durch ein Tor zugänglich, das auch noch relativ klein ist.⁴⁶² Das Erdgeschoss diente der Unterbringung der großen Marktwaage.⁴⁶³

Das ungewöhnliche Format der Waage von Schaffhausen geht auf die ursprüngliche Funktion des Gebäudes als Wohnturm des Stadtherrn zurück. Es stammt aus dem Jahr 1299

---

461 Das Wort »Fron« bedeutet »dem Staat gehörig«, »öffentlich«. Vgl. Kluge 1975, 221.
462 Herrn Bernhard Furrer (Bern) gilt herzlicher Dank für seine Informationen zu dem Fronwaagturm in Schaffhausen.
463 Die große Balkenwaage (Ende 18. Jahrhundert) der Fronwaage von Schaffhausen wurde mit der Einrichtung des sich gegenwärtig in dem Gebäude befindlichen Fremdenverkehrsbüros entfernt und in das Museum zu Allerheiligen verbracht.

133 Dogana del Mar in Venedig (1682), Photo 2004

und war ursprünglich doppelt so hoch. Seine heutige Form hat es 1747 erhalten, nachdem es teilweise eingestürzt war. Die besondere Bedeutung der Waage von Schaffhausen liegt in der Tatsache, dass bei diesem Gebäude noch die frühe Unterbringung der Waage im Haus des Stadtherrn ablesbar ist, auf die wahrscheinlich der Turmtyp der holländischen Waage zurückgeht. Eine besondere Adaption an die Bedürfnisse des Wiegens ist bei der Waage von Schaffhausen nicht erfolgt. Das Gebäude gehört deshalb typologisch zum befestigten städtischen Patrizierhaus.

In Italien hielt die wirtschaftliche Flaute im 17. Jahrhundert die Investitionen der Städte in ihre bauliche Infrastruktur im Allgemeinen in einem bescheidenen Rahmen. Von diesem Befund ist die Stadt Venedig ausgenommen, die diesen Zeitraum zur Restrukturierung ihrer Handelseinrichtungen nutzen konnte.[464] In diesem Zusammenhang ist der Bau der Dogana del Mar (Giuseppe Benoni, 1676–82) zu nennen. Das Gebäude entstand an der Mündung des Canale Grande, auf der südlichen Landspitze und diente als Packhof sowie Zollstation für die von See nach Venedig eingeführten Handelswaren.

---

464 Bellavitis u. Romanelli 1985, 111.

Bei der Dogana del Mar in Venedig handelt es sich um eine eingeschossige Anlage mit einem dem Grundstück entsprechenden dreieckigen Grundriss. Die Fassade ist durch Tore mit halbkreisförmigen Oberlichtern gegliedert und an der Spitze des Gebäudes an der Mündung des Canale Grande in den Canale della Giudecca durch ein Türmchen betont. Die Dogana del Mar besteht im Inneren aus einem großen Saal. Er wird hauptsächlich durch ein Sheddach belichtet. Von der Unterbringung einer Waage in diesem Gebäude ist nichts bekannt.

Die fiskalische Behandlung der von Norden aus Deutschland und Flandern nach Venedig kommenden Güter erfolgte bereits in der zu Venedig gehörigen Stadt Verona. Dort gab es eine Zollstation mit Waage, die Dogana d'Isolo, die 1745–46 um die Dogana di San Fermo ergänzt wurde (Alessandro Pompei).[465] Dieses Gebäude ist um einen großen rechteckigen Hof angelegt, der bei gleicher Traufhöhe von drei zweigeschossigen Flügeln und einem eingeschossigen Flügel umschlossen wird.[466] Auf einem alten Stich sind die genannten zweigeschossigen Bauteile als »Loggie con li Fondachi« benannt, während der eingeschossige Saal als »Dogana« bezeichnet ist.[467] Typologisch handelt es sich bei dieser Anlage also um ein Fondaco, ein Warenlager mit einer Übernachtungsmöglichkeit für Kaufleute. Mit den beschriebenen baulichen Merkmalen unterscheidet sich die venezianische Dogana grundlegend von den hier näher untersuchten holländischen Waaggebäuden.

Die Dogana Ducale von Modena (Pietro Termanini, 1764–66) hat eine gewisse formale Ähnlichkeit mit der Waage von Hoorn.[468] Beide haben eine fünfachsige Fassade und eine Arkade im Erdgeschoss. Mit einigen Äußerlichkeiten – wie der Dreigeschossigkeit und der Anordnung von Pilastern in den oberen Geschossen – zeigt sich bei der Dogana Ducale von Modena der entscheidende Unterschied zunächst in der Anordnung eines Laubenganges im Erdgeschoss. Die so im Erdgeschoss aus der Gebäudeflucht zurückgenommene Außenwand hat nur drei Zugangsöffnungen. Die beiden äußeren sind Türen und damit für die Unterbringung von verschiebbaren Balkenwaagen nicht geeignet.[469] Der Lauben-

---

[465] Die Zeichnung des Architekten Adriano Cristofali (1717–1788) zeigt die Dogana d'Isolo von Verona als ein kleines eingeschossiges und einfach gestaltetes Gebäude (Michele Sanmicheli?). Es bestand im wesentlichen aus einem großen Raum, der an den beiden Schmalseiten durch ein Tor geöffnet war. Die flussaufwärts gerichtete Seite verfügte über ein auf drei Pfeilern stehendes Vordach. Seitlich an dieses schlossen sich zwei kleine Büros an, jeweils eines für den Oberaufseher (Sovrastante) und eines für den Zöllner (Doganiere). Die Dogana d'Isolo von Verona diente zur Warenkontrolle und als Waage: »Il dazio di entrata, di uscita e di transito …, propriamente definito come dazio della Stadella (o Stadera, da statera, un tipo di bilancia con cui si pesavano le merci)«. Vgl. Sandrini 1982, 11 ff.
[466] Die Dogana di San Fermo wurde 1792 um die Dogana di Fiume zur Etsch hin erweitert. Das letztgenannte Gebäude ist eingeschossig, zweischiffig und fünfachsig, mit einer Tordurchfahrt in Querrichtung. Vgl. Sandrini 1982, 36.
[467] Der genannte Stich ist bei Sandrini (1982, 81) abgebildet.
[468] Braglia 1985, 183 ff.
[469] Die Dogana von Modena wurde nach ihrer Fertigstellung nicht als Waage genutzt. Vgl. Braglia 1985, 185.

134   Lonja del Contratacion in Sevilla (1597), Photo 1995

gang bildet denn auch nur einen überdachten Stellplatz für die herankommenden Wagen und Karren.[470]

Als besonders ausladendes Handelsgebäude kann hier noch die Loggia von Arezzo (Giorgio Vasari, 1573–93) angeführt werden. Sie ist 126 Meter lang und hat 20 Achsen. Über dem Obergeschoss tritt noch ein Mezzanin in Erscheinung. In jeder Achse befindet sich im Erdgeschoss hinter dem durchgehenden Laubengang ein mehr oder weniger abgeschlossener Raum, der als Lager oder Verkaufsraum diente. Mit der Dogana befand sich vermutlich auch die Waage in dem Gebäude.[471]

In Spanien setzte um 1580 ein wirtschaftlicher Abschwung ein.[472] Die Einfuhr von Edelmetallen aus den südamerikanischen Kolonien wurde davon aber nicht beeinträchtigt. Zur Verwaltung der entsprechenden überseeischen Unternehmungen entstand in Sevilla 1583–98 die Lonja del Contratacion (Juan de Herrera, 1530–97). Das stattliche Gebäude ist zweigeschossig, um einen quadratischen Innenhof gruppiert und nimmt einen ganzen Baublock ein. Mit seinen 11 Achsen erreicht es eine Länge von über 56 Metern. In diesem Gebäude wurden auch Waren gestapelt und verkauft.[473] Es darf davon ausgegangen werden,

---

470   Braglia 1985, 183.
471   Conforti 1993, 243 ff.
472   De Vries 1976, 48 ff.
473   Vgl. Lampérez 1993, 237.

dass sie zu diesem Zweck auch gewogen wurden. Von der Einrichtung einer Waage in diesem Gebäude ist aber nichts bekannt.[474]

In Priego (Provinz Córdoba) gab es eine Alhóndiga (Ende 16. Jahrhundert, im 20. Jahrhundert abgerissen), die mit dem Laubentyp der Waage einige gemeinsame äußere Merkmale hat. Das Gebäude war zweigeschossig und hatte im Erdgeschoss eine Arkatur.[475] Mit ihren sieben Achsen war sie etwas breiter als die fünfachsige Standardform. Die offene Markthalle im Erdgeschoss gestattete die Unterbringung unterschiedlicher Funktionen. Damit unterscheidet sich die Alhóndiga von Priego wesentlich vom Bautyp der monofunktionalen Waage.[476]

Wie in anderen Ländern war in Spanien auch im 17. und 18. Jahrhundert die Unterbringung der Waage im Rathaus üblich. Für die Stadt Haro (Provinz Rioja; 1775–78, Franciso Alejo Aranguren) kann die entsprechende Einrichtung auch nachgewiesen werden.[477]

Im Frankreich blieb es im 17. und 18. Jahrhundert beim Bau von Handelsgebäuden im Allgemeinen bei der mittelalterlichen Tradition der Überdachung von Märkten ohne seitliche Umschließung durch Wände: »Des halles … , comme au Moyen Age, sont de simples toitures portées par des poteaux de bois ou des piliers de pierre«.[478] Wie das 1775 entstandene Gemälde »Interieur d'une douane« von Nicolas-Bernard Lépicié (1735–84) zeigt, wurde in Frankreich bei der Akzise genannten Steuererhebung an den Stadttoren gewogen.[479] Das Zollhäuschen entspricht in seiner Konstruktion den beschriebenen Handelshallen in Frankreich.[480]

Die ökonomische Sonderrolle einiger Atlantikhäfen in Frankreich wird am Beispiel von La Rochelle deutlich.[481] Mit der 1605–6, also in hugenottischer Zeit entstandenen Grande Galerie war in dieser Stadt ein für französische Verhältnisse außergewöhnlich prachtvolles Rathaus entstanden.[482] Die wirtschaftliche Blüte nach der Übernahme der Stadt durch die kö-

---

474 Perez Escolano 1989, 228 ff. Dem Autor darf für die freundliche Führung in Sevilla herzlich gedankt werden.
475 Lampérez 1993, 245. Die Alhóndiga von Priego wurde in den sechziger Jahren des zwanzigsten Jahrhunderts abgerissen. Freundliche Auskunft Antonio Garrido (Priego).
476 Lampérez 1993. Erst mit dem Wechsel zur Dynastie der Bourbonen kam es in Spanien mit der Abschaffung der Binnenzölle und der Zentralisierung der Steuerverwaltung zum Bau einer ansehnlichen Zahl von großen und repräsentativen Zollgebäuden (Aduana), so z. B. Valencia 1758, Madrid 1769, Barcelona 1783–92 und Malaga 1791–1810.
477 Rincón García 1988, 207.
478 Hautecœur 1966, 327.
479 Das Gemälde befindet sich heute unter dem Titel »El patio de la Aduana« im Museo Thyssen-Bornemisza, Madrid. Wegen unzumutbarer Lizenzbedingungen kann es hier leider nicht abgebildet werden. Vgl. Gaston-Dreyfus 1923, 216 f.
480 Die bei Lepicier dargestellten leichten Konstruktionen müssen nach dem 1670 erfolgten Abriss der Bastionärbefestigung entstanden sein. Vgl. Vidler 1990, 209.
481 Nathalie Albin-Portier vom Centre National de Documentation du Patrimoine in Paris gilt herzlicher Dank für ihre Durchsicht der zentralen Denkmaldatei nach Waaggebäuden in Frankreich.
482 Architekt unbekannt. Vgl. Deveau 1995, 18.

135 Sogenannte Waage von La Rochelle (heute Gaststätte ›Chez Lapébie‹), Photo 1995

niglichen Truppen (1628) und dem Massenexodus der Hugenotten nach der Aufhebung des Ediktes von Nantes (1685) drückt sich dann im Bau der Börse aus (P.-M. Hue, 1760–1765).[483]

Dagegen handelt es sich bei der Waage von La Rochelle um ein schmales unscheinbares Gebäude am Kai des alten Hafens (Quai Duperré). Den entscheidenden Hinweis auf die frühere Funktion als Waage liefert heute die Aufschrift auf dem Schild der hier eingerichteten Gaststätte namens ›Chez Lapébie: Poids du Roi‹. Um die Ecke in der Rue du Port findet sich an dem Gebäude dann auch noch ein kleines Relief mit einer auf einem Unterbau befestigten Balkenwaage. Im Gebäudeinneren gibt eine kleine Tafel über die frühere Bestimmung des Gebäudes Auskunft: »A cet emplacement se trouvait le Poids le Roi ... Là, moyennant le paiement d'un droit, les négociants étaient tenus de faire peser leurs marchandises. En 1645 une partie de revenues du Poids le Roi fut concédée par Louis XIV aux oratoriens, en dédommagement de terrains dont ils avaient été epropriés pour la construction des fortifications de La Rochelle«. Für eine besondere Gestaltung des Gebäudes als Waage gibt es keine Hinweise.

Die für Frankreich typische große Bedeutung der Steuererhebung an den Stadttoren zeigt sich mit besonderer Deutlichkeit in Paris kurz vor dem Ende des Ancién Régime. Mit dem Neubau der Zollhäuser der Stadt durch den Architekten Claude-Nicolas Ledoux (1736–

---

483 Hautecœur 1952, 173.

136 Zollstelle Bureau de Chartres in Paris (1789), Photo 1995

137 Market Cross in Wymondsham (1617), Photo 1995

1806) in den Jahren 1785–89 wird eine Monumentalität erreicht, die den hier beschriebenen holländischen Waagen in nichts nachsteht.[484] Das Bureau de Fontainbleau erinnert etwas an die Waage von Hoorn, und die Barrière du Trône an die Waagen von Haarlem und Leiden. Über die Unterbringung einer Wiegevorrichtung ist bei den Pariser Zollhäusern von Claude-Nicolas Ledoux aber nichts bekannt.[485]

In England wurde beim Bau von Handelshallen im 17. und 18. Jahrhundert ebenfalls die mittelalterliche Tradition fortgesetzt. So kam dort der zweigeschossige Typ des Saalge-

---

[484] Vgl. Vidler 1990. 209 ff. Werner Szambien darf für eine Führung zu den in Paris noch erhaltenen Zollhäusern herzlich gedankt werden.
[485] Vgl. Vidler 1990, 224.

138   Custom House in King's Lynn, Photo 1996

schossbaus mit der Handelshalle im Erdgeschoss und dem darüber gelegenen Versammlungssaal weiterhin zur Anwendung (z. B. Wymondsham, Market Cross, 1617;[486] Peterborough, Guild Hall, 1670–71;[487] Abingdon, County Hall, 1678–82; King's Lynn, Custom House, 1683;[488] Morpeth, Town Hall, 1714; Blandford, Town Hall, 1734).[489] Entsprechendes gilt für das Custom House in King's Lynn (1683) sowie die Guild Hall in Peterborough (1670–1), die in ihrer architektonischen Formensprache offensichtlich von holländischen Vorbildern beeinflusst sind. Das bei Kerry Downes abgebildete Gebäude des Butter Market von York (1705–6) erinnert mit der fünfachsigen Fassade, der Arkatur im Erdgeschoss und der Figurennische in der Mittelachse des Obergeschosses unmittelbar an die Waage von Hoorn

---

[486]   Lloyd 1989, 61.
[487]   Die Guildhall von Peterborough hieß ursprünglich »The chamber over the cross«. Die Umbenennung erfolgte erst 1876. Vgl. Mackreth 1994, 57.
[488]   Das Custom House von King's Lynn wurde als Börse gebaut, aber bald danach umgenutzt. Herrn David Pitcher (King's Lynn) gilt herzlicher Dank für die freundliche Führung in dem nach seinen Plänen restaurierten Gebäude.
[489]   Vgl. Summerson 1958, 151.

139 Butter Market in York (1706)

(1605).⁴⁹⁰ Aber das Erdgeschoss des Butter Market von Yorck war vollständig geöffnet und multifunktional genutzt. Bei allen diesen englischen Rathäusern und Handelshallen des 17. und 18. Jahrhunderts mag irgendwo im Erdgeschoss eine Waage untergebracht gewesen sein, bautypologisch können sie nicht als monofunktionale Waagegebäude betrachtet werden.

Die Stellung von London als Hauptstadt Englands drückte sich im Bau besonders großer und monumentaler Handelsbauten aus. Dies gilt auch für das Custom House, das nach dem großen Brand von 1666 östlich der London Bridge nach dem Entwurf von Christopher Wren entstanden ist.⁴⁹¹ Das zweigeschossige Gebäude hatte mit seinen 17 Achsen nicht nur eine enorme Ausdehnung, sondern durch die Anordnung des Baukörpers um einen Cour d'honneur und mit der Risalitgliederung des Corps de Logis einen ausgeprägt repräsentativen Charakter. Die Funktion des Custom House von London geht aus einem Stich von 1714 (J. Harris) hervor, auf dem Karren dargestellt sind, mit denen Waren ins Innere des Gebäudes gefahren werden. Der nach dem erneuten Brand von 1718 durch Tho-

---

490 Downes 1966, 111.
491 Barker u. Jackson 1974, 142 u. 149.

140 Hof des Custom House in London (1718)

141 Waage von Narva (Estland, 1741)

mas Ripley errichtete Ersatzbau hatte nach einem bei Felix Barker und Peter Jackson publizierten und von 1754 stammenden Stich (L. P. Boitard) im Hof ein großes Aufkommen an Menschen und Handelswaren sowie drei frei aufgestellte mobile Balkenwaagen.[492] Typologisch dürfen die beiden genannten Londoner Zollhäuser damit wohl dem Bautyp der Handelshalle zugerechnet werden.

Im estländischen Narva hat es als typische Ausnahme von der Regel vermutlich ein monofunktionales Waaggebäude gegeben (verm. Franciscus Ludwig von Franckenberg, 1741–1944).[493] Es hatte vielleicht sogar verschiebbare Balkenwaagen, die wie die Waagen Leiden

---

492 Barker u. Jackson 1974, 182.
493 Karling 1936, 366; sowie Kocenovskij 1991. 106. Die Waage von Narva wurde bei der Bombardierung der Innenstadt im Jahr 1944 zerstört und nicht wieder aufgebaut. Freundliche Auskunft Merike Ivask, Narva. Vgl. Kocenovskij 1991, passim.

und Gouda seitlich über ein Vordach verfügten. Die Ursache für die typologische Ähnlichkeit darf in dem allgemein sehr hohen Einfluss der holländischen Architektur in Narva gesehen werden.

Die Betrachtung von Handelbauten in Westeuropa zeigt also, dass es vom Mittelalter bis zum Ende des 18. Jahrhunderts außerhalb Hollands kein monofunktionales Waaggebäude gegeben hat. Die einzige Ausnahme von diesem Befund bildet, wie beschrieben, wahrscheinlich die Waage in der estländischen Stadt Narva. Bei allen anderen im Volksmund Waage genannten Gebäuden handelt es sich um multifunktionale Saalgeschossbauten. Bei ihnen nahm die Waage im Erdgeschoss nur eine von mehreren Funktionen ein.

Der Bautyp Waage in der Architekturtheorie

Der Bautyp Waage kommt in der Architekturtheorie so gut wie nicht vor. Selbst der holländische Architekturtheoretiker Simon Stevin, der sehr technikbegeistert war und immerhin auch der Verfasser eines Buches über Waagen als Instrumente war, hat in seinem bekannten städtebaulichen Traktat »Vande oirdeningh der steden« (um 1600) auf dem Grundriss seiner Idealstadt zwar ein Rathaus, ein Gefängnis, ein Zuchthaus, ein Fisch- und ein Fleischhaus, aber kein monofunktionales Waaggebäude vorgesehen.[494]

Der Einzige, der überhaupt auf den Bautyp Waage in nennenswerter Weise eingeht, ist der deutsche Architekturtheoretiker J. F. Penther (1748).[495] Gleich nach der Definition des Gegenstandes kommt der Autor auf das Vorbild Amsterdam zu sprechen: »Ein ziemliches Beispiel eines solchen Wage-Hauses haben wir von … der Amsterdammer-Wagen, welche jedoch nun schon 180. Jahr gestanden. Sie ist von ziemlichem Ansehen aus gehauenen Steinen, wiewohl noch etwas nach alter Bauart«.[496] Im weiteren kritisiert J. F. Penther an der Amsterdamer Waage das Fehlen einer Heuwaage, auf der man auch Geschütze wiegen kann.

Das Waaggebäude, das J. F. Penther vorschwebt, zeigt er als eigenen Entwurf.[497] Es hat einen annähernd quadratischen Grundriss von etwa 65 Fuß Seitenlänge. In der Mittelachse verläuft eine Durchfahrt. Jeweils am Anfang und am Ende der Durchfahrt befindet sich eine große Waage deren Maschinerie im Obergeschoss untergebracht ist. Darüber hinaus sind im Erdgeschoss elf Balkenwaagen von 6 Fuß Länge untergebracht. Fünf von ihnen liegen längs zu beiden Seiten der Durchfahrt. An diese schließen sich zu beiden Seiten je fünf

---

[494] Stevin 1649.
[495] Bei Antonio Averlino Filarete (ca. 1400–69) ist in dem Trattato d'architettura ein Zollhaus (Dogana) als Ausstattung des Marktplatzes genannt. Es liegt mit der Rückseite an einem Kanal, ist 60 Ellen (Braccie, 53–68 Zentimeter) lang, 40 Ellen breit und hat einen Innenhof von 20 auf 20 Ellen. Letzterer ist an drei Seiten als Säulenhalle ausgebildet. Dort liegen die Lager- und Verwaltungsräume. Vgl. Von Oettingen 1890, 318 f.
[496] Penther 1748, 58.
[497] Penther 1748, Tafel 49.

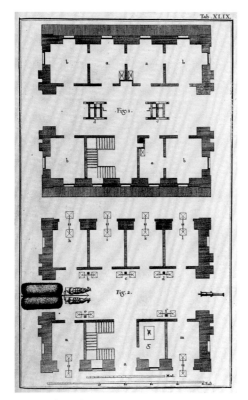 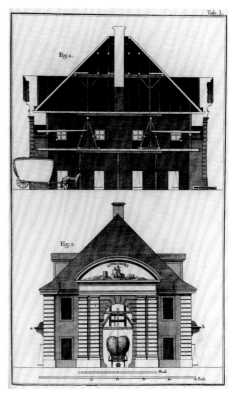

142 Stadt- und Heuwaage, Grundriss Erdgeschoss nach J. F. Penther 1748

143 Stadt- und Heuwaage, Fassade nach J. F. Penther 1748

kleine Räume an, insgesamt also zehn, von denen sechs jeweils eine Balkenwaage aufnehmen. Die äußere Waagschale tritt aus der Gebäudeflucht heraus und ist mit einem 3 Fuß breiten Vordach gedeckt. Zu diesem Entwurf zeigt J. F. Penther auch noch eine Eckvariante, die annähernd die gleiche Grundfläche hat, aber nur vier Balkenwaagen Platz bietet.[498]

Als Nachteil seines Entwurfes benennt J. F. Penther selbst das Problem, dass sein Gebäude wegen des beträchtlichen Platzbedarfs für die Heuwagen kaum zu einer Aufstellung an einem repräsentativen städtischen Hauptmarkt geeignet ist und schlägt daher die Anordnung an einem Nebenplatz vor. Darüber hinaus hat der Entwurf auch noch funktionale Mängel. So überschneiden sich in der Durchfahrt die Bedienungsflächen für die Balkenwaagen und den Heuwagen. Außerdem ist das Vordach so kurz, dass es beim geringsten Windhauch keinen Schutz vor Niederschlägen mehr bietet. In jedem Fall bleibt dieser Entwurf weit hinter den beschriebenen hochfunktionalen holländischen Beispielen zurück. Der Bau einer Waage nach dem Entwurf von J. F. Penther ist denn auch nicht bekannt.

---

498 Penther 1748, Tafel 51.

Zusammenfassung der Entwicklung des Bautyps Waage in Holland und Friesland

Bis um die Mitte des 16. Jahrhunderts wurden auch in den Niederlanden an die öffentliche Waage nur geringe bauliche Ansprüche gestellt. Die einfachste Form der Unterbringung war die Aufstellung der Waage im Freien oder unter einem Schutzdach. Wenn sich ein Ort für die Einrichtung der Waage einen allseitig umschlossenen Raum leisten konnte, so brauchte dieser allenfalls eine ausreichende Bewegungsfläche, einen kräftigen Balken oder ein Gewölbe zum Aufhängen der Balkenwaage und ein Tor zur Anlieferung und zum Abtransport des Wiegeguts.

Wenn die Waren wegen der Stapelpflicht gewogen werden und zum Lagern und Verkaufen sowieso in das Innere einer Handelshalle geschafft werden mussten, lag die Verbindung dieser Funktionen in einem Gebäude nahe. Dann war eine Durchfahrt von Vorteil, durch die man mit den Wagen und Karren auf der einen Seite hinein und auf der anderen wieder heraus fahren konnte. Die Waage konnte allerdings auch anders untergebracht sein, wie zum Beispiel beim Wiegemeister zuhause, in einem adaptierten Wohnhaus, einem Stadttor oder in einer Kirche. Zu der Ausbildung eines speziellen Bautyps Waage kam es auch in den Niederlanden bis zur Mitte des 16. Jahrhunderts nicht. Erst danach entstanden die Prototypen der monofunktionalen Waage, die sich dann in verschiedenen Abwandlungen verbreiteten.

Im Jahr 1547 ist es in Antwerpen nicht nur zum ersten Mal zum Bau eines monofunktionalen Waaggebäudes gekommen, sondern auch zur Erfindung verschiebbarer Balkenwaagen. Dieses Ereignis korrespondiert mit der Eigenschaft dieser Stadt im 16. Jahrhundert als kommerzielles, industrielles und finanzielles Zentrum der damaligen Welt.[499] Die entsprechende außergewöhnliche wirtschaftliche Kraft Antwerpens führte damals zum Bau einer außergewöhnlich großen Zahl von Handelsgebäuden: die Fleischhalle (1501–03), die alte (um 1515) und die neue (1531–33) Börse, das (Tapisserie-) Teppichhaus (1551–55), das Haus der »Ostlinge« (1554–63), das Hansehaus (1562–65), das Hessenhaus (1563–65), das Rathaus (1561–65) und eben auch die Waage (1547).[500] Diese Gebäude waren in ihrer Zeit ungewöhnlich hoch spezialisiert.

Bei der Waage von Amsterdam (1563–65) wurde das Antwerpener Vorbild aufgegriffen und mit der dreiseitigen Orientierung der Wiegevorrichtungen ein eigenständiger Grundriss geschaffen, der im Erdgeschoss ausschließlich der Waage dient. Mit der Hervorhebung der in dem Obergeschoss untergebrachten Wache darf die Waage von Amsterdam aber noch nicht zu den monofunktionalen Waaggebäuden gezählt werden. Bei der sogenannten Waage

---

[499] Soly 1977, 391.
[500] Soly 1977, 390. Bis zum Bau des Teppichhauses erfolgte der Verkauf von Teppichen in der Karmeliterkirche oder in der Fleischhalle. Vgl. Soly 1978, 111.

206 Zur Entwicklung der öffentlichen Waage und ihrer baulichen Unterbringung

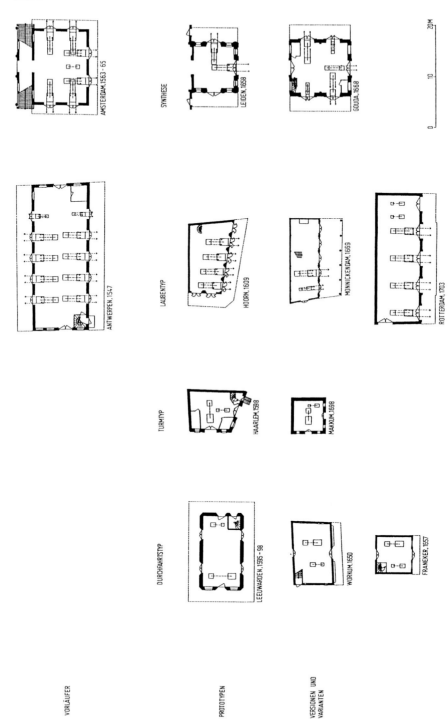

144 Typen und Versionen des monofunktionalen Waaggebäudes

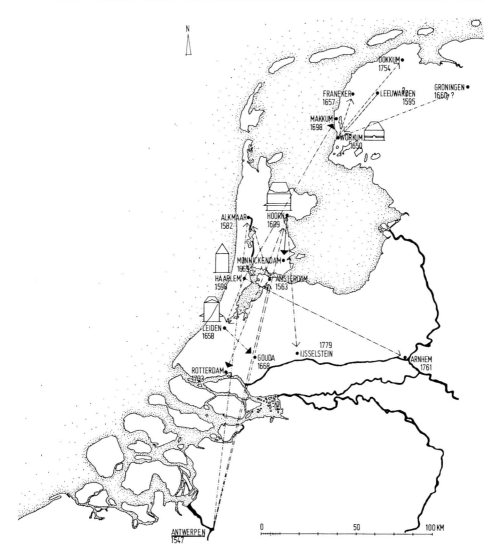

145 Verbreitung der Typen des monofunktionalen Waaggebäudes

von Alkmaar (1582) ist das Vorbild der wirtschaftlich führenden Stadt Antwerpen ebenfalls spürbar, allerdings mit dem Giebel des Rathauses. In typologischer Hinsicht handelt es sich bei der sogenannten Waage von Alkmaar um eine traditionelle multifunktionale Handelshalle.

Der einfachste Typ des monofunktionalen Waaggebäudes hat als Hauptmerkmal die starre Unterbringung einer Balkenwaage auf jeder Seite einer Durchfahrt. Diese Anordnung findet sich schon bei mittelalterlichen Handelshallen. Die Grundform des entsprechenden monofunktionalen Waaggebäudes wird hier als Durchfahrtstyp bezeichnet. Er darf als Handelshalle ohne weitere Markt- und Verwaltungsfunktionen im Erdgeschoss verstanden werden. In ihrem Habitus steht der Durchfahrtstyp der monofunktionalen Waage der multifunktionalen Handelshalle des Mittelalters noch sehr nahe. Dies gilt in der Regel vor allem für die freistehende Lage und die Zweigeschossigkeit. Letztere war bei Waaggebäuden allenfalls in städtebaulicher, nicht jedoch in funktionaler Hinsicht notwendig, so dass bei ihnen für das entsprechende Obergeschoss eine Nebenfunktion gefunden werden musste.

56 ff. ← Das Verbreitungsgebiet des Durchfahrtstyps der monofunktionalen Waage ist auf die Provinz Friesland beschränkt. Dort bildete die Waage in der Hauptstadt Leeuwarden (1598) das Vorbild für die Waagen von Workum (1650) und Franeker (1657). Die Waage von Dokkum (1754) gehört ebenfalls dem in Friesland verbreiteten Durchfahrtstyp an, wobei allerdings bei diesem Gebäude durch die Wiederverwendung der Fundamente einer alten Handelshalle ein bifunktionales Gebäude entstanden ist. An diesem Beispiel lässt sich der eingeschränkte Flächenbedarf einer monofunktionalen Waage gegenüber einer multifunktionalen Handelshalle unmittelbar vor Augen führen.

Die in Friesland vorherrschende Form des monofunktionalen Waaggebäudes mit der Durchfahrt und den starr aufgehängten Balkenwaagen überschneidet sich dort gelegentlich mit dem Bautyp Rathaus. Dies gilt für den Fall, wenn die Waage im Erdgeschoss entsprechend organisiert ist und der Saal im Obergeschoss als Ratssaal genutzt wird. Eine solche Nutzung ist für die Provinz Friesland in Kollum (1779)[501] und Oldeboorn (nach 1735)[502] festzustellen. In der Provinz Nordholland finden sich solche Beispiele in Graft (1613), Grootschermer (1639) und Jisp (1650).[503] Bei dem Rathaus von De Rijp (1630) darf der entscheidende Unterschied zum Bautyp Waage in der monumentalen Freitreppe gesehen werden, welche dem Obergeschoss eine besondere Bedeutung gibt, die der des Erdgeschosses mit der Waage nicht nachsteht.[504]

38 ff. ← Ein anderer Typ der monofunktionalen Waage leitet sich vom befestigten städtischen Wohnhaus ab. Wegen seines charakteristischen Verhältnisses von Breite zu Höhe wird er hier als Turmtyp bezeichnet. Er steht immer an einer Blockecke und hat zwei Fassaden, die gespiegelt sind, und je eine Torachse. In dieser konnte jeweils eine Balkenwaage untergebracht werden. Der knappen Grundfläche steht bei dem Turmtyp durch die beiden Obergeschosse zwar eine relativ große Geschossfläche gegenüber, die jedoch für die Erfüllung der Waagfunktion keine Rolle spielt. Der Turmform muss deshalb eine besondere Funktion als Zeichen zugrunde gelegt werden. In der Entwicklung des Turmtyps handelt es sich bei der Waage von Haarlem (1598) um den Prototyp, der in Makkum (1698) dann als kleinere und einfachere Version ausgeführt wird. Dagegen kann die Waage von Arnhem (1761) vor allem wegen der Unterschiede bei den beiden Fassaden nur noch mit erheblichen Einschränkungen dem Turmtyp zugeordnet werden.

---

501 Andreae 1885, 39.
502 Baujahr nach Auskunft der Gemeinde Utingeradeel in Akkrum entsprechend Akte Friesland, P. den Braber, Rotterdam.
503 Datierung nach Mens 1960.
504 Van Agt 1953, 119 f.

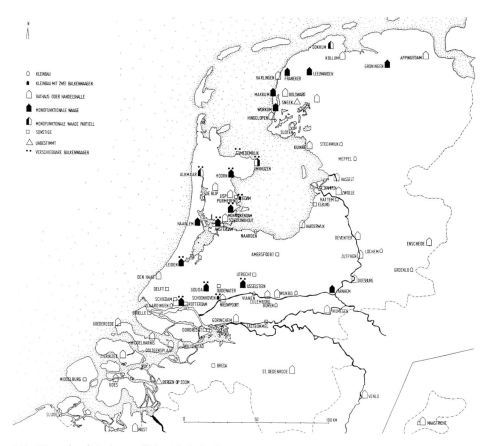

146 Waaggebäude in den nördlichen Niederlanden um 1792

Das Schlüsselmerkmal des Laubentyps ist die Reihung von fünf Toröffnungen an der Längsseite. Bei ihm handelt es sich quasi um eine in der Längsrichtung halbierte Version der Waage von Antwerpen. Nur nach einer Seite ausgerichtet konnte ein Waaggebäude vom Laubentyp in einen Baublock integriert werden. Die funktionalen Anforderungen der verschiebbaren Balkenwaagen fanden ihren städtebaulichen Ausdruck, indem die Straßenflucht nicht mit der Fassade, sondern mit der Traufe des Vordaches aufgenommen wurde. Durch diese Maßnahme entstand vor dem Gebäude eine aus dem Verkehrsfluss herausgenommene Fläche, wo das Wiegegut auf die Waagschalen kam.

Der Prototyp der Laubenform entstand mit der Waage von Hoorn (1609). Die Waagen von Monnickendam (1669) und Rotterdam (1703) folgen als Varianten. Mit gewissen Einschränkungen kann die Waage von Ijsselstein (1779) als eine um die beiden äußeren Achsen gekappte Variante des Laubentyps verstanden werden. Allerdings fehlt bei diesem Gebäude mit dem Vordach ein wichtiges Merkmal.

→ 61 ff.

Die Integration der Schlüsselmerkmale Monumentalität wie beim Turmtyp und Funktionalität wie beim Laubentyp führte zum Synthesetyp. Dieser hat ebenfalls verschiebbare Balkenwaagen. Sie wurden hauptsächlich zur Seite hin angeordnet und dort mit einem Vordach versehen. Die Hauptfassade hat nur eine Balkenwaage, die ohne Vordach auskommen muss. Dieser Nachteil wurde in Kauf genommen, damit sich auf dieser Seite eine ungestörte monumentale bauliche Erscheinung ergab. Durch den seitlichen Abstand zur übrigen Bebauung kam die für die Handelshalle charakteristische freistehende Lage wieder zum Vorschein. Die Entwicklung von Prototypen für Waaggebäude findet in dem Synthesetyp ihren Abschluss und ihren Höhepunkt.

54 ff. ← Die Waage von Amsterdam darf als Vorläufer für den Synthesetyp betrachtet werden. Dieses Gebäude zeigt nämlich mit der freistehenden Lage, der Unterbringung von verschiebbaren Balkenwaagen und der dreiseitigen Orientierung der Wiegestellen sowie der Turm-

74 ff. ← form bereits wesentliche Merkmale für eine solche Einordnung. Mit der Waage von Leiden (1658) entstand dann der Prototyp des Synthesetyps. Dieses Gebäude weist allerdings mit dem Anbau einer Butterhalle noch einen Atavismus auf. Erst in Gouda entstand als einzige Variante des Synthesetyps das erste und einzige freistehende, nach allen Seiten orientierte monofunktionale Waaggebäude.

Die Prototypen der monofunktionalen Waage wurden also alle zwischen 1598 und 1658 entwickelt: Haarlem, Hoorn und Leiden. Die Verbreitung der Varianten der Prototypen erfolgte in der zweiten Hälfte des 17. Jahrhunderts. Die Prototypen haben alle eine Fassade aus Naturstein, die Varianten in der Regel eine aus Backstein. In der zweiten Hälfte des 18. Jahrhunderts war die Technik der verschiebbaren Balkenwaagen dann auch bei den Kleinbauten angekommen.

Die regionale Verteilung der Typen des monofunktionalen Waaggebäudes zeigt deutliche Schwerpunkte. So ist die Verbreitung des Durchfahrtstyps auf die Provinz Friesland beschränkt. Dagegen finden sich die Waagen mit verschiebbaren Balkenwaagen fast ausschließlich in den Provinzen Nord- und Südholland. Die Entwicklung dieser Gebäude ging in der ersten Hälfte des 17. Jahrhunderts von der Provinz Nordholland aus, während Südholland diesbezüglich erst in der zweiten Hälfte des 17. Jahrhunderts eine Rolle spielte.

Die einzige monofunktionale Waage außerhalb der Provinzen Nord- und Südholland sowie Friesland findet sich im 17. Jahrhundert in Groningen (1660). In der zweiten Hälfte des 18. Jahrhunderts entstanden am Rand des nordniederländischen Territoriums auch noch in Arnhem (1761) und Ijsselstein (1779) zwei nennenswerte monofunktionale Waaggebäude. Die typologischen Merkmale der drei genannten, außerhalb des holländischen Kernraumes gelegenen und jenseits der kulturellen und ökonomischen Blütezeit datierenden Waagen bleiben jedoch diffus.

Der Bautyp Waage und das sogenannte Goldene Jahrhundert in Holland

Die hier näher untersuchten holländischen Waaggebäude stellen, wie oben ausgeführt, in Europa im Zeitalter des Barock eine Ausnahmeerscheinung dar. Es ist deshalb angebracht, nach den besonderen politischen, ökonomischen und kulturellen Bedingungen zu fragen, die die Entwicklung des Bautyps der monofunktionalen Waage möglich gemacht haben. Da es hauptsächlich landwirtschaftliche Produkte waren, die an und in den hier untersuchten Waaggebäuden gewogen wurden, soll zunächst dieser Sektor als möglicher Faktor untersucht werden. Entsprechende Zusammenhänge sind oben bei der Untersuchung der einzelnen Objekte bereits angedeutet worden.

Betrachtet man die holländische Landwirtschaft des 17. und 18. Jahrhunderts, so stellt man fest, dass auch diese in Europa eine Ausnahmerolle spielte. Sie war nämlich außergewöhnlich effizient, innovativ sowie marktorientiert und übertraf das übrige Europa durch eine doppelte bis dreifache Produktivität.[505] Diese bildete, viel mehr als die spektakulären kolonialen Handelsunternehmungen, den Grund für den wirtschaftlichen Aufstieg der Holländer im 17. Jahrhundert. Erst durch die außerordentlichen Gewinne der exportorientierten Landwirtschaft konnten nämlich der Freiraum, das Kapital und die Infrastruktur für die umfangreichen Aktivitäten der Holländer in Handel und Gewerbe entstehen.[506]

Der in ihrer Zeit enormen landwirtschaftlichen Produktivität kam in Holland der Umstand zugute, dass der Adel traditionell einen geringen Einfluss hatte, weshalb es dort in erster Linie freie Bauern waren, die weitgehend ihr eigenes Land bewirtschafteten. Daher konnten sie die Gewinne zu einem wichtigen Prozentsatz in die Intensivierung der Produktion und die Anpassung an die Bedürfnisse des Marktes investieren. Die entsprechende Entwicklung begann im späten Mittelalter in der Umgebung der städtischen Zentren in Flandern sowie Brabant und ging mit der allgemeinen Anlage von Deichen im Laufe des 16. Jahrhunderts auf die Küstenregionen Holland und Friesland über.[507]

Zu der hohen Produktivität kam bei der holländischen Landwirtschaft im 17. und 18. Jahrhundert die Spezialisierung auf Milchprodukte. Sie waren damals höchst profitabel. Die Voraussetzungen für die erfolgreiche Besetzung dieses Segments bildeten die natürlichen Bedingungen mit den feuchten saftigen Wiesen und eine durch Züchtung und Verbesserung der Fütterung erreichte Steigerung der Milchleistung der Kühe. So konnten die Holländer 90 Prozent des von ihnen produzierten Käses exportieren und wurden damit zu den Käseversorgern von Europa, was ihnen enorme Erlöse einbrachte.[508] Dagegen überließ

---

[505] De Vries 1974, 1 ff.
[506] De Vries 1976, 30 ff.
[507] De Vries 1974, 149
[508] De Vries 1974, 167.

man den weniger lukrativen Getreideanbau den vor allem mit Leibeigenen bewirtschafteten Gütern im Osten Europas.

Butter und Käse mussten zur Feststellung ihrer Masse gewogen werden. Deshalb darf in der diesbezüglichen Spezialisierung der holländischen Landwirtschaft ein besonderer Grund für die Entwicklung des Bautyps der monofunktionalen Waage gesehen werden. In diesem Zusammenhang erklärt sich die Tatsache, dass die Stadt Hoorn als Hauptausfuhrhafen für holländischen Käse bereits vor 1559 ein Waaggebäude mit vier Balkenwaagen besaß, die mit der nach diesem Zeitpunkt erfolgten Baumaßnahme um eine weitere ergänzt wurden und damit schon die Kapazität des Neubaus von 1609 aufwies.[509] Mit der Vervielfachung der notwendigen Wiegestellen im Zusammenhang mit dem Bau der neuen Waage in Gouda (1668), dessen Umland im 16. Jahrhundert noch vom Getreideanbau bestimmt war, ist dagegen der hier erst im 17. Jahrhundert erfolgte Umstieg auf die Milchwirtschaft ablesbar.[510]

Die Ausweitung der Bodenressourcen im Zusammenhang von Trockenlegungsmaßnahmen war in Holland ein wichtiger zusätzlicher Faktor der Steigerung der landwirtschaftlichen Produktion. In ihrer Dimension handelte es sich im 17. Jahrhundert um einen weltweit einmaligen Vorgang.[511] Eine frühe und umfangreiche Trockenlegung galt 1561 dem bei Alkmaar gelegenen Kroonmeer, durchgeführt von Klaas Hendricksz. Um dieselbe Zeit begannen die Klagen über die viel zu geringe Kapazität der Waage von Alkmaar, die dann schließlich zu dem oben beschriebenen Umbau des Heilig-Geist-Hospitals führten.[512]

Die typologischen Unterschiede der Waagen zwischen den Provinzen Holland und Friesland dürfen ebenfalls im Zusammenhang mit der Landwirtschaft gesehen werden. In der Provinz Holland war nämlich die Produktion von Käse vorherrschend und in der Provinz Friesland die von Butter. Und Butter ist wärmeempfindlich, so dass sie weit weniger als Käse im Freien der Sonne ausgesetzt werden kann. Also empfahl sich das Wiegen von Butter sonnengeschützt im Gebäudeinneren und mit dem Durchfahrtstyp eine entsprechende Form des Bautyps Waage. Beim Käse brachte dagegen das Wiegen unmittelbar vor dem Waaggebäude mit verschiebbaren Balkenwaagen einen erheblichen funktionalen Vorteil.

Die vergleichende Betrachtung der Provinz Holland mit den Provinzen Overijssel und Drenthe zeigt, wie unterschiedlich hoch die landwirtschaftliche Produktivität in den Niederlanden selbst war. In Drenthe und Overijssel blieb nämlich im 17. und 18. Jahrhundert die altertümliche, unproduktive und starre Struktur in der Landwirtschaft bestehen, weshalb diese Gegend selbst von Agrarimporten abhängig war. Und auch die Gebiete südlich der großen Flüsse konnten an der spezifisch holländischen Blüte wenig teilhaben.[513] Diesem Befund entsprechend finden sich dort keine monofunktionalen Waaggebäude. Ganz

---

509 Dröge 1991, 3.
510 De Vries 1974, 157.
511 De Vries 1976, 37.
512 Cordfunke 1978, 148.
513 Vgl. Huizinga 1933, 7.

147 Holländische Städte mit Stapelrecht

ähnlich wie bei der bildenden Kunst blieb die Verbreitung des Bautyps Waage auf nahezu denselben erstaunlich kleinen Raum beschränkt, der über die Provinzen Nord- und Südholland nicht nennenswert hinausgeht und nur etwa 100 Quadratmeilen beträgt.[514]

Neben den beschriebenen ökonomischen Faktoren sind es auch politische Entscheidungen, welche die Verbreitung des Bautyps Waage bestimmt haben. So wäre die frühe Entwicklung der Waage durch die im Auftrag Philipps II. von Spanien 1569 initiierte Steuerreform mit der Einführung einer ständigen zehnprozentigen, durch Beamte eingezogenen Verkaufssteuer und der Abschaffung des Waagzolls beinahe obsolet geworden.[515] Aber mit der Gründung der Republik der Vereinigten sieben Provinzen der Niederlande (1579) entstand auf deren Territorium eine eigenständige Rechtsform. Diese resultierte aus der Abschaffung des Durchfuhrstapels zusammen mit dem Feilbietungszwang zugunsten eines freien inländischen Handels, allerdings bei gleichzeitiger Beibehaltung des Umlandstapels und des Waagzolls als Folge der starken Position der Städte.[516]

In Orten mit großen Handelshallen ließ die Abschaffung des Stapelrechtes räumliche Kapazitäten frei werden (zum Beispiel Deventer und Enkhuizen).[517] Aber man scheint sich nicht sofort nach der Gründung der Republik über die baulichen Konsequenzen der neuen Handelspolitik im Klaren gewesen zu sein. So wirkte bei der sogenannten Waage von Alkmaar offensichtlich noch die Phase der Projektierung nach, die in die Regierungszeit Philipps II. fällt. In Hoorn dagegen wurde 1609 beim Neubau der Waage seitens der Stadt an

→ 1 ff., 15 ff.

→ 61 ff.

---

514 Vgl. Huizinga 1933, 8.
515 Vgl. Parker 1979, 135.
516 Vgl. Gönnenwein 1939, 234 ff.; sowie Parker 1979, 172.
517 Vgl. Gönnenwein 1939, 315.

148 Segelwagen für 28 Personen, Konstruktion Simon Stevin um 1620

die Unterbringung einer Stapelfunktion überhaupt nicht gedacht. Über die dort um dieselbe Zeit entstandenen Speichergebäude konnten die Eigentümer frei verfügen.

Die regional unterschiedliche Ausstattung der holländischen Städte mit Durchfuhrstapelrechten und entsprechenden Handelshallen wirkte sich auf die Verbreitung des Bautyps der monofunktionalen Waage aus. So bildete die Provinz Friesland einen vollkommen weißen Fleck auf der Landkarte der über ein solches Privileg verfügenden Städte, weshalb es dort mit der wirtschaftlichen Blüte des 17. Jahrhunderts vielfach zu einer Neuausstattung mit Waaggebäuden kam. In Gegensatz dazu handelte es sich bei den auf Walcheren gelegenen Städten Middelburg, Vlissingen und Veere um besonders wichtige Stationen des Durchfuhrstapels, während sich die wirtschaftliche Entwicklung im 17. und 18. Jahrhundert in der Provinz Zeeland jedoch in Grenzen hielt. So hat diese Gegend zur Entwicklung und Verbreitung des Bautyps der monofunktionalen Waage keinen nennenswerten Beitrag geleistet. Wieder anders war die Situation in der Provinz Groningen, wo die gleichnamige Hauptstadt über einen weit reichenden Umlandstapel verfügte, so dass es nur dort zum Bau einer entwickelten monofunktionalen Waage (1660–61) kam.[518]

Neben den konkret nachweisbaren ökonomischen und politischen Grundlagen darf im Zusammenhang mit der Entwicklung des Bautyps Waage auch ein Bezug zu dem geistigen Klima im Holland des 17. Jahrhunderts hergestellt werden. Dort kam es nämlich in dieser Zeit zu einer intensiven wissenschaftlichen Erfassung und Analyse natürlicher Erscheinungen.[519] Als bedeutendster Exponent dieser »Res Cogitans« kann der nach Amsterdam emi-

---

518 In der Provinz Groningen gab es Waagen als öffentliche Einrichtung noch in Appingedam und Farmsun. Vgl. Feith 1903, 28.
519 Wilson 1968, 93.

grierte französische Philosoph, Mathematiker und Naturwissenschaftler René Descartes (1596–1650) angeführt werden. Das Instrument Waage muss mit seiner Fähigkeit, die natürliche, subjektiv unterschiedlich empfundene Größe der Masse einer nachvollziehbaren objektiven Wertung unterziehen zu können, der holländischen Mentalität entsprochen haben.

Als weiterer Charakterzug der Holländer des 17. Jahrhunderts kann hier der besondere Drang zur Entwicklung technischer Lösungen angeführt werden. In diesem Zusammenhang dürfen u. a. die Erfindung des Fernrohres durch den Brillenmacher H. Lipperhey aus Middelburg um das Jahr 1608 und die Entwicklung eines mit Windkraft angetriebenen Automobils durch Simon Stevin angeführt werden.[520] Mit dem entsprechenden innovativen Klima darf auch die einzigartige Ausstattung der holländischen Waaggebäude mit den beschriebenen Verschiebekonstruktionen für die Balkenwaagen genannt werden. Und überhaupt gilt der entsprechende Erfindergeist natürlich für die Entwicklung des Bautyps Waage, der weltweit ohne Beispiel ist. Sie macht deutlich, wie bedeutende holländische Architekten sich immer wieder auf neues Terrain vorgewagt haben, um für eine Bauaufgabe die beste Lösung zu finden.

Der Zusammenhang zwischen der holländischen Kultur des 17. Jahrhunderts und der Entwicklung des Bautyps Waage zeigt sich auch in der zeitlichen Dimension. Das Auftreten der bedeutenden Politiker, Seefahrer, Maler und Schriftsteller fiel nämlich in den erstaunlich kurzen Zeitraum zwischen 1600 und 1670.[521] In diesen sechs Jahrzehnten wurden auch die Prototypen des monofunktionalen Waaggebäudes entwickelt: Leeuwarden (1598), Haarlem (1598), Hoorn (1609) und Leiden (1658). In der anschließenden Zeit, in der die holländische Wirtschaft und Kultur als Reaktion auf die merkantilistische Politik des Auslandes stagnierte, entstanden monofunktionale Waaggebäude nur noch als Abwandlungen bereits entwickelter Lösungen.

Bei den großen Waaggebäuden ist ihre Funktion als Zeichen unübersehbar. Sie erklärt sich aus dem Bedürfnis der holländischen Städte, ihre im Laufe des Unabhängigkeitskrieges erkämpfte Entwicklung zu weitgehend autonomen prosperierenden Stadtrepubliken zum Ausdruck zu bringen. Ein bedeutendes Waaggebäude war nicht nur dazu in der Lage, die Bonität der Stadt auszudrücken, sondern auch eine Autorität beim Einzug der Steuern darzustellen. Die Einkünfte aus dem Verkauf säkularisierter Kirchengüter förderte in vielen Fällen die Entscheidung zum Neubau eines monumentalen Waaggebäudes.

Während die Klöster in Holland fast vollständig verschwanden, stellten die Waagen ein neues wichtiges Element im Stadtbild dar. Diese unterscheiden sich oft durch ihre herausragende Höhe, ihre in Material und Ausstattung aufwendigere Fassadengestaltung und in ihrer baukünstlerischen Qualität von der ansonsten eher unprätentiösen, relativ einheitlichen umgebenden Wohnbebauung. Eine solche besondere Stellung der Waage im Stadtbild kommt in dem Gemälde des Haarlemer Spaarneufers von Gerrit A. Berckheyde (2. Viertel → Tafel 1

---
520 Wilson 1968, 101.
521 Huizinga 1933, 4.

17. Jahrhundert) beispielhaft zum Ausdruck. Das Verhältnis der hier dargestellten Gebäude darf als Abbild der allgemein flachen Hierarchie in der holländischen Gesellschaft gesehen werden. Und die kleinteilige, in erster Linie aus den vor Ort angetroffenen Bedingungen heraus erfolgte Gestaltung der Plätze, wie sie sich zum Beispiel beim Bau der Waagen von Amsterdam, Alkmaar und Hoorn entwickelt hat, spiegelt das kleinteilige Vorgehen der im lokalen verwurzelten und mit dem Bürgertum verbundenen Oligarchie.

Zusammenfassend betrachtet handelt es sich also bei dem Bautyp der monofunktionalen Waage in Holland um ein besonders vielfältiges und treffendes steinernes Zeugnis des sogenannten Goldenen Zeitalters der Niederlande. Mit dieser Qualität bildet er auf dem Gebiet der Architektur ein Äquivalent zur holländischen Malerei des 17. Jahrhunderts. In Analogie zu diesen Werken der Bildenden Kunst können die holländischen Waaggebäude im Verhältnis zu den großmaßstäblich formalistischen, feudal und sakral geprägten Bauten der umgebenden absolutistischen Territorien als ein besonders freundliches, selbstbewusstes und unprätentiöses bürgerliches Gegenstück betrachtet werden.

Anhang

Katalog der oben nicht näher untersuchten Waagen auf dem Gebiet der nordniederländischen Republik (bis 1795)

Die im Folgenden angeführten Bauten befinden sich jenseits der in dieser Untersuchung zur ausführlichen Untersuchung von Objekten vorgenommen Eingrenzung. Es handelt sich überwiegend um Gebäude mit einer Waagfunktion, die bautypologisch nicht als Waagen zu betrachten sind. Darüber hinaus sind hier auch noch die wenigen außerhalb der Provinzen Holland und Friesland gelegenen monofunktionalen Waaggebäude angeführt. Die Waaggebäude des 19. Jahrhunderts und die in den niederländischen Kolonien gelegenen Waagen bleiben außerhalb dieser Betrachtung.[522] Ferner wird hier eine Vielzahl von Orten nicht erwähnt, bei denen das ehemalige Vorhandensein einer öffentlichen Waage ausschließlich durch Schriftquellen bekannt und baulich überhaupt nicht mehr greifbar ist. In diesen Fällen darf davon ausgegangen werden, dass die mangelnde Überlieferung ein Indiz für die marginale bauliche Ausbildung der jeweiligen Waage ist. Das Ziel dieser Auflistung ist es, die bei der Objektuntersuchung vorgenommene Eingrenzung plausibel zu machen.

Monofunktionale mehrgeschossige Waaggebäude

Außerhalb der Provinzen Nord- und Südholland sowie Friesland finden sich drei monofunktionale mehrgeschossige Waaggebäude. Diese stehen sowohl zeitlich wie auch räumlich am Rand der bautypologischen Entwicklung und können deshalb in erster Linie als Beispiele für die Auflösung der Schlüsselmerkmale des Bautyps Waage angeführt werden.

Arnhem (Gelderl.), 1761–68 (Hendrik Viervant):[523] Dreigeschossiges Eckgebäude, oberstes als Mezzanin; annähernd gleiche Seitenlänge (16,99 Meter lang, 16,30 Meter breit) je-

---

522 Vergleiche z. B. für Paramaribo (Suriname) Temminck Groll 1973; für Willemstad (Curacao) Ozinga, 1959, 23; sowie generell Temminck Groll 2002.
523 Hendrik Viervant ist in den Schriftquellen zwar nicht als Architekt der Waage von Arnhem angeführt, aber die große Zahl und die Art seiner Nennung in den Stadtrechnungen im Zusammenhang mit dem Bau des Gebäu-

149 Waage von Arnhem, Photo 1961

doch dreiachsig an der etwas kürzeren (Markt-) Seite und fünfachsig an der anderen Seite; an letzterer die beiden rechten Achsen ursprünglich zur Erschließung der oberen Geschosse.[524] Fassaden auch in der Gestaltung der Einzelformen unterschiedlich; durch säulengerahmte Portaldekorationen, Eckpilaster und schmiedeeisernem Balkon, eher Charakter eines Stadtpalais. Im Kern während des zweiten Weltkrieges zerstört. 1958 bis 1960 Wiederaufbau mit veränderter Grundrisseinteilung.[525] Ursprüngliche Zahl und Lage der Balkenwaagen nicht

---

des und seine Stellung als Stadtzimmermann lassen kaum einen Zweifel an seiner Rolle als Entwurfsverfasser erscheinen. Vgl. Van Veen 1924, 33; sowie Tiemens 1961, 1128.

524 Die topographischen Zeichnungen aus dem Ende des 18. Jahrhunderts zeigen die ursprüngliche Anordnung der Öffnungen (vgl. z. B. o. V., o. D. Negnr. B 164/6, Gemeentearchief Arnhem). Diese ist heute auf der Marktseite wiederhergestellt. Dagegen sind die Türen an der Seite der Turfstraat beim Wiederaufbau des Gebäudes nach dem zweiten Weltkrieg in Fenster verändert worden.

525 Vgl. Tiemens 1961, 1130; sowie Grundstücksakte Archiv Gemeentewerken Arnhem.

150 Waage von Groningen, Zeichnung C. H. Peters nach 1874

151 Waage von Ijsselstein, Photo 1959

mehr zu bestimmen, jedenfalls verschiebbar in den Torachsen nicht konsequent möglich, Aufhängung daher als starr anzunehmen. Räumliche Einteilung der Wache im 1. Obergeschoss und Waagmeisterwohnung im 2. Obergeschoss nicht erhalten.[526]

Groningen, 1660–1874 (Coenraet Roeleffs): Freistehendes Gebäude, jede Seite dreiachsig, mittig je eine Toröffnung, Balkenwaagen innen starr eingerichtet, vielleicht in Torachse, ursprünglich nicht durch Vordach gedeckt.[527] Waagpächterwohnung im Obergeschoss durch Wendeltreppe in Ecke erschlossen. Tore von dorischen Pilastern gerahmt, im Obergeschoss durch ionische Pilaster weitergeführt, schlitzartige Fenster. Abgerissen 1874, typologisch vielleicht der Entwicklung in Friesland zuzuordnen.[528]

Ijsselstein (Utrecht), 1779: zweigeschossiges dreiachsiges Gebäude ohne Vordach. Mittig rundbogig überdecktes Tor mit seitlich je einer Tür einschließlich Oberlicht. Davon der linke Zugang zu dem im rückwärtigen Gebäudeteil gelegenen Arbeitshaus (Strafeinrichtung) und zur Treppe, die zu der ursprünglich im Obergeschoss gelegenen Schule führt (später Hospital u. Wache); straßenseitig in der Mitte die große Balkenwaage von 1764 mit Verschiebekonstruktion in situ erhalten, rechte Tür wohl für Beschickung der kleinen Balkenwaage von 1661. Reliefstein von 1599 wahrscheinlich von Vorgängergebäude an gleicher Stelle. 1924 Umbau zum Polizeibüro.[529]

Kleinbauten

Als Kleinbauten sind hier eingeschossige Gebäude bezeichnet. Als Waagen haben sie in der Regel nur eine Toröffnung, selten zwei. Sie waren gewöhnlich nur mit einer einzigen großen Balkenwaage ausgestattet. Die Gruppe der Kleinbauten ist durch eine hohe Quote von abgerissenen Objekten gekennzeichnet.

Brouwershaven (Zeeland), 1646: dreiachsig mit annähernd mittigem Tor, Kniestock. 1819 eingreifend restauriert, 1976 Einbau einer Arztpraxis.[530]

Groenlo (Gelderl.), 16. Jahrhundert?: Satteldach auf Rundbogenkolonnade, 1854 abgerissen.[531]

---

526 Seit dem Wiederaufbau nach dem Zweiten Weltkrieg diente die Waage von Arnhem der Niederländischen Reformierten Kirchengemeinde als Bürohaus. In dem nachträglich eingebauten Keller wurde die Heizung für die benachbarte Große Kirche eingebaut. Vgl. Markus 1907; sowie Tiemens 1961.
527 Das im 19. Jahrhundert an der Vorderseite der Waage von Groningen vorhandene Vordach setzt unter dem Geison des dorischen Gebälks an und verdeckt die Triglyphen, weshalb es nicht ursprünglich sein kann.
528 Feith 1903; sowie Schuitema Meijer 1956. Freundliche Auskünfte zur Geschichte der Waage von Groningen von W. K. van der Veen, Gemeentearchief Groningen.
529 Rietveld 1983; sowie Murk 1991, 317–330.
530 Akte P. den Braber, dort ohne Nachweis.
531 Vemer 1966.

Katalog 221

152 Waage von Brouwershaven, Photo 1979

153 Waage von Rhenen, Photo o. D.

Lochem (Gelderl.), nach 1640: seitlich an das Rathaus von 1640 angebaut, möglicherweise aus diesem ausgelagert. Vermutlich bei der eingreifenden Restaurierung des Rathauses von 1898 abgerissen.[532]

Maastricht (Limburg), Wollwaage, 1721: eingeschossig, Fassade von mittigem Tor dominiert, seitlich je ein schmales Fenster.[533]

Meppel (Drenthe), 1617: schmaler Schuppen ohne Fenster, wohl in erster Linie zum Unterstellen der Wiegeutensilien.

Montfoort (Utrecht), 1615: mit rundbogigem Tor und Satteldach, 1896 teilweise erneuert. Vor einigen Jahrzehnten abgerissen.[534]

Rhenen (Utrecht),1738: dreiachsige Fassade mit mittigem Tor und Walmdach. In den 1950er Jahren abgerissen.[535]

Einrichtung von Waagen in anderen Bautypen

Im Folgenden werden Bauten mit multifunktionaler Nutzung und Waage im Erdgeschoss aufgeführt. Ferner sind in diesem Abschnitt Waaggebäude aufgenommen, die ursprünglich für einen anderen Zweck errichtet und nachträglich an die Funktion Waage angepasst wurden.

Rathäuser

Unter den Rathäusern ist in den Niederlanden der zweigeschossige Typ mit einer Markthalle im Erdgeschoss und Versammlungs- und Verwaltungsräumen im Obergeschoss weit verbreitet. Bis etwa gegen Ende des 16. Jahrhunderts erfolgte die Bezeichnung der Markthalle oft als Fleischhaus, in der Zeit danach oft als Waage. In beiden Fällen darf jedoch bei diesen Gebäuden in Anbetracht des großen zur Verfügung stehenden Raumes von der Unterbringung einer größeren Zahl von Funktionen ausgegangen werden.

Appingedam (Groningen), 1630: Balkenwaage ursprünglich wahrscheinlich unter der Laube angebracht. Erdgeschoss im geschlossenen Bereich 1911 durch Verwaltung in Anspruch genommen.[536]

Bolsward (Friesl.), 1614 (Abraham Jacobsz. und Marten Domenici Douwesz.?): Waage zusammen mit Börse im Westflügel, d. h. links von der Freitreppe gelegen, etwa ein Drittel des Erdgeschosses einnehmend. An beiden Straßenseiten durch je zwei rundbogig über-

---

532 Angegeben auf dem Katasterplan von 1813.
533 Nispen 1926–53, 146 ff.
534 Akte P. den Braber, dort ohne Nachweis.
535 Van Iterson 1960.
536 Ozinga (1940, 2 f.) vermutet eine Waagnutzung für das gesamte Erdgeschoss. Eine solche Annahme widerspricht jedoch den typologischen Merkmalen.

154 Rathaus von Bolsward, Photo 1974

deckte Tore geöffnet. Im Rahmen der Restaurierung 1895/96 sekundäres Vordach wieder entfernt. Keine Spuren der Unterbringung einer Wiegevorrichtung.[537]

Culemborg (Gelderl.): Waage in dem aus dem 15. Jahrhundert datierenden, in den Neubau von 1534–39 (Rombout Keldermans) einbezogen Gebäudeteil. Bei der Restaurierung von 1949 weitgehend erneuert. Von der früheren Waagnutzung keine Spur.[538]

Enschede (Overijssel), 1585: durch Stadtbrand 1862 zerstört.[539]

Goedereede (Süd-Holl.), 1530: ursprünglich einfaches zweigeschossiges Gebäude, 1850 mit benachbartem Wohnhaus verbunden und mit neuer Fassade versehen. Waagraum umgebaut.[541]

---

537 Karstkarel u. Terpstra 1986.
538 Beaufort u. Van den Berg 1968.
539 Benthem Gz. 1920.
540 Unger 1930; sowie Prins-Schimmel 1988 (b).
541 Waal u. Vervoorn 1896.

155 Rathaus von Jisp, Photo 1950

Goes (Zeeland), 1771 (Boudewijn Kramer): Waage in Mitteltrakt, durch vier rundbogig überdeckte Tore geöffnet. Innenraum umgenutzt und verändert.[540]

Gorinchem (Süd-Holl.), 1437: Im Erdgeschoss Markthalle mit u. a. Fleischhaus, Weinhaus und Gewandhaus. 1593 Anbau eines Flügels mit Waage, zugunsten eines Neubaus 1859 abgerissen.[542]

Harderwijk (Gelderl.): Waage 1726 im Nachbargebäude des mittelalterlichen Rathauses im Zusammenhang mit dessen Erweiterung untergebracht. 1837 grundlegend umgebaut.[543]

Harlingen (Friesl.): Waage in dem 1730 beim Neubau des Rathauses auf dessen Rückseite einbezogenen Vorgängergebäudes; dieses 1756 erneuert.[544]

---

542 Van Groningen 1992, 117; sowie die dort angegebene Literatur.
543 Akte P. den Braber, nach Mitteilung eines namentlich nicht genannten Direktors der Stadtwerke Harderwijk.
544 Wumkes 1930.

Hasselt (Overijssel), um 1500 und um 1550: Waage im älteren Teil des Rathauses.[545]

Hindelopen (Friesl.), 1683: Waage in der östlichen Hälfte des Erdgeschosses; Eingang im 19. Jahrhundert im Zusammenhang mit der Anlage der heute vorhandenen Freitreppe verschoben; große Balkenwaage ursprünglich starr aufgehängt.[546]

Hulst (Zeeland), 1528: Waage hinter Rathausturm.[547]

Jisp (Nord-Holl.), ursprünglich von 1611, Umbau 1650: Waage im Erdgeschoss, zugänglich durch zwei Tore, davon eines direkt an der Gracht mündend. Gebäude nach der Aufhebung der Waage komplett als Rathaus genutzt. Ursprüngliche Ausstattung der Waaghalle nicht erhalten.[548]

Kollum (Friesl.), 1779: Nach noch vorhandener ursprünglicher dreiachsiger Einteilung im Obergeschoss selbige auch im Erdgeschoss zu rekonstruieren, wahrscheinlich mittiges Tor wie in Oldeboorn. 1895 durch Umbau zum Wohnhaus Erdgeschoss erheblich verändert.[549]

Kuinre (Overijssel), 1776: Waage neben Gefängnis und Treppe. Erdgeschoss bei der Restaurierung 1956 als Verwaltungsraum umgenutzt.[550]

Maastricht (Limburg), 1659 (Pieter Post): Neben Wache und Gefängnis, Waage räumlich differenziert in Fett-, Malz- und Kornwaage.[551]

Middelharnis (Süd-Holl.), 1639 (Arent van 's-Gravesande): Waage in der rechten Hälfte des Erdgeschosses, zugänglich durch Toröffnung in Freitreppe, die zum Rathaus im Obergeschoss führt.[552]

Naarden (Nord-Holl.): Bauzeit und ursprüngliche Gestalt nicht bekannt, vielleicht Hospital; ab 1572 Rathaus, Schauplatz der Ermordung der Einwohner der Stadt Naarden durch spanische Truppen, seit 1615 ausschließlich Waage. Nach Aufhebung der Waage wechselnde Nutzungen. Von der Waage nur noch das frühere Tor an den Fugen im Mauerwerk ablesbar.[553]

Nieuwpoort (Süd-Holl.), 1697 (Van der Willigh): eingeschossiger Annex auf der Rückseite des nahezu gleichzeitig entstandenen zweigeschossigen Rathauses. Seitlich jeweils ein Tor, davon das vordere mit Vordach. Mit der Umnutzung zum Archiv Wiegevorrichtung vollständig entfernt.[554]

St. Oedenrode (Nord-Brab.), von 1691: 1881 abgerissen.[555]

---

545 Akte P. den Braber, dort ohne Nachweis.
546 Akte P. den Braber nach dem Schreiben des dort namentlich nicht genannten Konservators des Hidde Nijland Museum, von 1969.
547 Potter 1845.
548 Van Agt 1953, 65 ff.; sowie die dort angegebene Literatur.
549 Douma 1932.
550 Kamman o. D.
551 Ottenheym u. Terwen 1993, 176 ff.
552 Verheul Dzn. 1905.
553 Vgl. Drijver 1936; sowie Vrankrijker 1978.
554 Van Groningen 1992, 121; sowie die dort angegebene Literatur.
555 Mommers 1928.

156 Waage von Nieuwpoort, Photo 1917

Oldeboorn (Friesl.), 1735: Zweigeschossig und dreiachsig. Waage im Erdgeschoss mit rundbogig überdecktem Tor in der Mitte, typisch für Friesland. Rathaus im Obergeschoss durch seitlich gelegene einläufige Freitreppe erschlossen. Obergeschoss 1921 als Bibliothek eingerichtet, Erdgeschoss 1970 zum Ausstellungsraum umgenutzt.[556]

Ooltgensplaat (Süd-Holl.), 1616: Zweigeschossig und sechsachsig, Tor für die Waage auf der linken Seite, zum Teil im Souterrain.

De Rijp (Nord-Holl.), 1630 (J. Az. Leeghwater): Zugang zur Waage unter der Freitreppe, zweites Tor zur Gracht. Im Waagraum hölzerne Balkenwaage an wohl nicht ursprünglicher Stelle.[557]

---

556 Archiv Rathaus Grouw, Akte E1, Nr. 7.
557 Van Agt 1953, 119 ff.; sowie die dort angegebene Literatur.

157   Waaghalle im Rathaus von De Rijp, Photo 1978

Schellinkhout (Nord-Holl.), 1759: einfaches zweigeschossiges Gebäude, von der ursprünglichen Waageinrichtung im Erdgeschoss nichts mehr erhalten.[558]

Sloten (Friesl.), 1759: Heute Museum.[559]

Sluis (Zeeland): Waage im »Schöffenhaus«, Teil des Rathauskomplexes von 1390; 1798 abgebrochen.[560]

Venlo (Limburg), 1597: Markthalle im Erdgeschoss.[561]

Wijk bij Duurstede (Utrecht), 1666: im Erdgeschoss neben der Waage die Waagmeisterwohnung.[562]

Willemstad (Nord-Brab.), 1589: im Erdgeschoss »Vleeshalle, Waghe oft ander gerieff van de ingesetenen«.[563]

Zierikzee (Zeeland): Teil des Rathauskomplexes, unter Turm, Ende 14. Jahrhundert in ehemaliger Fleischhalle.[564]

---

558 Van Agt 1953, 202 ff.; sowie die dort angegebene Literatur.
559 Wassenbergh u. Van der Molen 1964.
560 Krook o. J.
561 Akte P. den Braber, Mitteilung des dort namentlich nicht genannten Direktors des Goltziusmuseums in Venlo, von 1968.
562 Akte P. den Braber nach Auskunft des dort namentlich nicht genannten Archivars des Oud-Gemeentearchief Wijk bij Duurstede.
563 Dane 1950.
564 Postma [1969].

158 Sogenannte Waage von Doesburg, Photo 1955

Handelshallen

Amsterdam (Nord-Holl.), 1619/20: Fleischhalle genannt, auf dem Westermarkt gelegen. Im Obergeschoss Wache; nach dem Abbruch der Waage auf dem Dam 1808–1819 mit Waagfunktion ausgestattet; Gebäude 1857 abgebrochen.[565]

Delfshaven (Süd-Holl.): Sackträgerhaus genannt, auf der Südseite des Nieuwmarkt gelegen. Ab 1685 Einrichtung zur Hanfwaage; gleichzeitig Schweinewaage. Neubau 1761.[566]

Den Haag (Süd-Holl.): auch Großes Butterhaus genannt. Großer Saalbau aus mehreren Bauphasen bei einheitlicher äußerer Erscheinung: Hauptbauphasen ab 1650 (Bartholomeus van Bassen) und 1681 (Jacob Roman); Balkenwaage von 1682 an Gewölbe starr aufgehängt.[567]

---

565 Quarles van Ufford o. J., 83.
566 Krans 1991, 192.
567 Brinkgreve 1983.

159   Sogenannte Waage von Purmerend, Zeichnung A. Eversen 1858

Doesburg (Gelderl.), um 15. Jahrhundert: Handelshalle, ursprünglich als »Stadtbierhaus« und »Het hoge huis Gelria« bezeichnet. Heute weitgehend Produkt der Restaurierung von 1947–49. Aufhängung der Balkenwaage in dem als Restaurant genutzten Erdgeschoss folkloristisch.[568]

Purmerend (Nord-Holl.), 1744: nach Auslagerung der Waage aus dem Rathaus Umbau der 1709 bereits bestehenden sogenannten Butterhalle, auch als Butterwaage bezeichnet. Eingeschossiges Gebäude mit Walmdach. Die Trennung der Waag- und Hallenfunktion durch asymmetrische Einteilung der Fassade ablesbar. Waage auf der rechten Seite. 1883 abgerissen.[569]

Rotterdam (Süd-Holl.), 1619: als Butterhaus bezeichnet, an der Nordseite des Nieuwmarkt neben der Prinsenkerk gelegen, dreigeschossig und achtachsig. Frontispiz über den mittleren vier Achsen mit Wiegeutensilien. Seit 1654 bis 1685 auch als Hanfwaage genutzt. Vielleicht damit in Zusammenhang Umbau des Erdgeschosses; Gebäude 1923 für den Neubau der Gemeindebibliothek abgerissen.[570]

---

568   Ter Kuile 1958, 58 f.; sowie die dort angegebene Literatur.
569   Postema 1940.
570   Freundliche Mitteilung Piet Balhuizen (Rotterdam).

160 Butterhaus von Rotterdam (1619), Zeichnung P. van Leeuwen

161 Sogenannte Waage von Steenwijk, Photo 1963

162 St. Anthoniswaage von Amsterdam (Nieuwmarkt)

Rotterdam (Süd-Holl.), 1620: als Fleischhalle bezeichnet, an der Südwestecke des Nieuwmarkt gelegen; ab 1625 bis 1654 Nutzung als Hanfwaage und Butterhalle; 1875 abgerissen.[571]

Steenwijk (Overijssel), 1642: dreiachsig und eingeschossig, mit Treppengiebel. Nach der Breite des Tores (2,80 Meter) offensichtlich für die Einfahrt mit Karren, nach der Tiefe zu urteilen auch noch für andere Zwecke konzipiert.[572]

Zutphen (Gelderl.): Ursprünglich Stadtherberge, erst im 19. Jahrhundert als Weinhaus bezeichnet; Saalbau mittelalterlichen Ursprungs, 1616–1620 erheblich umgebaut, Turm von 1637–41 (Edmond Hellenraet). Unter Freitreppe die große Balkenwaage hinter dem Portal starr aufgehängt; Gebäude 1863 abgebrochen und wieder neu aufgebaut, Turm nach Brand 1921 und Gesamtanlage 1945 nach erneutem Brand wiederhergestellt.[573]

Zwolle (Overijssel): zweigeschossiges Eckhaus, ursprünglich als Fleischhalle bezeichnet. Einrichtung der Waage 1616, mit hölzernem Waagbalken von 1696 ausgestattet. Gebäude 1743 umgebaut, 1880 erneut umgebaut.[574]

Stadttore

Amsterdam (Nord-Holl.), Nieuwmarkt, 1488: St. Antoniespoort, nach dem Abbruch der Stadtmauer 1601 ohne Funktion; 1617 Umbau zur Waage (»Nieuwe Waag«) mit u. a.

---

[571] Verheul Dzn. 1937; sowie Hazewinkel 1940–1942.
[572] Akte P. den Braber, Schreiben des dort namentlich nicht genannten Gemeindesekretärs von Steenwijk, o. D. um 1968.
[573] Gimberg 1925.
[574] Hoefer 1912.

Überdachung des Hofes zwischen Vor- und Haupttor. An allen vier Seiten je ein Tor mit Vordach. Wiegevorrichtung nicht erhalten.[575]

Amsterdam (Nord-Holl.), Rembrandtsplein, 1655, Regulierspoort (J. H. Koek): Ab 1668 wegen Stadterweiterung ohne Funktion. Anschließend Umbau zur »Butterwaage«. Ausstattung mit drei großen Balkenwaagen und einer kleinen Balkenwaage. Obergeschoss als Wache für die Schützengilde; 1874 abgerissen.[576]

Elburg (Gelderl.): In einem Teil des mittelalterlichen Goortores, 1854 abgebrochen.[577]

Kampen (Overijssel): in dem (abgebrochenen) Veene- und dem (erhaltenen) Cellebroedertor?[578]

Kirchen

Nachdem im Mittelalter Kirchen die Waage noch vielfach aus Mangel an anderen geeigneten Räumlichkeiten aufnehmen mussten, war es in den Niederlanden im 16. Jahrhundert die Reformation, die gelegentlich zu einer neuen Nutzung der vorhandenen Sakralbauten führte.[579]

Dordrecht (Süd-Holl.), Eisenwaage: urspr. Kapelle der Weinkäufergilde, von 1325. Einrichtung der Eisenwaage 1594. 1841 abgerissen.[580]

Schiedam (Süd-Holl.): Bis 1572 Taufkapelle der St. Jankirche, später städtisches Waffenarsenal. 1579 die bis dahin im Rathaus befindliche Waage mit Waffenarsenal getauscht. Fassade von 1748. Die Haken als starre Befestigung der Balkenwaagen im Innern noch vorhanden. 1989 Umnutzung zum Verwaltungsraum für die Kirchengemeinde.[581]

Wohnhäuser

Die Unterbringung von Waagen in Wohnhäusern hat ihre Wurzel im Mittelalter, als die öffentliche Waage gelegentlich bei dem Pächter zuhause eingerichtet war.[582] Es kam aber auch hin und wieder vor, dass zur Einrichtung einer öffentlichen Waage ein Wohnhaus gekauft wurde.

Delft (Süd-Holl.), 16. Jahrhundert: zwei ortstypische Wohnhäuser, zweigeschossig mit Halbgeschoss auf der Rückseite (unten Küche, oben Schlafraum); 1593 erstes Haus als Waage eingerichtet, 1644 Kauf des südlich gelegenen Nachbarhauses zur Erweiterung der

---

575 Vgl. Kalff 1917; De Jongere 1926; Zürcher 1929; Krielaart 1975; sowie Kurpershoek 1994.
576 Kalff 1917; Kruizinga 1983.
577 Akte P. den Braber, dort ohne Nachweis.
578 Akte P. den Braber, nach Mitteilung des Gemeindearchivars 1968.
579 Van Groningen 1995, 121.
580 Sels 1854.
581 Van der Feijst 1975.
582 Fokke Simonsz. 1808, 68.

163 Waage von Schiedam, Photo 1988

164 Waage von Delft, Photo o. D.

165 Waage von Medemblik, Photo vor 1972   166 Sogenannte Waage von Zaltbommel, Photo 1911

Waage. Verbindung beider Häuser durch Entfernung der gemeinsamen Trennwand zur Hälfte; vorne und hinten jeweils ein Tor pro Hauseinheit, Vordach vorne über beide Häuser. Auf Stich aus dem Ende des 17. Jahrhunderts das rechte mit Stufengiebel, das linke mit Walmdach. 1767 Vereinheitlichung der beiden Gebäude durch eine gemeinsame Vorderfassade; über dem Mittelrisalit Fronton mit Wiegeutensilien. 1973/74 Umbau zum Theater. Große fest aufgehängte Balkenwaage von 1647 in Raum belassen, kleine Balkenwaage entfernt.[583]

Dordrecht (Süd-Holl.), um 1360: repräsentatives Patrizierhaus mit gotischem Maßwerkgiebel. Gebäude 1594 von der Stadt zur Einrichtung der Waage gekauft; 1834 Umnutzung, Abriss 20. Jahrhundert.[584]

Medemblik (Nord-Holl.), Vorderhaus 17. Jahrhundert: zweigeschossig mit Treppengiebel, 1692 Einrichtung der Waage. Reliefstein mit Balkenwaagen und inschriftlicher Datierung »1773« wohl auf Umbau bezogen. Decke an der Vorderseite sekundär bis auf Fensterbank des Obergeschosses angehoben; dort zwei Laufbalken für je eine verschiebbare Bal-

---

583 Doorenbos u. a. 1974; sowie Raue 1983. Bei dem durch J. J. Raue (1983, 221–223) vermeintlich lokalisierten mittelalterlichen Waaggebäude in der Nähe der heutigen Waage handelt es sich offensichtlich um eine Projektion des späteren monofunktionalen Typs.
584 Sarfatij 1994.

kenwaage eingelassen, ähnlich wie in Enkhuizen. An der Fassade zwei große Tore mit einem bis zum Sturzbalken unter dem Obergeschossfenster reichenden Oberlichtband. Um 1972 Einrichtung eines Blumengeschäfts. Ursprüngliche Wiegevorrichtung funktionsfähig, Waagmeisterkabine erhalten.[585]

Oudewater (Süd-Holl.), nach inschriftlicher Datierung von 1595: eingeschossig mit Satteldach. Heute als Hexenwaage bezeichnet und als Museum genutzt.[586]

Utrecht, Huis Keizerrijk, gotisches Patrizierhaus um 1410: Gebäude 1473 von der Stadt erworben. Einrichtung der Waage 1614. Gleichzeitig Steuerbüro für Bier. Nach der Zeichnung von Pieter Saenredam vom Oktober 1636 an der Giebelseite ein fest über dem Sturz der Eingangstüre eingebauter hölzerner Waagbalken, gedeckt durch ein Vordach mit zwerchgiebelartigem Aufsatz zum Ausschlagen des Waagbalkens. Auf dem Gemälde von P. J. Linder von 1764 ohne Vordach auf der Giebelseite, dieses dagegen auf der Traufseite verbreitert. Waage im 19. Jahrhundert ausgelagert; Gebäude heute Teil des Rathauses. Frühere Waagnutzung nicht mehr wahrzunehmen.[587]

Zaltbommel (Gelderl.): zweigeschossiges Wohnhaus, Fassade von 1798 (C. van Leeuwen). Erdgeschoss als Torrisalit mit seitlichem toskanischen Pilastern und Triglyphenfries. Innen große Balkenwaage starr aufgehängt.

Sonstige

Amersfoort (Utrecht): ehemalige Lateinschule, Einrichtung der Waage 1622; zusätzlich 1655 noch Lakenhalle in Erd- und Obergeschoss, später im Erdgeschoss auch noch Wache. 1865 abgebrannt.[588]

Bergen op Zoom (Nord.-Brab.), 1751: zweigeschossig, Fassade vierachsig; nach Umbau heute als Waage nicht mehr zu erkennen.

Breda (Nord-Brab.), 1659: wohl unter Einbeziehung älterer Bausubstanz. Grundriss etwa zur Hälfte Waage. Einbau der Wiegevorrichtung wegen seitlicher Abstützung durch Pfosten als sekundär anzunehmen. Nur eine schmale Zugangsöffnung an der Giebelseite. Andere Hälfte im Erdgeschoss als Raum mit offenem Kamin, vom anderen Giebel aus erschlossen. Obergeschoss Versammlungssaal der Schützengilde. An der Längsseite breites Vordach auf sieben verstrebten Stützen, vorne an der Vismarktstraat Treppengiebel, rückseitiger Giebel mit Erker. Um 1865 abgerissen.[589]

Brielle (Süd-Holl.), 1623 (Maerten Cornelisz. Paeyse): Waage Teil der nach und nach aus dem Rathaus ausgelagerten und auf dessen Rückseite baulich separat untergebrachten

---

585 Van den Berg, 1955; sowie die dort angegebene Literatur.
586 Visser 1941. Die Literatur über die Waage von Oudewater ist fast vollständig von Geschichten über die Hexenverfolgung bestimmt und damit hier nicht relevant.
587 Haslinghuis 1956; sowie Temminck Groll 1963.
588 Bemmel 1760.
589 Van Goor 1744; sowie Kalf 1912.

167 Sogenannte Waage von Den Briel, Photo 1974

Funktionen: an der Straßenecke der kleinere Waagraum, anschließend ein quer verlaufender Flur, daran auf der größeren Grundfläche das Gefängnis. Waagraum mit eiserner Balkenwaage von 1655 ausgestattet, auf jeder der beiden Straßenseiten ein Tor.[590]

Hattem (Gelderl.), 1621: Waage im Erdgeschoss und Wache im Obergeschoss; dieses ursprünglich durch zweiläufige Freitreppe erschlossen; dreiachsig mit Zwerchgiebel. Erdgeschoss ursprünglich zum Teil auch als Wohnung genutzt. Freitreppe 1875 abgerissen. Keine Spuren der früheren Waagnutzung. Oft verwechselt mit Rathausanbau von 1625. Waage dort aber erst seit 1875.[591]

Middelburg (Zeeland): Stallungen der Abtei, Waage 1523 eingerichtet, Gebäude 1823 abgerissen.[592]

Sneek (Friesl.), 17. Jahrhundert?: fünfachsiges zweigeschossiges Eckhaus mit Treppengiebeln und glockenförmigem Zwerchgiebel; Vordach von 1725, 1756 in Zusammenhang mit Ankauf von Nachbarhaus verlängert. Tür zur Treppe in das Obergeschoss in Mittelachse, rechts davon und an der Giebelseite Toröffnung. Innen Einrichtungen zum Lagern von Käse. Waage vermutlich sekundär eingerichtet, ursprünglich möglicherweise Wohnhaus oder Saalbau. 1854 durch einen Neubau ersetzt.[593]

Vianen (Süd-Holl.), 17. Jahrhundert?: Kleines schlichtes eingeschossiges Gebäude, Spuren erheblicher Umbauten; daher ursprüngliche Nutzung als Waage fraglich.[594]

---

590 Don 1992, 123; sowie die dort angegebene Literatur
591 Hoefer 1923; sowie Van der Wielen 1979, 258.
592 Lantsheer u. Nagtglas 1879.
593 Napjus 1969 ed. 1772.
594 Van Groningen 1989, 393 f.

Tafel 1 Waage und Kran an der Spaarne in Haarlem, Gemälde G. A. Berckheyde 2. Viertel 17. Jahrhundert

Tafel 2 Altes Rathaus, Dam und Waage von Amsterdam während des Leprosenumzuges, Gemälde A. van Nieuwlandt 1633

Tafel 3 Marktplatz von Hoorn mit Waage (rechts), Rathaus (mittig) und Ständekollegium (links), Gemälde I. Ouwater 1784

Tafel 4 Plünderung des Hauses des Steuerpächters Stipriaan in Leiden, Gemälde Pieter Cattel 18. Jahrhundert

Literaturverzeichnis

AA, A[BRAHAM]. J[ACOB]. VAN DER: Aardrijkskundig woordenboek der Nederlanden. Gorinchem 1839–1851.

AA, PIETER VAN DER (Hrsg.): Les ouvrages d'architecture ordonnez par Pierre Post. Leiden 1715.

AGT, J. J. F. W. VAN: De Nederlandse monumenten van geschiedenis en kunst; deel VIII; de provincie Noordholland, eerste stuk; Waterland en omgeving. 's-Gravenhage 1953.

AHNERT, R[UDOLF]. U. K[ARL]. H[EINZ]. KRAUSE: Typische Baukonstruktionen von 1860 bis 1960 zur Beurteilung der vorhandenen Bausubstanz. Band 2; Stützen, Treppen, Balkone und Erker, Bogen, Fußböden, Dachdeckungen. Berlin 1996.

ALDANA FERNÀNDEZ, SALVADOR: La lonja. Valencia 1991.

ANDREAE, A[RNOLDUS]. J[OHANNES].: Kollumerland en Nieuw-Kruisland. Leeuwarden 1975 (urspr. 1883).

ANDREAE, A[RNOLDUS]. J[OHANNES].: Oudheidkundige plaatsbeschrijving van de gemeente Kollumerland en Nieuwkruisland. Kollum 1885.

BARGELLINI, PIERO: Scoperta di Palazzo Vecchio. Firenze 1968.

BAER, WOLFRAM, HANNO-WALTER KRUFT U. BERND ROECK (Hrsg.): Elias Holl und das Augsburger Rathaus. Regensburg 1985.

BARKER, FELIX U. PETER JACKSON: London; 2000 years of a city and its people. London 1974.

BARRON, CAROLINE M[ARY].: The medieval Guildhall of London. London 1974.

BASAS, MANUEL: Breve historia de la alhóndiga municipal de Bilbao. Bilbao 1970.

BAUM, JULIUS: Die Bauwerke des Elias Holl. Strassburg 1908.

BEAUFORT, R[ENÉ]. F[RANÇOIS]. P[AUL]. DE U. HERMA M. VAN DEN BERG: De Nederlandse monumenten van geschiedenis en kunst; deel 3; de Provincie Gelderland; eerste Stuk; het Kwartier van Nijmegen; onderdeel De Betuwe, benevens o. m. de graafschappen Buren en Culemborg. 's-Gravenhage 1968.

BELLAVITIS, GIORGIO U. GIANDOMENICO ROMANELLI: Venezia. Roma e. a. 1985.

BELONJE, J.: »Biographische notities over mr. Adriaan Anthonisz. superintendent der fortificatiën«. In: Stichting Menno van Coehoorn (Hrsg.): Jaarverslag over 1970. 's-Gravenhage 1971, 42–47.

BEMMEL, A[BRAHAM]. VAN: Beschrijving der stad Amersfoort. Utrecht 1760.

BENTHEM GZ., A[RENT].: Geschiedenis van Enschede en zijne naaste omgeving van de vroegste tijden tot den wederopbouw van de stad na den brand van 7 mei 1862. Enschede 1920 (2. Aufl., urspr. 1895).

Berg, H[erma]. M. van den: De Nederlandse monumenten van geschiedenis en kunst; deel VIII; de provincie Noordholland; tweede stuk; Westfriesland, Tessel en Wieringen. 's-Gravenhage 1955.

Berrevoets, L.: »Een historisch overzicht van waaggebouwen«. In: Slechte, C. H. u. N. Herweijer (Red.): Het waagstuk; de geschiedenis van waaggebouwen en wegen in Nederland. Amsterdam 1990, 43–80.

Beseler, Hartwig u. Niels Gutschow: Kriegsschicksale Deutscher Architektur. Neumünster 1988 (zwei Bände).

Bettink, G. J.: »De Waag te Haarlem«. In: Buiten, Jg. 9, Nr. 33. Amsterdam 1915, 396.

Bleau, Joan (Hrsg.): Tooneel der steden van de Vereenighde Nederlanden met hare beschrijvingen. Amsterdam 1966 (urspr. 1649).

Bloemink, Wijnand (Red.): De Waag in Deventer; 475 jaar geschiedenis. Zutphen 2003.

Blok, G[erard]. A[driaan]. C[ornelis].: »Pieter Post; de bouwmeester van de Waag«. In: Die Goude, Band 1. Gouda 1934, 104–110.

Blok, G[erard]. A[driaan]. C[ornelis].: Pieter Post; 1608–1669; der Baumeister der Prinzen von Oranien und des Fürsten Johann Moritz von Nassau-Siegen. Siegen i. Westf. 1937.

Böckh, August: Die Staatshaushaltung der Athener. Berlin 1851.

Bonnet-Laborderie, Philippe u. François Callais: Compiègne; son patrimoine; la ville et sa forêt. Beauvais [1993].

Boochs, Wolfgang: Die Finanzverwaltung im Altertum. Sankt Augustin 1985.

Boockmann, Hartmut: Die Stadt im späten Mittelalter. München 1986.

Boschma, Corrie: »Geschiedenis van de kaaswaag«. In: Oud Edam, Jg. 11, Nr. 1. O. O. 1987, 3–6.

Braglia, Graziella Martinelli: »La nuova Dogana; Pietro Termanini e l'architettura illuministica«. In: Gabriella Guandalini (Hrsg.): Il Palazzo Comunale di Modena. Modena 1985, 183–185.

Brawne, Michael: Introduction. In: a[rchitectural] r[eview] Band 157, Nr. 878. London (April) 1970, 242.

Bray, Salomon de: Architectura Moderna ofte Bouwinge van onsen tyt. Soest 1971 (Reprint, urspr. Amsterdam 1631).

Brem, Heinrich: »Vom Kürschnerhaus zum Supermarkt; über die Wandlungen des Hauses Hauptmarkt 12«. In: Erich Mulzer (Hrsg.): Nürnberger Altstadtberichte, Nr. 18. Nürnberg 1993, 27–44.

Brinkgreve, G[eurt].: De boterwaag te 's-Gravenhage. Den Haag 1983.

Brinkhoff, J[ohannes]. M[ichael]. G[erardus]. M[aria].: »De Waag in eer hersteld«. In: Numaga, Jg. 24, Nr. 3. Nijmegen 1977, 65–72.

Bruigom, A. P.: Waterland; getekend door Cornelis Schoon (1719–1778). Alphen aan den Rijn 1979.

Bruinvis, C. W.: Hoe de Alkmaarsche Waag-toren zijn klokkenspel bekomen heeft. Alkmaar 1888.

Bruinvis, C. W.: Hoe de Alkmaarsche Waagtoren zijn klokkenspel bekomen heeft; tweede druk, vermeerderd en uitgebreid tot eene geschiedenis van de kaasmarkt, het waaggebouw en het waagrecht te Alkmaar. Alkmaar 1889.

Brunet, Marceline, Brigitte Ceroni u. Jean Paul Leclercq: Inventaire général des monuments et des richesses artistiques de la France; Canton de Billom, Puy-de-Dôme. Clermont-Ferrand 1991.

Burke, G[erald]. L[ouis].: The making of Dutch towns; a study in urban development from the tenth to the seventeenth centuries. London 1956.

Busse, Hermann E. (Hrsg.): Mannheim. Karlsruhe 1927.

Calabi, Donatella: Il mercato e la città; piazze, strade, architetture d'Europa in età moderna. Venezia 1993.

Cattois, F[rançois]. u. A[ymar]. Verdier: Architecture civile et domestique. Paris 1855 (Reprint, Farnborough 1972).
Cauwenbergh, George van: Gids voor Oud Antwerpen. Antwerpen 1982 (urspr. 1973).
Conforti, Claudia: Vasari architetto. Milano 1993.
Corbier, Mireille: »City, territory and taxation«. In: John Rich: City and country in the ancient world. London 1991. 224–231.
Cordfunke, E. H. P.: Alkmaar in prehistorie en middeleeuwen; tien jaar stadskernonderzoek. Zutphen 1978, 145–157.
Craemer, Ulrich: Das Hospital als Bautyp des Mittelalters. Köln 1963.
Daiches, David: Edinburgh. London 1978.
Dane, K.: Willemstad; historisch overzicht van stad en polder. Klundert 1950.
Debets, Carla: »Nieuwe bestemming voor uniek waaggebouw«. In: Bouw-wereld, Jg. 87, Heft 24. Amsterdam 1991, 14–17.
Deveau, Marie Françoise: L' Hôtel de Ville de La Rochelle. La Rochelle 1995.
Devos, Patrick: De gemeentehuizen van Oost-Vlaanderen. Gent 1982.
Dijkstra, O[nno]. H[endrik].: »Willem Opperdoes, waagmeester te Haarlem«. In: Haerlem Jaarboek 1967. Haarlem 1968, 82–102.
Dölger, Franz: Byzanz und die europäische Staatenwelt; ausgewählte Vorträge und Aufsätze. Darmstadt 1964.
Don, Peter: De Nederlandse monumenten van geschiedenis en kunst; de provincie Zuid-Holland; Voorne-Putten. Zwolle 1992.
Doorenbos, A., H. W. van Leeuwen, F. J. C. van der Vegt, H. H. Vos u. A. J. Zuithoff: Van Waag tot theater. Delft 1974.
Douma, Y.: Uit het verleden en heden van Kollum. Kollum 1932.
Downes, Kerry: English Baroque architecture. London 1966.
Dragt, G. I. W.: »Over de Waag te Dokkum naar aanleiding van een tekening door F. J. van der Elst«. In: Streekmuseum »Het Admiraliteitshuis« gevestigt te Dokkum: jaarverslag 1983. Dokkum 1984, 30–44.
Dragt, Ihno, Peter Karstkarel, Wim Keune, Maaike Kuipres u. Arend Jan Wijnsma: Dokkum, beeld van een stad. Drachten 1986.
Drijver, F[ranciscus]. W[ilhelmus].: Naarden; historie en monumenten. Hilversum 1936.
Dröge, J. F.: De Waag aan de Rode Steen te Hoorn; anno 1609; rapport bouwhistorisch onderzoek. Leiden 1991 (Typoskript).
Dunk, Thomas H. von der: »De Witte en de Waag«. In: Amstelodamum, Jg. 86, Heft 3. Amsterdam 1999, 76–84.
Eekhoff, W[opke].: Geschiedkundige beschrijving van Leeuwarden van den vroegsten tijd tot den jare 1846. Leeuwarden 1846 (zwei Bände, Reprint 1967).
Eitel, Peter: Das Waaghaus; »Geschichte und Funktionswandel eines Ravensburger Gebäudes«. In: Kreissparkasse Ravensburg (Hrsg.): Das Waaghaus in Ravensburg. Ravensburg 1988, 28–44.
Engels, P[etrus]. H[enricus].: De geschiedenis der belastingen in Nederland; van den vroegste tijden tot op heden. Rotterdam 1848.
Enlart, Camille: Manuel d'archéologie française; depuis les temps mérovingiens jusqu'à la renaissance. Teil 2, Band 1. Paris 1929.
Feijst, G. van der: Geschiedenis van Schiedam. Schiedam 1975.
Feith, J[ohan]. A[driaan].: Wandelingen door het oude Groningen; bestaande en verdwenen oude gebouwen; de Waag. Groningsche Volksalmanak 1902. Groningen 1903.

FENNER, GERD: Das Rathaus von Melsungen; Geschichte und Baugeschichte. Melsungen 1987.

FINK, ERICH u. HEINRICH SIEBERN: Die Kunstdenkmäler der Provinz Hannover; 4; Regierungsbezirk Osnabrück; 1. und 2.; Stadt Osnabrück. Hannover 1907.

FOKKE SIMONSZ., A[REND].: Historie van de Waag te Amsterdam; de Amsterdamsche Waag beschreven en afgebeeld. Amsterdam 1808.

FRAUENFELDER, REINHARD: Die Kunstdenkmäler des Kantons Schaffhausen; Band 1; Die Stadt Schaffhausen. Basel 1951.

FREMANTLE, KATHARINE: The Baroque Town Hall of Amsterdam. Utrecht 1959.

GALLAND, GEORG: Geschichte der Holländischen Baukunst und Bildnerei im Zeitalter der Renaissance, der nationalen Blüte und des Klassicismus. Frankfurt a. M. 1890.

GASTON-DREYFUS, PHILIPPE: Catalogue raisonné de l'œuvre peint et dessiné de Nicolas-Bernard Lépicié (1735–1784). Paris 1923.

GEISBERG, MAX: »Die Stadt Münster; Dritter Teil; Die Bürgerhäuser und Adelshöfe bis zum Jahre 1700«. In: Wilhelm Rave (Hrsg.): Bau- und Kunstdenkmäler von Westfalen; Band 41, Teil 3. Münster i. W. 1934.

GIMBERG, J[OHANNES].: »De Wijnhuistoren en het Wijnhuis te Zutphen«. In: Geillustreerd Gemeenteblad, Jg. 7, Nr. 6. 's-Gravenhage 1925, 132–138.

GÖNNENWEIN, OTTO: Das Stapel- und Niederlagsrecht. Weimar 1939.

GOOR, THOMAS ERNST VAN: Beschryving der stad en lande van Breda. 's- Gravenhage 1744.

GRONINGEN, C[ATHARINA]. L. VAN: De Nederlandse monumenten van geschiedenis en kunst; de pronicie Zuid-Holland; de Vijfherenlanden met Asperen, Heukelum en Spijk. 's-Gravenhage 1989.

GRONINGEN, C[ATHARINA]. L. VAN: De Nederlandse monumenten van geschiedenis en kunst; de provinicie Zuid-Holland; de Alblasserwaard. Zwolle u. Zeist 1996.

GRONINGEN, C[ATHARINA]. L. VAN: De Nederlandse Monumenten van geschiedenis en kunst; de pronicie Zuid-Holland; de Krimpenerwaard. Zwolle u. Zeist 1995.

GRUBER, KARL: Das deutsche Rathaus. München 1943.

GÜNTER, ROLAND: Amsterdam; Sprache der Bilderwelt. Berlin 1991.

GUTKIND, E[RWIN]. A[NTON].: Urban development in western Europe; the Netherlands and Great Britain. New York 1971.

HAEBERLE, KARL ERICH: 10 000 Jahre Waage; aus der Entwicklung der Wägetechnik. Balingen 1967.

HASLINGHUIS, E[DWARD]. J[OHANNES].: De Nederlandsche monumenten van geschiedenis en kunst; deel 2; de provincie Utrecht, 1; de gemeente Utrecht, 1. 's-Gravenhage 1956.

HASLINGHUIS, E[DWARD]. J[OHANNES]. u. H[ERMAN]. JANSE.: Bouwkundige termen. Leiden 1997 (3. Auflage).

HASSLER, UTA: Die Baupolitik des Kardinals Damian Hugo von Schönborn. Mainz am Rhein 1985.

HAUTECŒUR, LOUIS: Histoire de L'Architecture classique en France. Teil 1, Band 3. Paris 1966. Teil 4, Paris 1952.

HAZEWINKEL, H[ENDRIK]. C[ORNELIS].: Geschiedenis van Rotterdam. Amsterdam 1940–1942 (drei Bände).

HECK, WOLFGANG, WOLFHART WESTENDORF u. EBERHARD OTTO (HRSG.): Lexikon der Ägyptologie. Wiesbaden 1986.

HERRENBERGER, JUSTUS: »Das Stadtbaukunstwerk »Alte Waage«. In: Manfred R. W. Garzmann (Hrsg.): Die Alte Waage in der Braunschweiger Neustadt; Ausgrabungsbefunde, Geschichte des Weichbildes Neustadt, Rekonstruktion und Platzgestaltung. Braunschweig 1993 (Braunschweiger Werkstücke, Band 87, Reihe A; Veröffentlichungen aus dem Stadtarchiv und der Stadtbibliothek, Band 35), 123–136.

Herweijer, Nina: »Reactie op het artikel van Karl Kiem«. In: KNOB Bulletin, Jg. 93, Heft 2. Zutphen 1994, 61.

Hitchcock, Henry-Russell: Netherlandish scrolled gables of the sixteenth and early seventeenth centuries. New York 1978.

Hoefer, F. A.: »Oud-Zwolle«. In: Het huis oud en nieuw. Jg. 10, o. Nr. Amsterdam 1912, 65 ff.

Hoefer, F[rederik]. A[dolph].: »Mededeelingen omtrent de monumenten van Hattem«. In: Oud-heidkundig Jaarboek, Jg. 3. Utrecht 1923, 126–144.

Houben, G. M. M.: »Wegen en meten«. In: Slechte, C. H. u. N. Herweijer (Red.): Het waagstuk; de geschiedenis van waaggebouwen en wegen in Nederland. Amsterdam 1990, 27–42.

Houck, M. E.: »De Waag te Deventer«. In: Eigen Haard, o. Jg., Heft 44. Amsterdam 1893, 696–98.

Houtte, J[an]. A[lbert]. van: De geschiedenis van Brugge. Tielt 1982.

Huizinga, Johan: Holländische Kultur des siebzehnten Jahrhunderts. Jena, 1933.

Iterson, W[illem]. van: De stad Rhenen; de resultaten van een rechtshistorisch onderzoek. Assen 1960.

Jesse, J. H.: »De Waag te Leiden«. In: Jaarboekje voor Geschiedenis en Oudheidkunde van Leiden en Rijnland, Jg. 6. Leiden 1909, 135–141.

Jones: A[rnold]. H[ugh]. M[artin].: The greek city; from Alexander to Justinian. Oxford 1967 (urspr. 1940).

Jong, J[ohannes]. A[ssuerus]. B[ernardus]. M[aria]. de: »Een onbekend Nijmeegs stadsgezicht «. In: Numaga, Jg. 1. Nijmegen 1954, 15–16.

Jong, J[ohannes]. A[ssuerus]. B[ernardus]. M[aria]. de: Nijmegen; monumenten uit een rijk verleden. Nijmegen 1959, 36–39.

Jongere, Gijsbrecht de: »Amstelodamiana; de St. Anthonie-poort«. In: Geillustreerd Gemeenteblad. Jg. 7, Nr. 11. 's-Gravenhage 1926, 241–245.

Joosten, L.: »Restauratie van het Waaggebouw te Gouda«. In: Bouwkundig Weekblad, Jg. 80. Hilversum 1962, 14–16.

Kablitz, Karsten: »Die archäologischen Ausgrabungen auf dem Gelände der Alten Waage in der Braunschweiger Neustadt«. In: Manfred R. W. Garzmann (Hrsg.): Die Alte Waage in der Braunschweiger Neustadt; Ausgrabungsbefunde, Geschichte des Weichbildes Neustadt, Rekonstruktion und Platzgestaltung. Braunschweig 1993 (Braunschweiger Werkstücke, Band 87, Reihe A; Veröffentlichungen aus dem Stadtarchiv und der Stadtbibliothek, Band 35), 9–50.

Kalf, Jan: De monumenten van geschiedenis en kunst in de provincie Noordbrabant; eerste stuk; de monumenten in de voormalige Baronie van Breda. Utrecht 1912 (Reprint Arnhem 1973).

Kalff, S.: »De St. Anthonies-Waag«. In: Het huis, oud en nieuw, Jg. 14. Amsterdam 1916, 193–202.

Kalff, S.: »Amsterdamsche poorten«. In: Buiten, Jg. 11, Heft 10. Amsterdam 1917, 112–113.

Kamman, Roelof: De geschiedenis van Kuinre. O. O., o. D. (Typoskript).

Karling, Sten: Narva; eine baugeschichtliche Untersuchung. Stockholm 1936.

Karstkarel, G[erard]. P[eter].: Leeuwarden; 700 jaar bouwen. Zutphen 1985.

Karstkarel, G[erard]. P[eter]. u. R. Terpstra: Het stadhuis van Bolsward. Leeuwarden 1986.

Kerkmeyer, J[ohan]. C[hristiaan].: »De Waag te Hoorn en Hendrik de Keyser«. In: Het huis, oud en nieuw, Jg. 9. Amsterdam 1911, 235–246.

Kiem, Karl: »Rammekens, eine frühe Bastionärfestung in den Niederlanden (De Boni, ab 1547)«. In: Architectura, Heft 1, Band 18. München 1987 (a), 67–75.

Kiem, Karl: »De Waag van Hoorn in gevaar«. In: Heemschut, Nr. 7/8. Amsterdam 1987 (b), 16–17.

Kiem, Karl: »Neu-Holland; Niederländische Einflüsse in der Architektur der Mark Brandenburg;

Bemerkungen zum Forschungsstand«. In: Deutsch-Niederländische Gesellschaft e. V. (Hrsg.): Auf den Spuren der Niederländer zwischen Thüringer Wald und Ostsee. Berlin 1992, 32–38.

KIEM, KARL: »Die Waage von Deventer (1528) als Handelshalle«. In: KNOB Bulletin, Jg. 93, Heft 2. Zutphen 1994, 53–61.

KIEM, KARL: »Ideal und Wirklichkeit; die Identifizierung des Entwurfs für die Waage von Haarlem: Lieven de Key, 1598«. In: Architectura, Heft 1, Band 25. München 1996 (a), 24–32.

KIEM, KARL: »Der Umbau des Heilig-Geist-Hospitals von Alkmaar zur Waage (1582)«. In: A. Hoffmann, U. Hassler, e. a. (Hrsg.): Koldewey-Gesellschaft; Bericht über die 38. Tagung für Ausgrabungswissenschaft und Bauforschung. Bonn 1996 (b), 66–71.

KIEM, KARL: »Die Waage als Bautyp (16.–18. Jh.)«. Berlin 1998 (Habilitationsschrift)

KISCH, BRUNO: Gewichte- und Waagemacher im alten Köln (16.–19. Jahrhundert). Köln 1960.

KISCH, BRUNO: Scales and Weights; A historical outline. New Haven u. London 1965.

KLUGE, FRIEDRICH: Etymologisches Wörterbuch der deutschen Sprache. Berlin u. New York 1975.

KOCENOVSKIJ, OLEG: Narva; gradostroitelnoje razvitije i architektura. Tallin 1991.

KOOIMAN, D. R.: De Waag. Leiden 1956. (Typoskript).

KOOIMAN, D. R.: Van de markten en de Waag, van wateren en bruggen te Leiden in heden en verleden. Leiden 1957.

KOOIMAN, D. R.: »De oude balansen in het Waaggebouw te Leiden«. In: Jaarboekje voor geschiedenis en oudheidkunde van Leiden en omstreken, Jg. 51. Leiden 1959, 99–100.

KOOLWIJK, HANS: 350 jaar kaas wikken en wegen in Alkmaar. Alkmaar 1972.

KRANS, R. H.: »Wikken en wegen voor handel en fiscus; de Rotterdamse Waag (1340–1882)«. In: Rotterdams Jaarboekje, Jg. 9, Reihe 9. Rotterdam 1991, 181–210.

KREFT, HERBERT, U. JÜRGEN SOENKE: Die Weserrenaissance. Hameln 1986. (Urspr. 1964).

KRIELAART, T.: »Nieuw leven in het theatrum anatomicum; de Waag op de Nieuwmarkt«. In: Ons Amsterdam, Jg. 27, Heft 2. Amsterdam 1975, 40–46.

KROKER, ERNST: Handelsgeschichte der Stadt Leipzig. Leipzig 1925.

KRONENBERG, H.: »»De Waag te Deventer««. In: Verslagen en Mededeelingen Vereeniging tot beoefening van Overijsselsch Regt en Geschiedenis, Reihe 2, Heft 32. Deventer 1916, 98–104.

KROOK, HANS: Toeren door Zeeland. Amsterdam o. J. [1968].

KRUIZINGA, J. H.: »Amsterdam versleet vijf Waaggebouwen«. In: Noord-Holland Magazine, Jg. 2, Nr. 8. Wormer 1983, 6–9.

KUILE, E[NGELBERT]. H[ENDRIK]. TER: De houten torenbekroningen in de noordelijke Nederlanden; bijdrage tot hun ontwikkelings- en vormgeschiedenis. Leiden 1929.

KUILE, E[NGELBERT]. H[ENDRIK]. TER: »De Werkzaamheid van Lieven de Key in Haarlem«. In: Oud-Holland, Jg. 55, Heft 6. Amsterdam 1938, 245–252.

KUILE, E[NGELBERT]. H[ENDRIK]. TER: De torens van Nederland. Amsterdam 1942.

KUILE, E[NGELBERT]. H[ENDRIK]. TER: De Nederlandsche monumenten van geschiedenis en kunst; deel 7; de provincie Zuid-Holland; eerste stuk; Leiden en westelijk Rijnland. 's-Gravenhage 1944.

KUILE, E[NGELBERT]. H[ENDRIK]. TER: »De architectuur«. In: Fockema Andreae, S. J., E[ngelbert]. H[endrik]. ter Kuile u. M[urk]. D[aniel]. Ozinga: Duizend jaar bouwen in Nederland. Band 1. Amsterdam 1948, 133–365.

KUILE, E[NGELBERT]. H[ENDRIK]. TER: »De architectuur«. In: Fockema Andreae, S[ybrandus]. J[ohannes]., E[ngelbert]. H[endrik]. ter Kuile u. M[urk]. D[aniel]. Ozinga: Duizend jaar bouwen in Nederland. Band 2. Amsterdam 1957, 79–196.

Kuile, E[ngelbert]. H[endrik]. ter: De Nederlandse monumenten van geschiedenis en kunst; deel 3; de provincie Gelderland; tweede stuk; Het kwartier van Zutfen. 's-Gravenhage 1958.

Kuile, E[ngelbert]. H[endrik]. ter: De Nederlandse monumenten van geschiedenis en kunst; deel 4; de provincie Overijssel; tweede stuk; Zuid-Salland. 's-Gravenhage 1964.

Küntzel, Georg: Über die Verwaltung des Maß- und Gewichtswesens in Deutschland während des Mittelalters. Leipzig 1894.

Kurpershoek, Ernest: De Waag op de Nieuwmarkt. Amsterdam 1994.

Kuyper, W[outer].: Dutch classicist architecture; a survey of Dutch architecture, gardens and Anglo-Dutch architecture relations from 1625 to 1700. Delft 1980.

Lampérez y Romea, Vicente: Arquitectura civil española de los siglos 1 al 18. Band 2. Madrid 1993 (Reprint, urspr. 1922).

Lantsheer, M[einardus]. F[redericus]. u. F[rederik]. Nagtglas: Zeelandia Illustrata; verzameling van kaarten, portretten, platen enz., betreffende de oudheid en geschiedenis van Zeeland, toebehorende aan het Zeeuwsch Genootschap der Wetenschappen; Teil I. Middelburg 1879.

Le Goff, Jaques (Hrsg.): La ville médiévale des Carolingiens à la Renaissance. [Paris] 1980 (Histoire de la France urbaine, Band 2).

Leegstra, J. R.: Waaggebouwen in Nederland. Amsterdam, 1991 (Magisterarbeit Architekturgeschichte, Fachbereich Kunstgeschichte, Freie Universität Amsterdam. Typoskript).

Leistikow, Dankwart: Hospitalbauten in Europa aus zehn Jahrhunderten. Ingelheim am Rhein 1967.

Leistikow, Dankwart: »Mittelalterliche Hospitalbauten Norddeutschlands«. In: Cord Meckseper (Hrsg.): Stadt im Wandel; Kunst und Kultur des Bürgertums in Norddeutschland; 1150–1650. Stuttgart-Bad Cannstatt 1985, 223–250. (Ausstellungskatalog, Band 4).

Leupold, Jacob: Schau-Platz der Gewicht-Kunst und Waagen. Leipzig 1726.

Lloyd, David W.: The making of English towns; a vista of 2000 years. London 1984.

Lloyd, David W.: Historic towns of East Anglia. London 1989.

Loosjes, A[driaan].: »De waag te Leiden«. In: Buiten, Jg. 12, Nr. 9. Amsterdam 1918, 97, 103–104.

Loosjes, A[driaan].: Sprokkelingen in Nederland; steden, reeks A, serie 8. Amsterdam o. J. [1922].

Lutsch, Hans: Die Kunstdenkmäler des Reg.-Bezirks Oppeln. Breslau 1894.

Mackreth, Donald: Peterborough; history and guide. Dover 1994.

Markus, A.: Arnhem omstreeks het midden der vorige eeuw. Arnhem 1907.

Mayer, Josef: Das Haus zur steinernen Glocke auf dem Altstädter Ring in Prag. Prag o. D. [ca. 1986].

McGee, Julie L.: Cornelis Corneliszoon van Haarlem (1562–1638); patrons, friends and dutch humanists. Nieuwkoop 1991.

Meckseper, Cord: Kleine Kunstgeschichte der deutschen Stadt im Mittelalter. Darmstadt 1982.

Meischke, R[uud].: »Het architectonische ontwerp in de Nederlanden gedurende de late middeleeuwen en de zestiende eeuw.« In ders.: De gothische bouwtraditie; studies over opdrachtgevers en bouwmeesters in de Nederlanden. Amersfoort 1988, 127–207 (urspr. in Bulletin KNOB, Serie 6, Jg. 5, o. Nr. Den Haag 1952, 161–230).

Mens, Jan: Oude raadhuizen in Nederland. Amsterdam 1960.

Minis, A. u. H[ubertus Hendricus Elize]. Wouters: Het Stadhuys van Maastricht. Maastricht 1964.

Mommers, A[uguste]. R[udolphe]. M[arie].: St. Oedenrode van oude tijden tot heden. Veghel 1928.

Moquette, H. C. H.: »Van stadstimmerman-metselaar tot directeur van gemeentewerken«. In: Rotterdamsch Jaarboekje, Jg. 10, Reihe 2. Rotterdam 1922, 99–139.

Mulder, J.: Aanteekeningen betreffende de voornaamste gebouwen in de gemeente Franeker. Franeker 1892.

Murk, L.: »›Weecht wel doet ellick recht‹; Geschiedenis van het wegen te Ijsselstein«. In: Historische Kring Ijsselstein, Nr. 56. Ijsselstein 1991, 317–330.

Nagel, Gerhard: Das mittelalterliche Kaufhaus und seine Stellung in der Stadt; eine baugeschichtliche Untersuchung an südwestdeutschen Beispielen. Berlin 1971.

Napjus, E[lco].: Historisch chronyk, of Beschryvinge van oud en nieuw Sneek. Leeuwarden 1969 (urspr. 1772; Reihe: Varia frisica, 3).

Neurdenburg, Elisabeth: Hendrick de Keyser; beeldhouwer en bouwmeester van Amsterdam. Amsterdam o. J. [1930].

Neurdenburg, Elisabeth: De zeventiende eeuwsche beeldhouwkunst in de Noordelijke Nederlanden. Amsterdam 1948.

Nispen Tot Sevenaer, E[ugène]. O[ctave]. M[arie]. van: De Nederlandsche monumenten van geschiedenis en kunst; deel 5; de monumenten van geschiedenis en kunst in de provincie Limburg; eerste stuk; de monumenten in de gemeente Maastricht. 's-Gravenhage 1926–53.

Nixon, Lucia u. Simon Price: »The size and resources of Greek cities«. In: Oswyn Murray u. Simon Price: The greek ctiy from Homer to Alexander. Oxford 1990, 137–70.

Noordegraaf, Leo: »De Waag; schakel in de pre-industriële economie«. In: C. H. Slechte u. N. Herweijer (Red.): Het waagstuk; de geschiedenis van waaggebouwen en wegen in Nederland. Amsterdam 1990, 11–25.

Notten, F. van: Rombout Verhulst; beeldhower 1624–1698; een overzicht zijner werken. 's-Gravenhage 1907.

Oettingen, Wolfgang von (Hrsg.): Antonio Averlino Filarete's Tractat über die Baukunst nebst seinen Büchern von der Zeichenkunst und den Bauten der Medici. Wien 1890.

Ollefen, L[ieve]. van u. Rs. Bakker: De Nederlandsche stad- en dorpbeschrijver. Zaltbommel 1964 [urspr. Amsterdam 1793–1801].

Ottenheym, Koen: Philips Vingboons (1607–1678); architect. Zutphen 1989.

Ottenheym, K. A. u. J. J. Terwen: Pieter Post (1608–1669); architect. Zutphen 1993.

Ozinga, M[urk]. D[aniël].: De monumenten van Curaçao in woord en beeld. 's-Gravenhage 1959.

Ozinga, M[urk]. D[aniël].: De Nederlandsche monumenten van geschiedenis en kunst; deel 5; de provincie Groningen; eerste stuk; Oost-Groningen. Arnhem 1971 (urspr. 's-Gravenhage 1940).

Parker, Geoffrey: Der Aufstand der Niederlande; von der Herrschaft der Spanier zur Gründung der Niederländischen Republik; 1549–1609. München 1979.

Partiman-Stet, Dorien: De Roode Stehen; vryplaats van 't gemeen. Hoorn 1989.

Paul, Jürgen: »Das Rathaus«. In: Werner Busch u. Peter Schmoock (Hrsg.): Kunst; die Geschichte ihrer Funktionen. Weinheim u. Berlin 1987, 334–365.

Penther, J. F.: Vierter Theil der ausführlichen Anleitung zur Bürgerlichen Bau-Kunst, worin von publiquen weltlichen Gebäuden, als von fürstlichen Residenz-Schlössern ... Augspurg 1748.

Pérez Escolano, Víctor: »Sobre la Arquitectura del Renacimiento en Andalucía«. In: Fernando Olmedo (Hrsg.): Andalucía Americana; edificios vinculados con el Descubrimiento y la Carrera de Indias. Sevilla 1989, 31–78.

Perrey, Richard u. Friedrich Walter: Das Kaufhaus in Mannheim. Mannheim 1910.

Peters, C[ornelis[. H[endrik].: »De 's-Gravenhaagsche bouwmeester Pieter Post, geboren 1608, gestorven 1669«. In: Die Haghe. 's-Gravenhage 1908, 125–215.

Peters, C[ornelis]. H[endrik].: »De Nederlandsche stedenbouw; de stad met hare kerken, kloosters en godshuizen, haar raadhuis en verdere openbare gebouwen, haar woon- en bedrijfshuizen«.

In: H[ajo]. Brugmans. u. C[ornelis]. H[endrik]. Peters: Oud-Nederlandsche steden in haar ontstaan, groei en ontwikkeling. Leiden o. J. [ca. 1909–11] (3 Bände).

Pevsner, Nikolaus: A history of building types. Washington D. C. 1984 (Reprint, urspr. 1976).

Pommier, Aimé (Red.): L'aventure du mètre. Paris 1989 (Ausstellungskatalog des Musée National des Techniques – Conservatoire National des Arts et Métiers, Paris).

Post, M. A.: »Waaggebouwen, hallen en beurzen«. In: Stichting ter bevordering van de kennis van de Nederlandse bouwkunst (Hrsg.): Levende stenen; Broschüre. O. O., o. J, 1–23.

Postema, J. L.: Geschiedenis en ontwikkeling der Purmerender markt. Purmerend 1940.

Postma, O.: »Fierdere historje fan it doarp-stedtsje«. In: K. de Vries: Makkum; sier en sied fan Wûnseradiel. Boalsert 1965, 33–52.

Postma, C[ornelius].: Zierikzee en zijn stadhuis. Zierikzee [1969].

Potter, J[an]. C[ornelis]. de: Het stadhuis te Hulst. In: Zeeuwsche volks-almanak. Zierikzee 1845. 50–57.

Prins-Schimmel, Meta A.: Het stadhuis van Franeker; bouwhistorisch overzicht vanaf 1591 tot 1981. Franeker 1981.

Prins-Schimmel, Meta A.: »Het Heiligen Geest- of Pelstergasthuis«. In: De stenen droom; opstellen over bouwkunst en monumentenzorg opgedragen aan Coenraad Liebrecht Temminck Groll. Zutphen 1988 (a), 220–235.

Prins-Schimmel, Meta A.: Het stadhuis te Goes. Middelburg 1988 (b).

Putte, A[braham]. R[udolf]. van de: »Iets over de Waag te Gouda«. In: Oudheidkundige kring ›Die Goude‹, Band 2. Gouda o. J. [1940?], 52–58.

Quarles Van Ufford, C[arel]. C[yprian]. G[erard].: Amsterdam voor't eerst gefotografeerd; 80 stadsgezichten uit de jaren 1855–1870. Amsterdam o. J. [1968].

Querido, A[rie].: Godshuizen en Gasthuizen. Amsterdam 1967.

Rahtgens, Hugo: Die Bau- und Kunstdenkmäler der Freien und Hansestadt Lübeck; Band 1, Teil 2; Rathaus und öffentliche Gebäude der Stadt. Lübeck 1974.

Raue, J[ohannes]. J[acobus].: De stad Delft; vorming en ruimtelijke ontwikkeling in de late Middeleeuwen; interpretatie van 25 jaar binnenstadsonderzoek. Delft 1983.

Rave, Paul Ortwin: Karl Friedrich Schinkel; Berlin; dritter Teil; Bauten für Wissenschaft, Verwaltung, Heer, Wohnbau und Denkmäler. Berlin 1962.

Rietschel, Siegfried: Markt und Stadt in ihrem rechtlichen Verhältnis; ein Beitrag zur Geschichte der deutschen Stadtverfassung. Aalen 1965 (urspr. Leipzig 1897).

Rietveld, Bart: Ijsselstein monumentaal. Ijsselstein 1983.

Rijkscommissie Voor De Monumentenzorg (Hrsg.): Voorlopige lijst der Nederlandsche Monumenten van Geschiedenis en Kunst; deel 6; de provincie Zeeland. Utrecht 1922.

Rincón García, Wifredo: Ayuntamientos de España. Madrid 1988.

Robra, Günther: »Die alte Waage zu Leer«. In: Förderverein zur Erhaltung des Baudenkmals Waage e. V. (Hrsg.): Waage Leer/Ostfriesland. Leer 1986, 6–48.

Roding, Juliette: »De waag te Haarlem (1598)«. In: Wim Denslagen, Peter Don, Jos Koldeweij, Hanneke de Mulder, Harry Tummers u. Aart de Vries: Bouwkunst; studies in vriendschap voor Kees Peters. Amsterdam 1993, 441–453.

Roeck, Bernd: Elias Holl; Architekt einer europäischen Stadt. Regensburg 1985 (a).

Roeck, Bernd: »Kollektiv und Individuum beim Entstehungsprozess der Augsburger Architektur im ersten Drittel des 17. Jahrhunderts«. In: Wolfram Baer, Hanno-Walter Kruft u. Bernd Roeck (Hrsg.): Elias Holl und das Augsburger Rathaus. Regensburg 1985 (b), 37–54.

Rolf, Rudi: Pieter Coecke van Aelst en zijn architektuuruitgaves van 1539. Amsterdam 1978.

Roy Van Zuydewijn, Noortje de: »Adriaan Anthonisz; de man van de praktijk«. In: Vesting; vier eeuwen vestingbouw in Nederland. 's-Gravenhage 1982, 19–23.

Sandrini, Arturo (Hrsg.): La fabbrica della dogana; architettura e ideologia urbana nella Verona del ›700. Venezia 1982.

Sarfatij, Herbert: »Het huis Scharlaken te Dordrecht; de oudste Lakenhal van de stad, vervolgens woonhuis en Waag (13de–16de eeuw)«. In: Bulletin KNOB, Jg. 93, Heft 2. Zutphen 1994, 41–52.

Schevichaven, H[erman]. D[iederik]. J[oan]. van: Oud-Nijmegens kerken, kloosters, gasthuizen, stichtingen en openbare gebouwen. Nijmegen 1909.

Schofield, John: The building of London from the Conquest to the Great Fire. London 1984.

Schreber, Daniel Gottfried (Hrsg.): Die Schlösserkunst [von Duhamel du Monceau]. Hannover 1979 (Reprint, urspr. aus: Schauplatz der Künste und Handwerke, Band 9. Leipzig und Königsberg 1769).

Schröder, Fritz: Die gotischen Handelshallen in Belgien und Holland. München u. Leipzig 1914.

Schröder, Richard u. Eberhard Freiherr von Künßberg: Lehrbuch der deutschen Rechtsgeschichte. Berlin u. Leipzig 1932.

Schuitema Meijer, A[rent]. T[oncko].: »De plaats van het waaggebouw te Groningen«. In: Groningse Volksalmanak; historisch jaarboek voor Groningen. Groningen 1956, 68–80.

Schwartzenberg En Hohenlandsberg, G[eorg]. F[rederik]. baron thoe (Hrsg.): Groot placaat en charterboek van Vriesland ... Teil 1–6. Leeuwarden 1768–1795.

Schweisthal, Martin: La halle germanique et ses transformations. Bruxelles 1907.

Sels, J[an].: Beschrijving der stad Dordrecht. Dordrecht 1854.

Serlio, Sebastiano: I sette libri dell' architettura. Bologna 1978 (Reprint, urspr. Venedig 1584).

Siemelink, T. H.: Geschiedenis van de stad Workum. Buitenpost 1978 (Reprint, urspr. Workum 1903).

Slechte, C. H. u. N. Herweijer (Red.): Het waagstuk; de geschiedenis van waaggebouwen en wegen in Nederland. Amsterdam 1990.

Smink, J[oop].: »De Bouw van de Goudse Waag«. In: Tidinge van Die Goude, Jg. 16, Nr. 2. Gouda 1998, 65–74.

Sneller, Z[eger]. W[illem].: Deventer; die Stadt der Jahrmärkte. Weimar 1936.

Soly, Hugo: Urbanisme en kapitalisme te Antwerpen in de 16de eeuw; de stedebouwkundige en industriële ondernemingen van Gilbert van Schoonbeke. Brussel 1977.

Soly, Hugo: »De megalopolis Antwerpen «. In: L. Voet, A. Verhulst, G. Asaert, F. de Nave, H. Soly u. J. van Roey: De stad Antwerpen van de Romeinse tijd tot de 17de eeuw; topografische studie rond het plan van Virgilius Bononiensis 1565. O. O. [Brussel] 1978, 95–120.

Speet, Leo: In en om de Alkmaarsche Waag; voorheen en thans. Alkmaar 1982 (Reprint mit Ergänzungen von Bram Elte, urspr. 1922).

Stahl, Fritz: Karl Friedrich Schinkel. Berlin 1911.

Stein, Rudolf: Romanische, gotische und Renaissance-Baukunst in Bremen; erhaltene und verlorene Baudenkmäler als Kultur- und Geschichtsdokumente. Bremen 1962.

Stenvert, Ronald: Deventer. Utrecht 1985.

Stevin, Simon: »Onderscheyt vande oirdeningh der steden«. In: H. Stevin (Hrsg.): Materiae politicae; burgherlicke stoffen. Leyden 1649, 7–128.

Summerson, John: Architecture in Britain 1530 to 1830. Harmondsworth 1958 (3. Auflage, urspr. 1953).

Szambien, Werner: Jean-Nicolas-Louis Durand; 1760–1834; de l' imitation à la norme. Paris 1984.
Taeschner, Titus: Das Braunschweigische Fachwerkhaus; ein Beitrag zum Deutschen Fachwerkbau. Braunschweig 1935 (Dissertation).
Taverne, Ed: »Salomon de Bray's Architectura Moderna; Biography and Manifesto«. In: Salomon de Bray: Architectura Moderna ofte Bouwinge van onsen tyt. Soest 1971 (Reprint, urspr. Amsterdam 1633), 1–13.
Taverne, Ed: In't land van belofte: in de nieue stadt; Ideaal en werkelijkheid van de stadsuitleg in de Republiek, 1580–1680. Maarssen 1978.
Telting, A[lbartus]: Register van het archief van Franeker in chronologische orde. Franeker 1867.
Temminck Groll, C[oenraad]. L[iebrecht].: Middeleeuwse stenen huizen te Utrecht en hun relatie met die van andere noordwesteuropese steden. 's-Gravenhage 1963.
Temminck Groll, C[oenraad]. L[iebrecht]., A[rthur]. R. H. Tjin e. a.: De architektuur van Suriname 1667–1930. Zutphen 1973.
Temminck Groll, Coenraad L[iebrecht].: The Dutch overseas; architectural survey; mutual heritage of four centuries in three continents. Zwolle 2002.
Thiels, Ch.: »De Leidse chirurgijns en hun kamer boven de waag«. In: Nederlands Kunsthistorisch Jaarboek, Jg. 19. [Bussum] 1980, 215–228.
Thieme, Ulrich u. Felix Becker (Hrsg.): Allgemeines Lexikon der bildenden Künstler von der Antike bis zur Gegenwart. Band 4. Leipzig 1910.
Thöne, Friedrich: »Wolfenbüttel in der Spätrenaissance; Topographie und Baugeschichte unter den Herzögen Heinrich Julius und Friedrich Ulrich (1589 bis 1634)«. In: Braunschweigisches Jahrbuch, Band 35. Braunschweig 1954, 86–95.
Tichelaar, P[ieter]. J[an].: Catalogus; tinglazuur aardewerk en tegels; Fries Aardewerksmuseum De Waag Makkum. Leeuwarden 1984.
Tiemens, W. H.: »De restauratie van de Stadswaag te Arnhem« . In: Bouw, Nr. 37. Doetinchem 1961, 1128–1131.
Titler, Robert: Architecture and power; the town hall and the English urban community; c. 1500–1640. Oxford e. a. 1991.
Torres Balbás, Leopoldo: »Las alhóndigas hispanomusulmanas y el corral del carbón de Granada«. In: Al-Andalus, Heft 11. Madrid 1946, 244, 249–50.
Torres Balbás, Leopoldo: Ars Hispaniae; historia universal del arte hispánico 7, arquitectura gótica. Madrid 1952.
Travlos, John: Bildlexikon zur Topographie des antiken Athen. Tübingen 1971.
Uittenhout, J. B.: »Damstraat 29, De Waag« . In: Haerlem Jaarboek. Haarlem 1988, 141–147.
Unger, W. S.: »Openbare gebouwen te Goes« . In: Oudheidkundig Jaarboek, Jg. 10. Utrecht 1930, 52–59.
Uytenhoudt, W.: »De Waag te Deventer en de drie vergulde herinck«. In: Heemschut, Jg. 3, Nr. 2. Amsterdam 1926, unpaginiert.
Valdevellano, Luis G. de: »El Mercado« . In: Anuario del derecho Español. Madrid 1931, 201–405.
Veen, J. van: »De Waag te Arnhem«. In: Buiten, Jg. 18, Nr. 3. Amsterdam 1924, 32–33.
Verdam, J.: Middelnederlandsch Handwoordenboek. 's-Gravenhage 1981.
Verdam, J.: Middelnederlandsch Handwoordenboek. Ergänzungsband bearbeitet von J. J. van der Voort van der Kleij. 's-Gravenhage 1983.
Vemer, W. P.: Kroniek van Groenlo. Groenlo 1966.
Verheul Dzn., J.: »Het Raadhuis te Middelharnis« . In: Bouwkundig weekblad, Jg. 25, Nr. 14. 's-Gravenhage 1905, 175–177.

Verheul Dzn., J.: »De voormalige Vleeschhal aan de gedempte Botersloot te Rotterdam« . In: Rotterdamsch Jaarboekje. Rotterdam 1937, 171–179.

Verhoeff, J. M.: De oude Nederlandse maten en gewichten. Amsterdam 1983.

Vermeulen, F. A. J.: Handboek tot de geschiedenis der Nederlandsche bouwkunst. Teil 1–3. 's-Gravenhage 1928, 1931 u. 1941 (a).

Vermeulen, Frans: »Afbeeldingen van oude bouwkunst en oude architectuurtekeningen; ontwerptekening van Pieter Post voor de Waag te Leiden« . In: Bouwkundig weekblad, Architectura, Jg. 62, Heft 47. 's-Gravenhage 1941 (b), 384.

Vidler, Anthony: Claude-Nicolas Ledoux; architecture and social reform at the end of the Ancien Régime. Cambridge (Mass.) u. London 1990.

Visser, Casimir K.: Van de Heksenwaag te Oudewater en andere te weinig bekend zaken. Lochem 1941.

Voet, L., A. Verhulst, G. Asaert, F. de Nave, H. Soly u. J. van Roey: De stad Antwerpen van de Romeinse tijd tot de 17de eeuw; topografische studie rond het plan van Virgilius Bononiensis 1565. O. O. [Brussel] 1978.

Vrankrijker, A[drianus]. C[lemens]. J[ohannes]. de: Geschiedenis van den belastingen. Bussum 1969.

Vrankrijker, A[drianus]. C[lemens]. J[Johannes]. de: De historie van de vesting Naarden. Haarlem [1978].

Vries, Jan de: The Dutch rural economy in the Golden Age; 1500–1700. New Haven u. London 1974.

Vries, Jan de: Economy of Europe in an age of crisis; 1600–1750. Cambridge, London u. New York 1976.

Waal, J. v. d. u. F. O. Vervoorn: Beschrijving van het eiland Goedereede en Overflakkee, zijne wording en zijn voortbestaan tot op heden. Sommelsdijk 1896.

Wassenbergh, A., u. S. J. van der Molen: Musea en Monumenten in Friesland. Leeuwarden 1964.

Weissman, A[driaan]. W[illem].: Monumentaal Nederland. Haarlem 1910.

White, John: Art and Architecture in Italy; 1250 to 1400. Harmondsworth 1966.

Wielen, J. E. van der: »Hattems stadhuis gerestaureerd« . In: Heemschut, Nr. 12, Heft 12. Amsterdam 1979, 258.

Wilson, Charles: Die Früchte der Freiheit; Holland und die europäische Kultur des 17. Jahrhunderts. München 1968.

Wissowa, Georg (Hrsg.): Paulys Real-Encyclopädie der classischen Altertumswissenschaft. Band 1, Stuttgart, 1894. Band 15, Stuttgart 1932.

Witthöft, Harald: »Sammelbericht Literatur zur historischen Metrologie 1945–1982«. In: Vierteljahrschrift für Sozial- und Wirtschaftsgeschichte, Band 69, Heft 4. Wiesbaden 1982, 516–541.

Wittop Koning, D[irk]. A[rnold]. u. G[erardus]. M[artinus]. M[aria] Houben: 2000 jaar gewichten in de Nederlanden; stelsels, ijkwezen, vormen, makers, merken, gebruik. Lochem-Poperinge 1980.

Wolfe, Martin: The fiscal system of Renaissance France. New Haven 1972.

Wortel, Th. P. H.: Uit de geschiedenis van Alkmaar en omgeving. Bergen 1990.

Wijnsma, Arend Jan: De Waag in Makkum; symbool van een dorp met stedelijke allures. Leeuwarden 1988.

Wumkes, G[eert]. A[eilco]. [Durks]: Stads- en Dorpskroniek van Friesland; Teil 1 (1700–1800). Leeuwarden 1930.

Zantkuyl, H. J.: Bouwen in Amsterdam; het woonhuis in de stad. 5 Teile, 60 Ablieferungen. Amsterdam 1973 bis 1991.

ZEVENBOOM, K. M. C. u. D[IRK]. A[RNOLD] WITTOP KONING: Nederlandse gewichten; stelsels, ijkwezen, vormen, makers en merken. Lochem 1970.
ZÜRCHER, P. J.: »Uit de Oude Doos, 2; De Sint Antonis Waag te Amsterdam«. In: Eigen Haard, Jg. 55, Heft 29. Amsterdam 1929, 572–574.
ZUYDEWIJN, NOORTJE DE ROOY VAN: »Adriaan Anthonisz: de man van de praktij«. In: Vesting; vier eeuwen vestingbouw in Nederland. 's-Gravenhage 1982, 19–23.

Abbildungsnachweis

Aa, van der, 1715: 85; 87; 88;
Alkmaar, Regionaal Archief: 104 (Inv. Nr. FO 1300508); 114 (Inv. Nr. FO 1010856);
Amersfoort, RACM: 3 (Neg. Nr. 59.780); 5 (Neg. Nr. 57.998); 9 (Neg. Nr. CS-0.492); 10 (Neg. Nr. CS-0.314); 11 (Neg. Nr. ST-0.492); 13 (Neg. Nr. 6.088); 16 (Neg. Nr. 84.995); 20 (Neg. Nr. 52866); 21 (Neg. Nr. 24.148); 23 (Neg. Nr. 8.980); 26 (Neg. Nr. 38.704); 28 (Neg. Nr. 161.466); 31 (Neg. Nr. 6.940); 36 (Neg. Nr. 295.912); 44 (Neg. Nr. 57.241); 47 (Neg. Nr. 4.620); 58 (Neg. Nr. 31.013); 59 (CS-1151); 63 (Neg. Nr. 179.170); 68 (Neg. Nr. 41.724); 77 (Neg. Nr. 6.417); 84 (Neg. Nr. 57.667); 89 (Neg. Nr. 235.885); 95 (Neg. Nr. 235.886); 111 (Neg. Nr. 353.939); 112 (Neg. Nr. 254.488); 149 (Neg. Nr. 61.507); 151 (Neg. Nr. 59.871); 152 (Neg. Nr. 206.634); 153 (Neg. Nr. 78.287); 154 (Neg. Nr. 162.841); 155 (Neg. Nr. 41.588); 156 (Neg. Nr. 5.374); 157 (Neg. Nr. 191.691); 158 (Neg. Nr. 47.049); 161 (Neg. Nr. 78.257); 163 (Neg. Nr. 269.589); 164 (Neg. Nr. CS-1008); 165 (Neg. Nr. CS-1780); 166 (Neg. Nr. 1.678); 167 (Neg. Nr. 183.714);
Amsterdam, Gemeentearchief: 56 (Inv. Nr. 010097013060); 162 (Neg. Nr. D 6891);
Amsterdams Historisch Museum: Tafel 2;
Amsterdam, Lichtbeelden Instituut: 113;
Amsterdam, Rijksmuseum: Tafel 1 (Inv. Nr. K-A 35);
Antwerpen, Museum Plantin-Moretus/Prentenkabinet – UNESCO World Heritage: 52;
Augsburg, Architekturmuseum Schwaben: 129 (Nachlass Raimund von Doblhoff);
Barker u. Jackson 1974: 140 (S. 183);
Berlin, Staatsbibliothek, Preußischer Kulturbesitz: 142 (Penther 1748, Tafel 49, Inv. Nr. 4° Ny 5351); 143 (Penther 1748, Tafel 50, Inv. Nr. 4° Ny 5351);
Birmingham, Werksarchiv Avery: 98; 123;
Bleau 1649: 148;
Braunschweig, Stadtarchiv: 117 (Inv. Nr. H XVI AII 19);
Busse 1927: 130 (S. 86);
Deventer, Historisch Museum de Waag: 2;
Downes 1966: 139 (Abb. 56);
Gönnenwein 1939: 147 (Anhang);
Gouda, Stedelijke Musea: 81 (Inv. Nr. 54006);
's-Gravenhage, Rijksbureau voor Kunsthistorische Documentatie: 35 (Neg. Nr. L 62123);
Groningen, Gemeentearchief: 150 (THAG 45, Neg. Nr. 1536-2);

Haarlem, Gemeentearchief: 41 (Inv. Nr. 52-1551, Neg. Nr. 823-2);
Haarlem, Noord-Hollands Archief: 115 (Inv. Nr. 53-014040K); 159 (Inv. Nr. PA-259-2726);
Haarlem, Openbare Werken: 43;
Haarlem, Teylers Museum: 39 (Inv. Nr. Q 047);
Hoorn, Gemeentewerken: 64;
Hoorn, Westfries Museum: 62 (Inv. Nr. 02648); Tafel 3 (Inv. Nr. 01573);
Karling 1936: 141 (Abb. 197);
Köln, Rheinisches Bildarchiv: 105 (Neg. Nr. 098786);
Leeuwarden, Fries Museum: 19 (Neg. Nr. 1498-5); 27 (Neg. Nr. 1498-3); 48 (Neg. Nr. 1498-4); 107; 108 (Inv. Nr. FM 514);
Leiden, Regionaal Archief: 74 (Inv. Nr. PV 3309.2); 78 (Neg. Nr. PV 20002); 80 (Neg. Nr. PV 20003);
Leiden, Stedelijk Museum De Lakenhal: Tafel 4 (Inv. Nr. S 279);
Leupold 1726: 99 (Tafel 7);
Marburg, Bildarchiv Photo: 118 (Neg. Nr. 7271/922880);
Michelstadt, Stadtarchiv: 128;
Nürnberg, Germanisches Nationalmuseum: 110 (Inv. Nr. PLo 2849);
Pitcher, D. C., King's Lynn: 138;
Rotterdam, Gemeentearchief: 72 (Inv. Nr. G 79.671); 73 (Inv. Nr. G 3296); 160 (Inv. Nr. RI 1070-2, Neg. Nr. G 79222);
Stahl 1911: 131 (S. 66);
Temminck Groll, C. L., Driebergen: 103;
Utrechts Archief, Het: 90 (Kat. Nr. 28593);
Verfasser: 1; 4; 6; 7; 8 (mit Andreas Hoffschildt); 12; 14; 15; 17; 18; 22; 24; 25; 29; 30; 32; 33; 37; 38; 40; 42; 45; 46; 49; 50; 51; 53; 54; 55; 57; 60; 61; 65; 66; 67; 69; 70; 71; 75; 76; 79; 82; 83; 86; 91 u. 92 (mit Jan Timm); 93 u. 94 (mit Martin Bücker); 96; 97; 100; 101 u. 102 (mit Martina Gasteiger); 106 (mit Philipp Tiller); 109; 119 (mit Moritz Feldmann); 120; 121; 122; 124; 125; 126; 127; 132; 133; 134; 135; 136; 137; 144 (mit Christina Straße); 145; 146 (mit Mary Pepchinski);
Washington D.C., Library of Congress, Division Prints and Photographs: 116 (Inv. Nr. LC-GIG-ppmsca-00293);
Workum, Grote Kerk: 34;

Alle vom Verfasser gezeichneten Lagepläne basieren auf dem etwa aus der Mitte des 19. Jahrhunderts stammenden Urkataster. Die Bauaufnahmen entstanden mit Studenten der TU Berlin: Nicole Alle, Dörte Andree, Erik Bartscht, Peter Bleckmann, Martin Bücker, Jenny Daun, Christopher Didt, Mathias Effinger, Rainer Evertz, Christian Fehr, Kay Fingerle, Martina Gasteiger, Katharina Greve, Paul Gronert, Cheng Guohua, Steffen Hagedorn, Stephan Haman, Natalie Heger, Wiebke Hennig, Carmen Hummer, Csilla Koglerova, Christian Kommer, Claus Krapf, Julie Krause, Roland Kraushaar, Karsten Kröger, Caroline Lange, Beate Lendt, Maja von Lersner, Anna Lutz, Christian E. Meyer, Nina Mielke, Ilić Milyan, Silke Moedebeck, Esther Mohr, Dagrun Möller, Mai Nebelin, Daniel Neuer, Cedric Nieser, Nicole Ott, Dietmar Otto, Andrea Petzold, Karin Reimer, Peter Richter-Peill, Ivonne Rieger, Jule Rosenthal, Alexander Sarges, Marius Schliekmann, Christiane Schulze, Thorsten Schulze, Jenny Sieg, Thorsten Soetbeer, Hoggatolah Soltani, Elke Stamm, Andreas Steinhilper, Kerstin Stertĥaus, Susanne Stier, Catharine Stigt, Maria Terhalle, Katrin Terstegen, Philipp Tiller, Jan Timm, Cordula Vielhauer, Johannes Vogel, Beatrice Wagner, Robert Werner, Marc Winkler, Heiko Wittbold, Simone Wotrich, Alexander Zörnig.

Index der Orte, Personen und Sachbegriffe

Abbondio, Antonio, gen. Scarpagnino 185
Abingdon 200
Adriaansz., Teunis 38
Agoranomion 179
Ägypten, altes 143, 179
Akzise 197
Alejo Aranguren, Francisco 197
Alkmaar 12, 14, 26–39, 131, 137f., 140, 147, 150–153, 155, 159, 161, 164, 168–170, 172, 174, 207, 212f., 216, Abb. 6–11, 94, 103f., 113f.
 - , Meister von 30
Amersfoort 235
Amsterdam 12f., 18, 26, 36, 38, 41f., 74, 77, 86–91, 103, 108, 113f., 139, 147, 148, 155, 160, 164, 171, 173, 203, 205, 210, 214, 216, 228, 231f., 238, Abb. 54-56, 162, Tafel 2
Andriessen, C[hristiaan]. 15
Anthonisz., Adriaen (Landmeter) 37f.
Anthonisz., Cornelis 86
Antwerpen 15, 17, 26, 34, 81–86, 90, 139, 155, 168, 171, 176, 205, 207, 209, Abb. 51–53
Appingedam 214, 222
Arbeitshaus 220
Architekturtheorie 13, 203
Arezzo 196
Arnhem 70, 160, 164, 208, 210, 217f., 220, Abb. 149
Astronomie 38
Athen 167, 179
Augsburg 190f., Abb. 129

Balkenwaage 11, 13f., 23f., 36f., 39, 47, 51, 57–59, 64, 69, 72, 77, 84, 89, 95, 113, 116, 141–149, 155, 162, 164, 174, 188, 193, 202–204, 208, 218, 222, 225f., 228f., 231f., 234, 236, Abb. 98–101, 105
 -, verschiebbare 13, 42, 45f., 56, 72, 74, 81, 84–87, 90f., 93f., 96, 101, 106, 109, 114, 123, 129, 131, 133–139, 195, 205, 209f., 212, 215, 220, 234f., Abb. 91–97
Barcelona 185, 197
Barock 20, 192
Basas, Manuel 185
Bassen, Bartholomeus van 228
Bast, Pieter 68
Bauplastik, siehe Skulptur
Beek, Dorothea van 176
Beerstraten, A[braham]. 19, 21, 24, Abb. 2
 -, J[an]. A[brahamsz]. 64, 65, Abb. 35
Beijer, J[an]. de 15, 115, Abb. 74
Benoni, Giuseppe 194
Berckheyde, Gerrit A. 70–72, 89, 215, 237, Abb. 39, Tafel 1
Berg, Herma M. van den 47, 104
Bergen op Zoom 235
Berlin 191f., Abb. 131
Bibiena, Alessandro 192
Bierhaus 181, 229, 235
Bilbao 185
Bilhamer, Joost Jansz. 36–38
Billom 187, 189, Abb. 127
Bismar (römische Schnellwaage) 149

Blandford 200
Bleau, J[oan]. 47, 92
Boitard, L[ouis]. P[hilippe]. 202, Abb. 140
Bolsward 222f., Abb. 154
Bommel, E[lias]. P[ieter]. van 58, Abb. 26
Bononiensis, Virgilius 83f., Abb. 52
Boodt, Jacobsz. 108
Boomkamp, G[ysbert]. 27
Börse 58, 105, 200, 205, 222
Brabant 155, 211
Braunau 28
Braunschweig 181f., Abb. 117
Bray, Salomon de 104
Breda 235
Bremen 181
Breslau 189
Brielle (Den Briel) 182, 235f., Abb. 167
Brothaus 23, 180, 182, 190
Brouwershaven 160, 220f., Abb. 152
Brügge 26, 149, 169, 174, 180, 189
Buren 54f.
Bürgerwehr 24, 40, 58, 103, 158
Butter 13, 56, 170, 212
    -fass 157f., Abb. 107
    -halle 36, 40, 114f., 210, 228–231
    -markt 164, 200f., Abb. 139
    -waage 47, 171, 229, 232
Buytevest, Philips van 117

Calais 189
Campen, Jacob van 15, 86, 109, 121
Cattel, Pieter 240, Tafel 4
Centen, Sebastian 101f.
Chirurgenzimmer 47, 84, 115, 137, 159
Cluyt, Pieter Ariansz. 30
Colmar 189
Compiègne 189
Coppenol, Jan Willem van 146
Cornelisz., Reynier 90
Crap, Willem Pietersz. 103
Crémieu 186, 188f., Abb. 126
Cremona 184, Abb. 120
Cristofali, Adriano 195
Croxtone, John 188
Culemborg 223

Cuypers, J[oseph]. 96, 100, 103, Abb. 64

Dam, Samuel van 147
Deidesheim 30
Delfft, Peter Ariaens van 42
Delfshaven 228
Delft 148, 153, 159, 232f., Abb. 164
Delft, Cornelis Jansz. van 42, 181
Den Briel, siehe Brielle
Den Haag, siehe s' Gravenhage
Descartes, René 215
Deutscher Zollverein 192
Deutschland 37, 180–183, 190–192, 195
Deventer 12, 17, 19–26, 56f., 154, 160, 181, 189, 213, Abb. 1–5
Dichtergilde 36
Dircxsz., Florys 97
Djemila 179
Doesburg 181, 228f., Abb. 158
Dokkum 47-51, 156, 160, 208, Abb. 18–22
Dordrecht 171, 232, 234
Douwesz., Marten Domenici 222
Drenthe 212
Drivere, François 85
Ducci, Gaspar 176
Durchfahrtstyp 12f., 40, 56–68, 207f., 212
Durchfuhrstapel 13, 170, 213f.

Edam 94–96, 131, 139, 141, 150, 156, Abb. 59–60
Edinburgh 185, 188, Abb. 123
Eggers, Bartholomeus 127, 161, 165, Abb. 112
Eichung 155, 157
    - amt 84
    - meister 147, 155
Eisenwaage 171, 232
Elburg 232
Elst, F. J. van der 49f., Abb. 20
England 13, 153, 169, 180, 187–188, 199–202
Enkhuizen 42–47, 131, 136f., 148, 150, 151, 156, 160f., 213, 235, Abb. 15–17, 93, 101f., 106
Enlart, Camille 24
Enschede 223

Eponia   167
Erfurt   28
Esslingen am Neckar   180
Europa   13, 15, 211, 212
Eversen, A[drianus].   229, Abb. 159

Falschmünzer   25, 26, Abb. 5
Farmsun   214
Fernrohr   215
Feston   164
Fettwaage   171, 225
Filarete, Antonio Averlino   203
Fischhaus   203
Flandern   168, 189, 195, 211
Fleischhalle   23, 36, 39f., 74, 110, 113, 180–182, 190, 203, 205, 224, 227, 228, 231
Florenz   69, 183
Florisz., Balthasar   90
Fondaco   195
Franckenberg, Franciscus Ludwig von   202
Franeker   66–69, 160, 174, 208, Abb. 36f.
Frank, C. F.   157, Abb. 107
Frankfurt am Main   181
Frankreich   13, 153, 168, 188–189, 197–199
Frans, Pieter   85
Französische Revolution   17, 160
Friesland   13, 51, 56–68, 77, 208, 210–212, 214, 220, 226
Fronwaage   69, 168, 192, 193, Abb. 132

Galland, Georg   34, 37, 41, 129
Gallis, Cornelis   159
Gedenktafel   158, 159, Abb. 108
Gefängnis   183, 203, 225, 236
Geraardsbergen   26
Gerytsz., Geryt   97
Getreide   13
    -anbau   212
    -lager   34, 40
Gewandhaus   24, 47, 180, 182f., 190, 224
Gewicht, siehe auch Muttergewicht, Münzgewicht, Normgewicht, Standardgewicht   153–155, 162f., 167, 169, 171, 174, 179, Abb. 105
    -(e)macher   155

    -(s)ablage   155f.
    -bescheinigung   173, 174
Gildebare   64f.
    -halle   200
Glocke   76, 156f., Abb. 106
    -(n)spiel   34
    -turm   34
Goedereede   223
Goes   224
Goldenes Jahrhundert   11, 12, 70, 211–216
Gorinchem   224
Gorredijk   47
Gouda   14, 113f., 121–131, 133, 139, 149f., 153, 160f., 164–166, 203, 210, 212, Abb. 81–88, 112
Graft   208
's-Gravenhage (Den Haag)   47, 228
's-Gravesande, Arent van   225
Griechenland, altes   167, 179
Groengraft, Georg   106
Groengraft, Johan   36, 147
Groenlo   220
Groningen   160, 164, 173, 210, 214, 219, Abb. 150
Grotschermer   208

Haarlem   69–77, 97, 104, 110, 113, 145–148, 160, 165, 176, 190, 192, 199, 208, 210, 215, 237, Abb. 38–45, 100, 115, Tafel 1
Halle, siehe auch Butterhalle, Fleischhalle, Gildehalle, Handelshalle, Lakenhalle, Lederhalle, Markthalle
Handelshalle   12, 13, 16, 19–52, 56, 59, 81, 90, 96, 114, 121, 160, 164, 168, 180, 182–187, 189, 192, 197, 201, 202, 205, 207, 208, 210, 213f., 229
    - unternehmungen, koloniale   196, 211
Hanfwaage   113, 171, 228f., 231
Hardenberg, Johannes   51
Harderwijk   224
Harlingen   224
Haro   197
Harris, J.   201
Hasselt   225
Hattem   236

Haze, Melchior de   34
Hellenraet, Edmond   180, 231
Helm, Willem van der   120f.
Hendricksz., Klaas   212
Heuwaage   171, 203, Abb. 142f.
Herrera, Juan de   196
Hindelopen   225
Hohlmaß   24–26, 171, 186
Holl, Elias   190
Holländische Republik   11–13, 15, 17, 25, 160, 168, 170, 213, 215, 217
Hooghe, Romeyn de   33, Abb. 10
Hoorn   14, 17, 37, 42, 96–104, 113, 131f., 135f., 138f., 141, 147, 150, 156–158, 160f., 165f., 168, 190, 195, 199, 200, 209f., 212f., 215f., 239, Abb. 61–66, 89, 92, 95, 109, Tafel 3
Horst, Koert van der   14
Hospital   26, 28, 30f., 34, 36, 138, 140, 212, 225
Houben, G[erard]. M. M.   17
Hue, P.-M.   198
Hulst   225

Idealstadt   203
Ijsselstein   139, 209f., 219f., Abb. 151
Italien   13, 183–185, 194–196

Jacobsz., Abraham   222
Jahrmarkt   24, 182
Jansen, Lieven   148
Jansz., Pieter   97
Jisp   208, 224f., Abb. 155
Jonge, Abraham de Haen de   39
Jouckes, Jentje   66

Kampen   232
Karl V., Kaiser   20, 24, 82, 160, 168, 170
Käse   13, 164, 169f., 172f., 211f.
   -lager   69, 236
   -markt   27, 94, 172f., Abb. 114
   -trage   14, 151–153, Abb. 94, 103f.
   -waage   171
Kaufhaus   58, 154, 180f., 190, 192
Keldermans, Rombout   223
Kempen, R. van   109
Kessel, Jan van   86

Key, Lieven de   73f., Abb. 41
Keyser, Hendrik de   41f., 98, 103f., 161
King's Lynn   188, 200, Abb. 138
Kirche   12, 61, 205, 232
Kloster   215
Kollum   208, 225
Köln   24, 153–155, 169, 180, Abb. 105
Konstanz   24, 180f., Abb. 116
Kornhaus   40, 84
   -waage   171, 225
Kraft, Adam   162, Abb. 110
Kramer, Boudewijn   224
Kran   47, 56, 71f., 114, 133, 165, 237
Krankensaal   27f., 30, 36
Krommenie   53
Kuile, E[ngelbert]. H[endrik]. ter   36, 121
Kuinre   225
Kunst, Cornelis Pietersz.   34, 37
Kyzikos   179

La Rochelle   197f., Abb. 135
Lakenhalle   36, 235
Landwirtschaft, holländische   13, 211f.
Laube   23, 25, 96, 143, 222
   -(n)gang   192, 195f.
   -(n)typ   12, 96–113, 197, 209f.
Laufbalken   36, 45–47, 58, 91, 94f., 102, 106, 114, 123, 132–134, 136f., 139–141, 234
   -katze   11, 72, 96, 101, 106, 131–141, Abb. 91–96
Lederhaus (-halle)   47, 180, 183, 190
Ledoux, Claude-Nicolas   198f.
Leeghwater, J[an]. A[driaans]z.   226
Leer   192
Leeuwarden   51, 56–61, 66, 142, 157f., 160, 165, 208, 215, Abb. 25–29, 97, 107
Leeuwen, Antonij van   115
Leeuwen, C. van   235
Leeuwen, P. van   230, Abb. 160
Lehenssystem   168
Leiden   113–121, 124, 127–130, 133f., 139, 141, 147, 149f., 153, 157–165, 190, 199, 202, 210, 215, 240, Abb. 74–80, 91, 111, Tafel 4
Leipzig   169

Lepelaar, Arend   122, Abb. 81
Lépicié, Nicolas-Bernard   197
Leupold, Jacob   146
Lievens, Jan   66
Linder, P. J.   235
Lingelbach, Johannes   89
Lipperhey, H[ans].   215
Lochem   222
London   188, 201f., Abb. 140
Loosjes, A[driaan].   129
Löwen (Stadt)   26
Lubbertsz., Willem   108
Lübeck   183
Ludwig Napoleon Bonaparte, König
    (auch Louis Napoléon Bonaparte)   86
Luyck, Pieter van   127, 161

Maaskamp, E.   108, 111, Abb. 72
Maastricht   222, 225
Macellum   179
Madrid   197
Mainz   180
Makkum   75–80, 156, 160, 192, 208,
    Abb. 46–50
Malaga   197
Malle Jan   152, 153, Abb. 104
Malzwaage   225
Manierismus   97, 136
Mannheim   191f., Abb. 130
Markt, siehe auch Buttermarkt, Jahrmarkt,
    Käsemarkt, Nundium
    -halle   190, 197, 222, 224, 227
    -platz   19, 21, 61, 70, 91, 96, 97, 121,
        172–174, 186, 192, 203f., 239
    -straße   42, 47, 76, 109
    -steuer   167, 168
Mathematik   38, 215
May, Maerten Pietersz. van der   37
Meckseper, Cord   189
Medemblik   234, Abb. 165
Meijer, Chr[istoffel].   108
Melsungen   26, 181f., Abb. 118
Mensa Ponderaria   179, 186f., 189
Meppel   222
Merkantilismus   215

Metrisches System   153f.
Metrologie, historische   17
Metronomion   179
Metronomoi   167, 179
Metz   189
Michelstadt   188, 190, Abb. 128
Milchproduktion   13, 212
    -produkte   42, 171, 211
Middelburg   214f., 236
Middelharnis   225
Modena   195
Moens, D.   108, 112, Abb. 73
Monnickendamm   104–108, 131, 140f., 160,
    209, Abb. 67–69, 96
Monpazier   26, 186, 189, Abb. 124f.
Montfort   222
Morpeth   200
Moskau   155
München   155
Münster   180
Münzgewicht   155
Muttergewicht   155
    -waage   171

Naarden   225
Narva   13, 202f., Abb. 141
Neeve, Guilliaume de, auch Guilliam de Neve
    148
Neurdenburg, Elisabeth   18, 41, 104
Neve, Guilliam de, siehe Guilliaume de Neeve
Nieulandt, A[driaen van]. van   238, Tafel 1
Nieuwpoort   93, 225f., Abb. 156
Nijmegen   12, 17, 19, 39–42, 57, 171, 181,
    Abb. 12–14
Noorde, Cornelis van   175, Abb. 115
Nördlingen   180
Normgewicht   88, 155
Norwich   188
Noteboom, Sjouke   51
Nundium (Wochenmarkt)   179
Nürnberg   162, 171, Abb. 110
Nysa (Neisse)   142f., Abb. 98

Oldeborn   208, 225f.
Oligarchie   160, 216

Ommen (Overijssel)   53
Ooltgensplaat   226
Opperdoes, Willem   175f.
Oranien, Wilhelm von   31
Osnabrück   26, 181
Ostia   179f.
Oudewater   235
Ouwater, I[saak].   Tafel 3
Overijssel   24, 26, 212

Pächter   123, 174, 177, 232, 240, Tafel 4
Packhof   183, 191f., 194
Paeyse, Maerten Cornelisz.   235
Palma de Mallorca   185
Paramaribo   217
Paris   141, 171, 197–199, Abb. 136
Partikularismus   168
Perpignan   189
Peterborough   200
Peters, C[ornelis]. H[endrik].   15, 26, 129, Abb. 150
Pfründehaus   28, 30f., 36
Philipp II., König   43, 75, 160, 168, 213
Pietersz., Symon   97
Pijbes, Tiepke   66
Pompei, Alessandro   195
Pompeji   179
Ponderarium   167, 179
Post, Pieter   15, 113, 117, 119–121, 124, 126–129, 225, Abb. 78, 80, 85, 87, 88
Priego   197
Pronk, C[ornelis].   15, 66, 99, Abb. 62
Proportionssystem   34, 43, 46, 57, 62f., 71, 73, 76, 79, 98, 100, 103, 105, 116, 119, 126f.
Purmerend   172, 229, Abb. 159

Rammekens, Festung   85
Rathaus   12, 24–26, 31, 47, 51, 61f., 68f., 86f., 93, 96, 98f., 104, 106, 108-110, 112, 121–123, 129, 133, 155, 180, 182–184, 187–190, 197, 201, 203, 205, 207, 208, 222–227, 229, 232, 235f., 238f.
Ravensburg   180f.
Regal   168
Regentenwappen   116, 127, 129, 160–162

Rekordtafel   158
Relief (Fassadendekor)   33f., 43, 48, 51, 61f., 66, 69, 71, 76, 89, 110, 113, 115–117, 124, 127, 149, 150, 153, 160–165, 198, 220, 234
Rembrandt Harmensz. van Rijn   11
Renaissance, siehe auch Weserrenaissance   43, 90f., 168, 180, 189
Republik, Holländische   11–13, 15, 17, 25, 160, 168, 170, 213, 215, 217
Revolution, französische   17, 160
Rhenen   160, 221f., Abb. 153
Ridder, Jan Jansz. de   112
Rij, Cornelis Danckerts de   86
De Rijp   160, 208, 226, 227, Abb. 157
Ripley, Thomas   202
Roeleffs, Coenraet   220
Roman, Jacob   228
Rotterdam   12, 16, 108–113, 160, 168, 171, 173, 209, 229–231, Abb. 70–73, 160
Ruisdael, Jakob Isaaksz. van   89

Saalbau   96, 180, 189f., 192, 203, 228, 231, 236
Saenredam, Pieter   133, 235, Abb. 90
Säkularisation   31, 62, 215
Sanmicheli, Michele   195
Schaffhausen   69, 192–194, Abb. 132
Schafott   109
Schagen   53
Schalengeld   173
Schellinkhout   227
Scheltesz., Schelte   69
Schenk, J.   37
Schiedam   160, 232f., Abb. 163
Schinkel, Karl Friedrich   192
Schnellwaage, römische   149
Schooff, Jacob   85
Schoon, C.   105, 108
Schoonbeke jr., Gilbert van   81f., 84f., 176
Schoonbeke sen., Gilbert van   176
Schoonhoven   91–93, Abb. 57–58
Schützengilde   69, 106, 124, 232, 235
Schweinewaage   151, 228, Abb. 102
Schweiz   192

Segelwagen   214, Abb. 148
Sevilla   187, 196, Abb. 134
Sickesz., Douwe   69
Siena   69
Siliquaticum   167
Sjoerdsz., Wijtse   56
Skulptur (Bauplastik)   56, 62, 90, 98, 160, Abb. 109
Sloten   227
Sluis   227
Sluys, Jacob van der   115
Sneek   236
Sonnenuhr   91
Spangenberg   28
Spanien   31, 38, 75, 185–187, 196f.
Speichergebäude   214
Stadttor   37f., 169, 197f., 205, 231, 232
    - republik   168, 215
    -wappen   33, 43, 51, 56, 66, 88–90, 95, 98, 105, 110, 146, 158, 161f., 164
Standardgewichte   154f.
Stände   31, 38, 170
    -haus   96, 98, 239, Tafel 3
Stapel   179
    -funktion   42, 214
    -haus   180, 183, 196
    -pflicht   13, 25, 42, 168f., 205
    -recht   47, 81, 168, 192, 213, Abb. 147
Steenwijk   161, 230f., Abb. 161
Stellingwerf, J.   47, 49, 59, 76, 79, Abb. 19, 27, 48
Steuer   17, 167–169, 171, 173, 176f., 187, 192, 197f., 213, 215
    -aufstand   177
    -beamter   177, 213
    -büro   42, 235
    -haus   180, 183, 192, 235
    -pächter   171, 240, Tafel 4
Stevin, Simon   203, 214f., Abb. 148
St. Oedenrode   225
St. Omer   189
Straßburg   189
Stuttgart   155
Sylvanus, Gualtherus   23
Synthesetyp   12, 113–130, 210

Taschenmann   174
Tanzhaus   40, 84, 180, 190
Tavenier, H.   105
Teppichhaus   205
Termanini, Pietro   195
Teylingen, Jacob van   37
Theunis, Joucke   66
Thorn   189
Tjebbes, Cornelis   47
Tjebbes, Jan   47
Todi   69
Torres Balbás, Leopoldo   187
Tournai   189
Träger   152f., 163, 174
Troyes   155
Tugendallegorie   33, 43, 47, 161
Turmbekrönung   34, 36
    -form   69f., 75f., 80, 113, 192, 208
    -typ   12, 69–80, 112f., 192, 194, 208, 210
    -uhr, siehe auch Uhrwerk   34

Uffenbach, Conrad von   19
Uhrwerk   34, 76
Ulm an der Donau   180
Umlandstapel   213
Utenwael, Paulus   97
Utrecht   132f., 165, 235, Abb. 90

Valencia   184f., 197, Abb. 122
Valentinian I., Kaiser   167
Valerian III., Kaiser   167
Valkenburg (Regentenfamilie)   176
Vasari, Giorgio   196
Veere   214
Velius, Theodorus   97, 102
Venedig   180, 183, 194f., Abb. 133
Venlo   227
Verhulst, Rombout   117, 127, 161, 163, Abb. 111
Vermeer van Delft, Jan   11
Verona   184, 195, Abb. 121
Versammlungsbau, mittelalterlicher   19, 96
Versammlungssaal   24, 106, 115, 158, 188, 198, 192, 200, 222, 235
Vianen   236

Viehzucht   13
Viervant, Hendrik   217
Vingboons, Philips   15, 105, 108
Visscher, Claes Jansz.   86, 89, Abb. 56
Vlaardingen   53–55, Abb. 23f.
Vlissingen   214
Vries, Hans Vredeman de   42, 57

Waagarm   36, 140, 145–147, 150
   -balken   58, 131f., 134, 139, 142f., 145–150, 155, 163, 231, 235
   -betrieb   102, 112, 151, 174
   -geld   168, 170, 173, 176f.
   -meister   76, 85, 123, 162–164, 169, 171, 173–177, 183, 205, Abb. 115
   -meisterbüro   39, 96, 235
   -meisterwohnung   76f., 160, 220, 227
   -pächter   123, 174, 220, 232
   -pflicht   168f., 174, 177
   -recht   17, 31, 38, 160, 168, 192
   -schale   14, 24, 36, 43, 46, 102, 113, 131f., 134, 139, 141f., 146f., 149-151, 162f., 173f., 204, 209, Abb. 92, 94
   -szene (Bildmotiv)   34, 116, 127, 161f., 164, Abb. 110–112
   -trägerhaus   174, 228
   -zoll   167–171, 195, 213
Waage (Begriffsdefinition), 11f.,
siehe auch Balkenwaage, Butterwaage, Durchfahrtstyp, Eisenwaage, Fettwaage, Fronwaage, Hanfwaage, Heuwaage, Käsewaage, Kornwaage, Malzwaage, Mutterwaage, Schnellwaage, Schweinewaage, Synthesetyp, Turmtyp
Waagenmacher   36, 145, 147, 148
Wache   36, 40, 47–51, 58, 64, 86, 88, 106, 108, 165, 183f., 205, 220, 225, 228, 232, 235f.
Waffenarsenal   69, 124, 232
Walcheren   214
Wappen, siehe auch Regentenwappen   61f., 160, 162

Wehrarchitektur, mittelalterliche   20
Weinhaus   24, 180f., 183, 224, 231
Weserrenaissance   37
Wiegeeinrichtung   11, 14, 17, 77, 87, 96, 106, 131, 150, 171
   -lohn   173
   -meister, siehe Waagmeister
   -szene (Bildmotiv), siehe Waagszene
Wien   153
Wijk bij Duurstede   227
Willigh, Leendert van der   225
Willemstad (Cur.)   217
Willemstad (Nied.)   227
Winde   56, 69f., 95, 141
Wippe   56, 62, 71, 114, 165
Witte, Jacob Eduard de   90
Wohnturm   69, 193
Wolfenbüttel   182
Workum   17, 61–66, 148, 160, 208, Abb. 30–35
Woude, C[ornelis]. van der   27
Wren, Christopher   201
Wymondsham   199f., Abb. 137

York   188, 200f., Abb. 139

Zaltbommel   161, 234f., Abb. 166
Zandvelt, Adrian   37
Zandvelt, Meindert   37
Zaragoza   185
Zeeland   214
Zeughaus   82, 190
Zierikzee   227
Zoll (teloneum)   167, 169f.
   -haus   169, 183, 188f., 194–199, 201–203, Abb. 113
   -verein, Deutscher   192
Zuchthaus   203
Zutphen   180, 231
Zwolle   231